出るとこ
だけ！

第1種

衛生管理者

うかる
テキスト & よく出る
問題集

消える
赤シート
付き

編著 株式会社ウェルネット
著 山根裕基・山根加奈未・金丸萌

SB Creative

本書の対象試験

本書は、公益財団法人安全衛生技術試験協会が実施する「第1種衛生管理者試験」(国家資格)に対応した試験対策本です。

「公表問題＆解説」「合格にグッと近づく一問一答」の入手方法

衛生管理者試験は、過去問題と同じ問題やよく似た問題が出題される傾向があります。そのため、年に2回公開される過去問題(公表問題)を解いて出題パターンを押さえることが合格への近道です。忙しくて、まとまった学習時間が取れないときは、一問一答を利用してスキマ時間で学習を積み重ねましょう。ぜひ、本書で学習する際にご活用ください。

URL https://www.sbcr.jp/support/4815631072/

■ 本書に関するお問い合わせ

この度は小社書籍をご購入いただき誠にありがとうございます。小社では本書の内容に関するご質問を受け付けております。本書を読み進めていただきます中でご不明な箇所がございましたらお問い合わせください。なお、最新の正誤情報を下記のサポートページに掲載しております。

▶ 本書サポートページURL

▶ ご質問送付先
ご質問については下記のいずれかの方法をご利用ください。

Webページより
上記のサポートページ内にある「お問い合わせ」をクリックすると、メールフォームが開きます。要綱に従って質問内容を記入の上、送信ボタンを押してください。

郵送
郵送の場合は下記までお願いいたします。

〒105-0001　東京都港区虎ノ門2-2-1
SBクリエイティブ　読者サポート係

■本書内に記載されている会社名、商品名、製品名などは一般に各社の登録商標または商標です。本書中では®、™マークは明記しておりません。
■本書の出版にあたっては正確な記述に努めましたが、本書の内容に基づく運用結果について、著者およびSBクリエイティブ株式会社は一切の責任を負いかねますのでご了承ください。

2025 Wellnet Co.,Ltd
本書の内容は著作権法上の保護を受けています。著作権者・出版権者の文書による許諾を得ずに、本書の一部または全部を無断で複写・複製・転載することは禁じられております。

衛生管理者を目指す方へ

著者である株式会社ウェルネットでは、衛生管理者の受験対策講座を **20年以上**行っています。その長年の指導実績から、編み出された合格ノウハウを惜しみなく本書に掲載しました。

著者の衛生管理者の受験対策講座を受講された方からは、「説明がわかりやすい！」「出題のポイントがよくわかった！」と高く評価をいただいています。

受講者の声

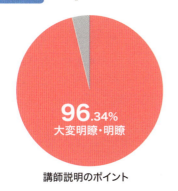

96.34%
大変明瞭・明瞭

講師説明のポイント

93.82%
大変明瞭・明瞭

受験対策として
出題傾向等の提示

※2022年11月～2023年9月アンケート実績より

忙しくても大丈夫！この本で問題を解くテクニックを学べば効率的に対策できます！

合格者の声

58歳　男性　製造業／管理部長
「会社から取得するように言われ、挑戦することに。第1種衛生管理者に短期集中で一発合格できました！！」

42歳　女性　メーカー／人事部
「第1種衛生管理者試験を無事一発合格できました。初期からしっかりと勉強法を組み立てられたことがとてもよかったです。」

33歳　女性　小売業／総務部
「仕事・家事・育児で大変でしたが、家族の協力もあって一発合格できました。講義の中でテキストの合間に話してくれる先生の話が印象深く、ずっと覚えていました。」

本書の使い方

衛生管理者試験のコツは「インプット学習」と「アウトプット学習」をバランスよく行うことです。

本書ではインプット学習として知識のイメージを図表でまとめ、受験生がつまずきやすい用語等を丁寧に解説しました。さらにアウトプット学習として要所に実際に出題された過去問題を掲載しています。

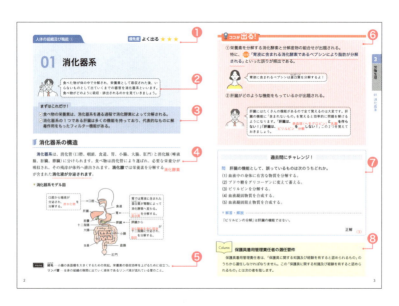

❶ 優先度	学習優先度を星マークとあわせて「よく出る」「そこそこ出る」「まれに出る」の3段階で表現しています。優先度が高いものから学習しましょう。
❷ ひと言コメント	学習内容を簡単に説明しています。
❸ まずはこれだけ！	この単元で最初に知るべき内容です。
❹ 本文	青色の太字、黒色の太字は注目して読む単語です。マーカーは試験で問われやすい内容、赤字は必ず覚えて欲しい内容です。
❺ memo	関連用語など、補足する説明です。
❻ ココが出る！	試験の出題パターンや特に出題される内容をまとめました。誤りの選択肢として出題される表現には（注意）のマークを入れました。
❼ 過去問にチャレンジ	学習した内容を踏まえ、過去問を解いて知識を固めましょう。アウトプット学習により、問題を解く実感と自信につながります。
❽ ココが出る！	知っておくと参考になる知識を説明しています。

各章の最後には、演習ページとして『よく出る！頻出過去問＆完全解説』を用意しています。
繰り返し解いて、知識を定着させましょう。

❾ 問題	試験で頻出の過去問をまとめました。インプットした知識のアウトプットを行いましょう。
❿ 解答	ページの一番下には赤シートで隠せる解答を掲載しています。赤シートで隠して、正解を即座に確認しながら演習できます。
⓫ 解説	解いた後は必ず解説を確認しましょう。正解にならなかった選択肢もすべて読むことで、出題パターンを学習しましょう。

出題傾向や出題パターンを把握し、ある程度の知識を得たら、問題演習へ進みます。演習を通じて知識の補強すべき箇所に気づいたらまたテキストを読み返すといった反復学習が合格への近道です。

5

はじめに

　衛生管理者とは労働者が50人以上の事業場において、業種にかかわらず選任が必要な、労働者の健康管理の実務担当者です。衛生管理者になるためには、国家試験に合格し、免許を取得する必要があります。

　衛生管理者を目指す多くの方が、「会社で取得を要求された」「免許が急に必要になった」といった事情を抱えていることでしょう。

　事業場の業種によって必要な衛生管理者免許が異なり、第1種と第2種に分かれます。そこで本書ではすべての業種で選任可能である「第1種衛生管理者免許」の取得を目指し、第1種の出題範囲に絞ってテキストを作成しました。

　試験勉強と聞くとまずテキストを暗記しようという方が多いのですが、衛生管理者試験は単なる暗記では合格できません。衛生管理者試験は過去問題と同じ問題やよく似た問題が出題される傾向があります。そのため、試験実施団体が年2回公開する過去問題（公表問題）を繰り返し解くことで出題パターンを押さえ、出題頻度の高いところから覚えることが合格への近道です。

　ただし、近年では試験難度が上がり、新しい問題も増えています。ウェルネットでは社員や講師が月に1回以上の頻度で調査受験をした上で出題傾向の分析を行っています。この「過去問題」の分析とウェルネット独自の「調査受験」こそ、本書の肝になります。

　本書では過去問題を徹底的に分析し、出題される箇所のみを出題頻度ごとに記載しました。さらに調査受験において判明した「過去問題では出題されていない隠された新傾向の問題」まで解説しております。さらに、ウェルネットが全国開催している受験対策講習会において受講者からの質問が多い箇所や、初学者の方がつまずきやすい専門的な内容には、より細かい解説を加えています。

　衛生管理者試験では、過去問題を繰り返し解くことが重要です。本書では要所に過去問題を掲載し、学んだ知識をすぐに実践できるよう工夫しています。各章の最後にも過去問題を載せており、この1冊でインプットとアウトプットの両方が可能です。

　初めて聞くようなわからない問題を闇雲に解くのは効率が悪くなります。ぜひ本書にて「どう考えるのか」といった試験に必要な知識の解像度を上げ、問題演習により「問題を解くテクニック」を身に着け、効率よく合格を目指しましょう。

株式会社ウェルネット

代表取締役　山根　裕基

CONTENTS

目 次

合格の近道

本書は、第1種衛生管理者試験に特化した内容で構成されています。
1～3章は「有害業務に係るもの以外のもの」、4～5章で「有害業務に係るもの」について学習します。「有害業務に係るもの」は専門用語なども多く、難しく感じてしまうため、まずは「有害業務に係るもの以外のもの」から学ぶ構成となっています。

衛生管理者を目指す方へ ………………………………………………… 3

本書の使い方 ……………………………………………………………… 4

はじめに …………………………………………………………………… 6

序章　試験の基本情報と合格ガイド　13

基礎知識

01 衛生管理者の概要 ………………………………………………… 14

02 第1種衛生管理者の試験 ………………………………………… 15

学習法

03 合格のための学習法 …………………………………………… 17

★～★★★は学習の優先順位を3段階で示しています。

第1章　関係法令（有害業務に係るもの以外のもの）　21

安全衛生管理体制

01 安全衛生管理体制 …………………………… 優先度 ★★★ 22

02 衛生管理者等の職務 ………………………… 優先度 ★★★ 28

03 衛生委員会 …………………………………… 優先度 ★★☆ 32

健康診断・ストレスチェック

04 健康診断 ……………………………………… 優先度 ★★★ 36

05 長時間労働者に対する面接指導 …………… 優先度 ★★★ 40

06 ストレスチェック …………………………… 優先度 ★★★ 43

労働安全衛生法関係省令

07 労働安全衛生規則 ……………………………… 優先度 ★★★ 48

労働基準法

08 労働時間・休憩 ………………………………… 優先度 ★★★ 52

09 年次有給休暇 …………………………………… 優先度 ★★★ 57

10 妊産婦 …………………………………………… 優先度 ★★☆ 60

　🔖 よく出る！頻出過去問＆完全解説 ………………… 63

第 **2** 章　**労働衛生**（有害業務に係るもの以外のもの）　　67

一般作業環境

01 視環境 …………………………………………… 優先度 ★☆☆ 68

有害生物とそれによる職業性疾病

02 食中毒 …………………………………………… 優先度 ★★★ 70

03 感染症 …………………………………………… 優先度 ★★☆ 73

脳・心臓疾患

04 脳・心臓疾患 …………………………………… 優先度 ★★★ 75

健康管理

05 健康の保持増進 ………………………………… 優先度 ★☆☆ 78

労働衛生管理統計

06 労働衛生管理統計 ……………………………… 優先度 ★☆☆ 81

07 統計管理 ………………………………………… 優先度 ★★☆ 82

厚生労働省によるガイドライン等

08 労働者の心の健康の保持増進のための指針 ……… 優先度 ★★☆ 86

09 情報機器ガイドライン ………………………… 優先度 ★★☆ 90

10 職場における腰痛予防対策指針 ……………… 優先度 ★★★ 93

11 事業者が講ずべき快適な職場環境の形成のための
措置に関する指針 ········· 優先度 ★★★ 97

12 職場における受動喫煙防止のためのガイドライン ··· 優先度 ★★★ 99

13 労働安全衛生マネジメントシステムに関する指針 ··· 優先度 ★★★ 102

14 高年齢労働者の安全と健康確保のためのガイドライン
··········· 優先度 ★★★ 105

救急処置

15 一次救命処置 ·········· 優先度 ★★★ 109

16 応急手当 ·········· 優先度 ★★★ 114

📙 よく出る！頻出過去問＆完全解説 ·········· 119

第3章 労働生理 123

人体の組織及び機能①

01 消化器系 ·········· 優先度 ★★★ 124

02 腎臓・泌尿器系 ·········· 優先度 ★★★ 128

03 神経系 ·········· 優先度 ★★★ 132

04 血液系 ·········· 優先度 ★★★ 136

05 循環器系 ·········· 優先度 ★★★ 141

06 呼吸器系 ·········· 優先度 ★★★ 144

人体の組織及び機能②

07 感覚器系 ·········· 優先度 ★★★ 147

08 運動器系 ·········· 優先度 ★★★ 152

09 内分泌系・代謝系 ·········· 優先度 ★★★ 156

10 免疫系 ·········· 優先度 ★★★ 160

労働による人体の機能の変化

11 ストレス ·········· 優先度 ★★★ 162

12 体温 ·········· 優先度 ★★★ 163

13 睡眠 ·········· 優先度 ★★★ 166

📙 よく出る！頻出過去問＆完全解説 ·········· 168

9

第4章 関係法令（有害業務に係るもの） 173

安全衛生管理体制

01 安全衛生管理体制 ································ 優先度 ★★★ 174

02 作業主任者等 ································ 優先度 ★★★ 179

有害物に関する規制等

03 譲渡等の制限がかかる機械や労働衛生保護具 ······ 優先度 ★★★ 182

04 製造禁止物質・製造許可物質 ················ 優先度 ★★★ 184

05 表示対象物質・通知対象物質 ················ 優先度 ★★★ 186

安全衛生教育

06 安全衛生教育 ································ 優先度 ★★★ 189

定期自主検査・作業環境測定

07 定期自主検査 ································ 優先度 ★★★ 192

08 作業環境測定 ································ 優先度 ★★★ 196

特殊健康診断等

09 特殊健康診断 ································ 優先度 ★★★ 199

10 健康管理手帳 ································ 優先度 ★★★ 203

労働安全衛生規則

11 労働安全衛生規則 ···························· 優先度 ★★★ 206

有機則・酸欠則

12 有機溶剤中毒予防規則 ························ 優先度 ★★★ 209

13 酸素欠乏症等防止規則 ························ 優先度 ★★★ 214

粉じん則・石綿則・じん肺法

14 粉じん障害防止規則 ·························· 優先度 ★★★ 220

15 石綿障害予防規則 ···························· 優先度 ★★★ 223

16 じん肺法 ································ 優先度 ★★★ 225

その他の労働安全衛生法関係省令

17 特定化学物質障害予防規則 ………………………… 優先度 ★★★ 228

18 電離放射線障害防止規則 …………………………… 優先度 ★★★ 233

労働基準法

19 労働時間の延長制限 ………………………………… 優先度 ★★★ 235

20 年少者 ………………………………………………… 優先度 ★★★ 237

21 女性 …………………………………………………… 優先度 ★★★ 239

　📖 よく出る！頻出過去問＆完全解説 …………………………… 242

第 **5** 章　労働衛生（有害業務に係るもの）　　　249

労働衛生管理

01 労働衛生管理 ………………………………………… 優先度 ★★★ 250

職業性疾病①

02 有害化学物質 ………………………………………… 優先度 ★★★ 253

職業性疾病②

03 有害エネルギー等とそれによる職業性疾病 ……… 優先度 ★★★ 257

作業環境管理

04 作業環境管理 ………………………………………… 優先度 ★★★ 267

05 局所排気装置 ………………………………………… 優先度 ★★★ 273

作業管理

06 労働衛生保護具 ……………………………………… 優先度 ★★★ 279

健康管理

07 特殊健康診断 ………………………………………… 優先度 ★★★ 286

リスクアセスメント

08 化学物質のリスクアセスメント …………………… 優先度 ★★★ 289

　📖 よく出る！頻出過去問＆完全解説 …………………………… 295

11

第6章 総仕上げ！模擬試験1回分　　301

問題
関係法令（有害業務に係るもの）……………………………302
労働衛生（有害業務に係るもの）……………………………306
関係法令（有害業務に係るもの以外のもの）………………310
労働衛生（有害業務に係るもの以外のもの）………………313
労働生理………………………………………………………316

解答・解説
関係法令（有害業務に係るもの）……………………………320
労働衛生（有害業務に係るもの）……………………………322
関係法令（有害業務に係るもの以外のもの）………………324
労働衛生（有害業務に係るもの以外のもの）………………326
労働生理………………………………………………………328

索引……………………………………………………………………330

キャラクター紹介

衛田先生：衛生管理者のエキスパート。
衛生管理者の合格の方法をやさしく教えてくれる先生。

守原さん：業務で衛生管理者の免許取得が必要になった。
真面目に頑張る社会人3年目。

清野さん：急な部署移動で総務部に配属になった。
勉強は短期集中型の社会人5年目。

序章

試験の基本情報と
合格ガイド

合格のためには、試験の出題範囲や配点、出題形式や合格基準を
知った上で、それに合わせた学習方法とスケジュールを考える必要
があります。まずはこの章で、試験概要を確認し、合格のためのプ
ランを考えましょう。

本章に関する試験情報

● キーワード

・衛生管理者　・業種区分　・受験資格
・安全衛生技術試験協会　・五肢択一　・マークシート
・関係法令　・労働衛生　・労働生理　・有害業務
・労働安全衛生法　・労働基準法　・学習法　・合格ライン
・出題傾向　・学習スケジュール　・合格逆算カレンダー

基礎知識

01 衛生管理者の概要

衛生管理者は、職場の"労働衛生"を管理する専門家です。

衛生管理者とは

　衛生管理者とは、常時50人以上の事業場に法的に設置が義務付けられている、労働衛生に関する技術的事項(実務)を管理する者です。衛生管理者には、試験に合格して都道府県労働局長の免許を受けた者などがなります。

衛生管理者免許の業種区分

　衛生管理者免許は、第1種・第2種の種別があり、どちらが必要かは選任される業種によって異なります。ご自身の所属する事業場の業種に合わせた免許を取得しましょう。

▼衛生管理者免許の業種区分

免許の種類	衛生管理者として就くことのできる業種
第1種衛生管理者免許	すべての業種
第2種衛生管理者免許	**次を除く**すべての業種 農林畜水産業、鉱業、建設業、製造業(物の加工業も含む)、電気業、ガス業、水道業、熱供給業、運送業、自動車製造業、機械修理業、医療業及び清掃業

現在就業中の会社の業種に関わらず、1種・2種のどちらも受験することが可能です。将来的なキャリア変更にも対応できるよう、すべての業種に対応できる第1種にチャレンジすることをおすすめします！

基礎知識

02 第1種衛生管理者の試験

今度は衛生管理者試験の全体像をみていきましょう。

試験の概要

試験の概要は次の通りです。時間は十分にあるので焦らずに解きましょう。

▼試験の概要

試験時間	3時間（科目免除者は2時間15分）
科目	関係法令（有害業務に係るもの以外のもの、有害業務に係るもの） 労働衛生（有害業務に係るもの以外のもの、有害業務に係るもの） 労働生理
出題形式	五肢択一の選択問題 / マークシート形式 /44問
試験手数料	8,800円

また、各科目の問題数や配点の内訳は次の通りです。

▼各科目の出題数と配点

科目			問題数	配点
関係法令	有害業務に係るもの以外のもの	労働安全衛生法	5問	50点
		労働基準法	2問	20点
	有害業務に係るもの	労働安全衛生法	9問	72点
		労働基準法	1問	8点
労働衛生	有害業務に係るもの以外のもの		7問	70点
	有害業務に係るもの		10問	80点
労働生理			10問	100点
合計			44問	400点

受験資格

衛生管理者試験の受験資格は、次の通りです。

主な受験資格

- 学校教育法による大学(短期大学を含む)または高等専門学校[※1]を卒業した者で、その後1年以上労働衛生の実務に従事した経験を有する者
- 学校教育法による高等学校または中等教育学校[※2]を卒業した者で、その後3年以上労働衛生の実務に従事した経験を有する者
- 10年以上労働衛生の実務に従事した経験を有する者

※1　高等専門学校には、専修学校・各種学校等は含まれない。
※2　中等教育学校とは中高一貫教育の学校のことで、中学校ではない。

受験の申込み方法

試験は、公益財団法人安全衛生技術試験協会が指定機関となり、**全国の安全衛生技術センターで毎月数回実施しています**。試験日の2か月前から郵送もしくはオンライン(一部郵送)で申し込みが可能です。

申し込みの問い合わせ

公益財団法人安全衛生技術試験協会
〒101-0065 東京都千代田区西神田3-8-1 千代田ファーストビル東館9階
電話番号：03-5275-1088　HP：https://www.exam.or.jp/index.htm

▼各安全衛生技術センター

各センター	所在地	電話番号
北海道安全衛生技術センター	〒061-1407 北海道恵庭市黄金北3-13	0123-34-1171
東北安全衛生技術センター	〒989-2427 宮城県岩沼市里の杜1-1-15	0223-23-3181
関東安全衛生技術センター	〒290-0011 千葉県市原市能満2089	0436-75-1141
関東安全衛生技術センター　東京試験場	〒105-0022 東京都港区海岸1丁目11-1 ニューピア竹芝ノースタワー21階	03-6432-0461
中部安全衛生技術センター	〒447-0032 愛知県東海市加木屋町丑寅海戸51-5	0562-33-1161
近畿安全衛生技術センター	〒675-0007 兵庫県加古川市神野町西之山字迎野	079-438-8481
近畿安全衛生技術センター　大阪試験場	〒530-6090 大阪府大阪市北区天満橋1-8-30 OAPタワー22階	06-6484-9281
中国四国安全衛生技術センター	〒721-0955 広島県福山市新涯町2-29-36	084-954-4661
九州安全衛生技術センター	〒839-0809 福岡県久留米市東合川5-9-3	0942-43-3381

試験に関する情報は、本書発行時点での情報です。変更になることもあるため、詳細・最新情報は、必ず公益財団法人安全衛生技術試験協会HPを確認してください。

> 学習法

03 合格のための学習法

どのような試験であっても、出題数や合格ラインを知らなければ試験対策を始めることはできません。まずは、合格ラインを確認しましょう。

合格ラインを知ろう

衛生管理者試験の合格ラインは、全体で60%の得点です。つまり**第1種衛生管理者の場合は400点中240点以上の得点で合格です**。ただし、すべての科目にボーダーラインが設定されており、**各科目40%以上の得点**が必要となります。

科目ごとのボーダーラインを把握するには、点数を計算するよりも、各科目で何問出題されて何問正解すればよいのかといった**正解数を把握することが重要**です。科目ごとの必要な正解数は次の通りです。

▼合格に必要な科目ごとの最低正解数（各科目40%以上、全科目合計60%以上）

試験科目			合格に必要な正解数
関係法令	有害業務に係るもの以外のもの	労働安全衛生法	7問中3問以上
		労働基準法	
	有害業務に係るもの	労働安全衛生法	10問中4問以上
		労働基準法	
労働衛生	有害業務に係るもの以外のもの		7問中3問以上
	有害業務に係るもの		10問中4問以上
労働生理			10問中4問以上
合計			44問中 26～28問以上※

※科目ごとの配点の違いによる。

科目ごとの正解数をしっかりと押さえた上で、全体の点数を上げなければいけません。

17

苦手科目を作らない

　衛生管理者試験では、**すべての科目をまんべんなく勉強する**ことが必要です。各科目にボーダーラインが設けられているため、どこかひとつの科目でも苦手科目ができてしまい、ボーダーラインを下回ってしまうと、他の科目が満点であったとしても不合格になってしまいます。

　まずは科目ごとのボーダーラインを上回ることを目指し、その後全体の得点を上げる（各科目で70～90％の得点を目指す）といったバランスのよい勉強方法が必要です。苦手科目を作らないようにすることが、衛生管理者試験の合格の近道となります。

出題傾向をつかもう

　衛生管理者試験は試験当日に問題用紙の持ち帰りができない試験であるため、何が出題されているかは原則としてわかりません。ただし、試験の実施機関である安全衛生技術試験協会が毎年2回、過去に出題された問題を公表しています（本書では過去問と呼びます）。衛生管理者試験では、この**過去問と全く同じ問題や、よく似た問題が出題されている**ことが特徴です。

　ただし、ここ数年の試験では過去問の内容がひねって出題されたり、過去問では出題されていない問題が出題されたりと、**試験の難度が上がっています**。そこで**著者である株式会社ウェルネットでは独自に調査受験を行い**社員や講師が月に1回以上、実際に受験をし、問題を丸暗記したうえで出題傾向を分析して教材を製作しています。本書では**過去問と調査受験の内容を合わせ、出る順で学習の優先度をつけて解説**しました。

衛生管理者試験の出題範囲は多岐にわたり、闇雲に勉強しても苦しい作業となってしまいます。よく出る項目から効率的に学習しましょう。

おすすめの学習スケジュール

　本書を使って、1か月で合格するためのスケジュール例を用意しました。学習スケジュールを立てる際の参考にしてください。

毎日、少しの時間でもテキストを開いてこつこつと積み上げていくのが、合格への近道です。章末問題や6章は何度も解き、苦手な科目をなくしていきましょう！

計算問題が出題されることもあるけど、電卓を持ち込むことができるよ！あると安心！

Column 第2種衛生管理者試験について

第2種衛生管理者試験の概要は次の通りです。第1種と違い、有害業務に係るものは出題されず、出題数も少ない試験になっています。

▼ 試験の概要

試験時間	3時間（科目免除者は2時間15分）
科目	関係法令（有害業務に係るものを除く） 労働衛生（有害業務に係るものを除く） 労働生理
出題形式	五肢択一の選択問題／マークシート形式／30問
試験手数料	8,800円

▼ 各科目の出題数と配点

科目	問題数	配点
関係法令 （有害業務に係るもの以外のもの）	8問／労働安全衛生法	80点
	2問／労働基準法	20点
労働衛生 （有害業務に係るもの以外のもの）	10問	100点
労働生理	10問	100点
合計	30問	300点

第1種衛生管理者の講座にようこそ！一緒に合格目指して頑張りましょう！

仕事で衛生管理者免許が必要になりました！衛生管理を勉強するのははじめてです！よろしくお願いします！

会社から衛生管理者を取るように言われたのですが、1か月しか勉強時間が無くて少し不安です。

出るポイントを押さえて、過去問を演習すれば、はじめての人もまとまった勉強時間が取れない人も大丈夫です！リラックスしてはじめましょう！

第1章

関係法令
（有害業務に係るもの以外のもの）

この章では、労働安全衛生法と労働基準法について学びます。衛生
管理者として実務を行う際に基準となる法律です。労働安全衛生法
では、特に「総括安全衛生管理体制」や「健康診断」「ストレスチェッ
ク」が出題され、労働基準法では「年次有給休暇」が出題されやす
い部分です。

本章に関する試験情報

試験での出題数	**7** 問 /44 問
	労働安全衛生法：5 問　労働基準法：2 問
合格に必要な正答数	最低 **3** 問

● キーワード

・総括安全衛生管理者　・衛生管理者　・産業医　・衛生委員会
・一般健康診断　・長時間労働者に対する面接指導
・ストレスチェック　・労働安全衛生規則　・変形労働時間制
・年次有給休暇　・妊産婦

安全衛生管理体制　　　　　　　　　優先度 よく出る ★★★

01 安全衛生管理体制

事業者は、労働災害を防ぐため、管理者や産業医等の選任をし、衛生管理や安全管理の職務を遂行させる必要があります。ここでは、有害業務に関係しない基本事項を学習します。

まずはこれだけ！

- 労働者の安全と健康を確保するため、安全衛生管理体制を構築する。
- 総括安全衛生管理体制は、業種や規模に関わらず全ての事業場において必ず構築する管理体制である。

総括安全衛生管理体制

　総括安全衛生管理体制では、事業場の業種及び規模（常時使用する労働者数）に応じて、**総括安全衛生管理者、安全管理者、衛生管理者**及び**産業医**等の選任を義務付けています。

■ 衛生管理者・安全管理者・産業医

　事業場において常時使用する労働者数が **50 人以上**の場合、業種を問わず**衛生管理者**及び**産業医**の選任が必要です。また、事業場の業種が**屋外産業的業種**又は**屋内産業的業種**に該当する場合は、安全管理者の選任も必要となります。事業者は、衛生管理者等を選任すべき事由が発生した日から **14 日以内**に選任し、所轄労働基準監督署長に**遅滞なく**選任報告をしなければなりません。

■ 安全衛生推進者・衛生推進者

　常時使用する労働者数が 10 〜 49 人の比較的規模の小さい事業場においては、業種によって安全衛生推進者又は衛生推進者の選任が求められます。安全衛生推進者等は、労働基準監督署長への選任報告は不要です。

代理者の選任

総括安全衛生管理者や衛生管理者は、旅行、疾病、事故その他やむを得ない事由によって職務を行うことができないときに備え、**予め代理者の選任をしておくこと**が求められています。

▼総括安全衛生管理体制まとめ

	業種分類			免許の要否	選任報告	代理者の選任
	屋外産業的業種	屋内産業的業種	その他の業種			
総括安全衛生管理者	100人以上	300人以上	1,000人以上	×	○	○
衛生管理者		**50人以上**		○	○	○
産業医		**50人以上**		○	○	×
安全管理者	50人以上		選任不要	×	○	○
安全衛生推進者	10〜49人		選任不要	×	×	×
衛生推進者	選任不要		10〜49人	×	×	×

※衛生管理者と産業医のみ、選任にあたって免許が必要。

産業医の**代理者は選任不要**だよ。「○○管理者」であれば代理者の選任が必要と覚えよう！

▼業種分類

屋外産業的業種	屋内産業的業種	その他の業種
林業 鉱業 建設業 **運送業** **清掃業**	製造業(物の加工業を含む。)、電気業、ガス業、熱供給業、水道業、**通信業**、各種商品卸売業、家具・建具・じゅう器等卸売業、**各種商品小売業**、家具・建具・じゅう器小売業、燃料小売業、**旅館業**、**ゴルフ場業**、自動車整備業、機械修理業	左記以外の全ての業種 (例：金融業、**警備業**、飲食業、**医療業** 等)

業種分類については、次のようにイメージしてください。

業種分類のイメージ

- **屋外**における**危険作業**が多く、労働災害が発生しやすい→**屋外産業的業種**
- **危険作業**が多く、労働災害が発生しやすいが、**屋内**での作業が主→**屋内産業的業種**

総括安全衛生管理者

総括安全衛生管理者とは、一定規模以上の事業場において、安全管理者や衛生管理者を指揮するとともに、労働者の危険又は健康障害を防止するための措置等、安全衛生管理の業務を統括管理する者です。

総括安全衛生管理者の資格要件

- 当該事業場においてその事業の実施を統括管理する者がなる。これに**準ずる者**は**含まれない**。
- 総括安全衛生管理者の選任に際しては、**安全衛生の経験や免許**は**不要**である。

「事業の実施を統括管理する者」とは、工場長や店長など、その事業場の責任者のことです。総括安全衛生管理者は事業場のトップがなるため、"準ずる者"である副工場長や副店長などのNo.2は選任できません。

衛生管理者

衛生管理者とは、**常時50人以上**の労働者を使用する事業場において、労働衛生に関する技術的事項を管理する者(実務を担当する者)です。

衛生管理者の選任には、次の表の通り業種に応じた免許が必要です。

▼衛生管理者免許の種類

免許の種別	衛生管理者として就くことのできる業種
第1種衛生管理者免許	全ての業種
第2種衛生管理者免許	次を除く全業種 農林畜水産業、鉱業、建設業、製造業(物の加工業を含む。)、電気業、ガス業、水道業、熱供給業、運送業、自動車整備業、機械修理業、医療業及び清掃業

※このほかに医師、歯科医師、**労働衛生コンサルタント**、**衛生工学衛生管理者免許を持つ者**も全ての業種で衛生管理者として選任することができる。

■ 衛生管理者の選任人数

事業場の規模(常時使用する労働者数)に応じて、次の表に掲げる数の衛生管理者の選任が必要です。

> memo **衛生工学衛生管理者**…第1種衛生管理者のさらに上位に当たる資格。

▼ 選任人数

常時使用する労働者数	選任すべき衛生管理者数
50人～　200人	1人以上
201人～　500人	2人以上
501人～1,000人	3人以上
1,001人～2,000人	4人以上
2,001人～3,000人	5人以上
3,001人～	6人以上

産業医

産業医とは、**常時50人以上**の労働者を使用する事業場において、労働者の健康管理等を行うための医師です。

厚生労働大臣の指定する者の実施する研修の修了等、一定の要件を満たした医師を選任する必要があります。

要件を満たしていても、例えば、事業を統括管理する立場である病院の院長が自身の経営する病院の産業医に自らなるなど、**法人の代表者等、事業場の運営について利害関係のある者は選任できません。**

■ 産業医の選任人数

事業場の規模（常時使用する労働者数）に応じて、次の表に掲げる数の産業医の選任が必要です。

▼ 産業医の選任人数

常時使用する労働者数	産業医の人数
50～3,000人	1人以上
3,001人～	2人以上

その他の選任が必要な者

その他、事業場の業種や規模に応じて次の者を選任しなければなりません。

■ 安全管理者

屋外産業的業種及び**屋内産業的業種**において、常時使用する労働者数が **50 人以上**の事業場で選任が義務付けられた、安全に係る技術的事項を管理する者（実務を担当する者）です。

・選任要件：一定の実務経験かつ安全管理者選任時研修の修了　等

■ 安全衛生推進者・衛生推進者

常時使用する労働者数が 10 人以上 **50 人未満**の事業場において選任が義務付けられている、労働者の安全や健康確保などに係わる業務を担当する者です。

・選任要件：一定の実務経験又は法定講習の修了　等

ココが出る！

① 総括安全衛生管理者の選任

常時使用する労働者数が **300 人以上**の場合に総括安全衛生管理者が必要な業種として、**製造業**、**通信業**、**各種商品小売業**、**旅館業**、**ゴルフ場業**がよく出題される。

労働者数 300 人で総括安全衛生管理者が必要なのは "屋内産業的業種" だったね。製造業は覚えやすいけど、各種商品小売業や旅館業などはサービス業だから "その他の業種" …って勘違いしちゃいそうだから注意しよう！

なお、**各種商品小売業はいわゆる百貨店やスーパーマーケット**です。このように具体的な業態名で出題される場合もあるので覚えておきましょう。

② 産業医に関する出題
・産業医は代理者の選任**不要**。
・常時 **3,001 人以上**（**3,000 人を超える**）労働者を使用する事業場では、**2 人以上**の産業医の選任が必要である。

過去問にチャレンジ！

問 常時使用する労働者数が 300 人で、次の業種に属する事業場のうち、法令上、総括安全衛生管理者の選任が義務付けられていない業種はどれか。

(1) 通信業

(2) 各種商品小売業

(3) 旅館業

(4) ゴルフ場業

(5) 医療業

▼ 解答・解説

(1) ～ (4) 屋内産業的業種であり、常時使用する労働者数が 300 人以上の場合に、総括安全衛生管理者の選任が義務付けられている。

(5) 医療業はその他の業種に分類され、常時使用する労働者数が 1,000 人以上の場合に総括安全衛生管理者の選任が義務付けられている。

正解 **(5)**

安全衛生管理体制　　　　　　　　　　優先度 **よく出る** ★ ★ ★

02 衛生管理者等の職務

衛生管理者の職務はもちろん、事業場における"衛生管理"です。労働者が業務によって健康障害（疾病）を発生させないように、様々な対策を講じる実務の専門家が衛生管理者です。

まずはこれだけ！
- 総括安全衛生管理者は、衛生管理者及び安全管理者を指揮する。衛生管理者は、衛生管理の技術的事項（実務）を担当する。
- 衛生管理者・産業医が行う職場の見回りを、作業場巡視や衛生パトロールと呼ぶ。

職務

　総括安全衛生管理者や衛生管理者、産業医の職務は、次の通り法令で定められています。試験では、各選択肢が衛生管理者等の職務であるか否かを判断する問題が出題されます。問題文の選択肢に、**「健康・災害・安全・衛生・危険」のいずれかのキーワードが入っていたら、衛生管理者等の職務**だと判断するとよいでしょう。

総括安全衛生管理者・衛生管理者の職務
- 労働者の**安全**又は**衛生**のための教育の実施
- **健康**診断の実施その他**健康**の保持増進のための措置
- 労働**災害**の原因の調査及び再発防止対策
- **安全衛生**に関する方針の表明
- **危険**性又は有害性等の調査及びその結果に基づき講ずる措置（リスクアセスメント）
- 安全**衛生**に関する計画の作成、実施、評価及び改善　等

総括安全衛生管理者はこれらの仕事の指揮や取りまとめで、衛生管理者は実務という違いがあります。

総括安全衛生管理者と衛生管理者は、仕事の範囲やテーマは同じなんだね！

産業医の職務は次の通りです。

産業医の職務

- **健康**診断の実施及びその結果に基づく労働者の**健康**を保持するための措置
- 長時間労働者に対する面接指導及びその他必要な措置の実施並びにこれらの結果に基づく労働者の**健康**を保持するための措置
- 心理的な負担の程度を把握する検査（ストレスチェック）の実施並びに面接指導の実施及びその結果に基づく労働者の**健康**を保持するための措置
- **健康**教育、健康相談その他労働者の**健康**の保持増進を図るための措置
- **衛生**教育
- 労働者の**健康**障害の原因の調査及び再発防止のための措置　等

作業場巡視（衛生管理者及び産業医の職務）

　衛生管理者及び産業医は、次の頻度で作業場等を巡視し、職場において労働者の健康障害の要因がないかを確認し、改善する必要があります。

▼ **作業場巡視**

衛生管理者	**毎週**１回
産業医	毎月１回

　産業医に対して**所定の情報**が毎月１回以上提供されている場合、**産業医の巡視の頻度を２か月に１回とすることができます**。なお、所定の情報とは、**次の２つの情報の両方**を指します。

①**衛生管理者が行う作業場等の巡視の結果**
②**衛生委員会等の調査審議を経て事業者が産業医に提供することとしたもの**

　「②衛生委員会等の調査審議を経て事業者が産業医に提供することとしたもの」とは、事業者ごとに任意で決めることになるため、会社によって様々です。一例としては、衛生委員会の議事録や、毎月の時間外労働の発生状況に関する資料等があります。「衛生管理者の作業場巡視の結果」や「衛生委員会の議事録」の**どちらか片方のみでは、産業医の巡視の頻度を変更することはできません**。

ココが出る!

①衛生管理者の作業場等の巡視の頻度

衛生管理者は、少なくとも**毎週**1回、作業場等を巡視しなければならない。 注意 「毎月1回」という誤りが出題される。

②衛生管理者等の"職務や業務ではないもの"を選択する問題が出題される。

選択肢に「健康・災害・安全・衛生・危険」のキーワードが入っている場合でも、衛生管理者等の職務に該当しないものもあります。次の表のキーワードに注意してください。特に**「衛生推進者の指揮に関すること」「事業者に対し、労働者の健康管理等について必要な勧告をすること」は衛生管理者の職務ではない**、という点がよく出題されます。

▼ 衛生管理者等の"職務ではないもの"

役割	よくある誤り (職務ではないもの)	解説 (覚え方のイメージ)
総括安全衛生管理者	安全衛生推進者又は衛生推進者の指揮に関すること	安全衛生推進者等は10人以上50人未満の事業場で選任する。総括安全衛生管理者が選任された事業場では選任の必要がないことから、指揮の必要性自体が発生しない。
	産業医の指揮に関すること	事業者の意向で診断を変える等がないよう、産業医は独立性をもってその職務を行う必要がある。産業医は誰からの指揮も受けず中立の立場であることが求められる。
衛生管理者	衛生推進者の指揮に関すること	衛生推進者は10人以上50人未満の事業場で選任する。衛生管理者の選任が必要な事業場では選任の必要がないことから、指揮の必要性自体が発生しない。
	業務上疾病の災害補償に関すること	災害補償を行うのは事業者である。金銭的な補償を衛生管理者が行うことはない。
	事業者に対し、労働者の健康管理等について必要な勧告をすること	勧告を行うのは産業医の職務ではあるが、衛生管理者の職務ではない。
産業医	安全衛生に関する方針の表明に関すること	方針の表明や計画の作成等は産業医の職務には含まれない。産業医は委任契約等で外部の者を選任しているケースが多く、会社外部の者が会社全体の方針表明等に参画するのは越権行為であろうというイメージで理解するとよい。
	安全衛生に関する計画の作成、実施、評価及び改善に関すること	
	衛生推進者の選任に関すること	労働者の誰を衛生推進者とするか、といった社内人事に関することは当然に事業者が行う。

過去問にチャレンジ！

問1 衛生管理者の職務又は業務として、法令上、定められていないものは次のうちどれか。ただし、次のそれぞれの業務は衛生に関する技術的事項に限るものとする。

(1) 健康診断の実施その他健康の保持増進のための措置に関すること。

(2) 労働災害の原因の調査及び再発防止対策に関すること。

(3) 安全衛生に関する方針の表明に関すること。

(4) 少なくとも毎週1回作業場等を巡視し、衛生状態に有害のおそれがあるときは、直ちに、労働者の健康障害を防止するため必要な措置を講ずること。

(5) 労働者の健康を確保するため必要があると認めるとき、事業者に対し、労働者の健康管理等について必要な勧告をすること。

問2 産業医に関する次の記述のうち、法令上、誤っているものはどれか。

(1) 常時使用する労働者数が50人以上の事業場において、厚生労働大臣の指定する者が行う産業医研修の修了者等の所定の要件を備えた医師であっても、当該事業場においてその事業を統括管理する者は、産業医として選任することはできない。

(2) 産業医が、事業者から、毎月1回以上、所定の情報の提供を受けている場合であって、事業者の同意を得ているときは、産業医の作業場等の巡視の頻度を、毎月1回以上から2か月に1回以上にすることができる。

(3) 事業者は、産業医が辞任したとき又は産業医を解任したときは、遅滞なく、その旨及びその理由を衛生委員会又は安全衛生委員会に報告しなければならない。

(4) 事業者は、産業医が旅行、疾病、事故その他やむを得ない事由によって職務を行うことができないときは、代理者を選任しなければならない。

(5) 事業者が産業医に付与すべき権限には、労働者の健康管理等を実施するために必要な情報を労働者から収集することが含まれる。

▼ 解答・解説 --

問1　労働者の健康管理等について、事業者に対して行う必要な勧告に関することは、衛生管理者の職務ではない。

正解　**(5)**

問2　旅行、疾病、事故その他やむを得ない事由によって職務を行うことができないとき、代理者を選任しなければならないのは、総括安全衛生管理者等である。産業医は、代理者を選任しなければならないという定めはない。

正解　**(4)**

安全衛生管理体制　　　　　　　　優先度 そこそこ出る ★★★

03 衛生委員会

安全衛生は、労働者にとって重要な問題です。そのため、労働者の意見を聞き、労使が協力して安全衛生活動に取り組む会議体として、衛生委員会の設置が義務付けられています。

まずはこれだけ！
- 衛生委員会は、労働者の健康と安全を守り、職場の衛生状態や労働環境を改善するために設置される。
- 衛生委員会は、施策の審議のため、少なくとも毎月1回開催される。

衛生委員会等

常時**50人以上**の労働者を使用する全ての事業場では、**衛生委員会の設置**が必要です。また、原則**常時50人以上**の労働者を使用する、屋外産業的業種及び屋内産業的業種の事業場では、**安全委員会の設置**が必要です。安全委員会の設置が必要な場合、同時に衛生委員会も必要となることから、**両方の委員会をまとめて安全衛生委員会を設置することもできます**。

▼委員会の設置

業種	常時使用する労働者数	設置するもの
すべて	50人以上	衛生委員会
屋外産業的業種 屋内産業的業種	50人以上（一部100人以上）	安全委員会

■ 構成（委員）

衛生委員会は、次の者をもって構成します。

構成

- **議長**：総括安全衛生管理者、又は当該事業場においてその事業の実施を統括管理する者（これに準ずる者も含まれる）のうちから、事業者が指名した委員がなるものとする。
- **委員**：議長を除き、委員の半数は労働組合（又は労働者の過半数を代表する者）の推薦に基づき事業者が指名しなければならない。

委員には、次のa～cの者を、それぞれ少なくとも1名、指名します。

    a　衛生管理者
    b　産業医（その事業場に専属でなくても可）
    c　当該事業場の労働者で、衛生に関し経験を有する者

留意点

- 衛生管理者として選任している、事業場に専属でない労働衛生コンサルタントも委員に指名できる。
- 作業環境測定士を委員に指名できる（作業環境測定機関の作業環境測定士を除く）。
- 委員会の構成人数に法令上の定めはない。

■ 付議事項（衛生委員会で話し合うべき事項）

衛生委員会では病気の予防について話し合い、安全委員会ではケガの防止について話し合います。先ほどの衛生管理者等の職務の判断同様、「健康・災害・安全・衛生・危険」のいずれかのキーワードが入っていたら、付議事項であると判断できます。

付議事項

- 労働者の健康障害を防止するための基本となるべき対策
- 労働災害の原因及び再発防止対策
- 危険性又は有害性等の調査及びその結果に基づき講ずる措置（リスクアセスメント）
- 安全衛生に関する計画（衛生に係る部分に限る）の作成、実施、評価及び改善
- 長時間にわたる労働による労働者の健康障害の防止を図るための対策
- 労働者の精神的健康の保持増進を図るための対策　等

---

memo　**作業環境測定士** …職場環境における有害要因（化学物質、粉じん、騒音など）を測定・評価する専門家。

その他

- 少なくとも**毎月1回**開催しなければならない。
- 委員会の開催の都度、**遅滞なく**、議事の概要を労働者に周知しなければならない。
- 議事録を**3年間**保存しなければならない。

労働安全衛生法における記録の保存年数は、ほとんどが3年間です。例外として健康診断等の労働者個人の身体（健康状態等）に関わる記録は5年間のものが多いですね。

記録の保存は原則3年！身体（健康に関わるもの）は5年！って覚えたよ！

ココが出る！

衛生委員会の構成について問う問題が頻出です。次のような誤りの選択肢が出題されます。

〈誤りのパターン〉

誤：衛生委員会の議長は、 注意 **衛生管理者である委員**のうちから、事業者が指名しなければならない。

正：議長は、**総括安全衛生管理者、又は当該事業場においてその事業の実施を統括管理する者**（これに**準ずる者も含まれる**）のうちから事業者が指名する。

誤： 注意 **衛生委員会の議長を除く全委員**は、事業場に労働者の過半数で組織する労働組合がないときは、労働者の過半数を代表する者の推薦に基づき指名しなければならない。

正：衛生委員会の議長を除く**委員の半数**について、事業場の労働組合又は労働者の過半数を代表する者の推薦に基づき、事業者が指名する。

誤：作業環境測定を作業環境測定機関に委託している場合、衛生委員会の委員として、 注意 **当該機関に所属する作業環境測定士を指名しなければならない。**

正：作業環境測定を作業環境測定機関に委託している場合であっても、当該機関に所属する作業環境測定士を、衛生委員会の委員として指名することは**できない**。

事業場に所属している作業環境測定士であれば委員として指名できますが、外部の作業環境測定機関に所属する作業環境測定士を委員として指名することはできません。

過去問にチャレンジ！

問 衛生委員会に関する次の記述のうち、法令上、正しいものはどれか。

(1) 衛生委員会の議長は、衛生管理者である委員のうちから、事業者が指名しなければならない。
(2) 衛生委員会の議長を除く全委員は、事業場に労働者の過半数で組織する労働組合がないときは、労働者の過半数を代表する者の推薦に基づき指名しなければならない。
(3) 衛生管理者として選任しているが事業場に専属ではない労働衛生コンサルタントを、衛生委員会の委員として指名することはできない。
(4) 当該事業場の労働者で、衛生に関し経験を有するものを衛生委員会の委員として指名することができる。
(5) 作業環境測定を作業環境測定機関に委託している場合、衛生委員会の委員として、当該機関に所属する作業環境測定士を指名しなければならない。

▼ 解答・解説

(1) 衛生委員会の議長は、総括安全衛生管理者、又は当該事業場においてその事業の実施を統括管理する者のうちから事業者が指名しなければならない。
(2) 衛生委員会の議長を除く全委員ではなく、半数については、事業場の労働組合または労働者の過半数を代表する者の推薦に基づき指名する。
(3) 事業場に専属ではない労働衛生コンサルタントを衛生委員会の委員に指名できる。
(5) 外部の作業環境測定機関に所属する作業環境測定士を委員として指名することはできない。事業場に専属の作業環境測定士であれば、衛生委員会の委員として指名することができる。

正解　**(4)**

健康診断・ストレスチェック　　　優先度 よく出る ★★★

04 健康診断

事業者は労働者の健康を守る義務があり、労働者の健康状態を把握するため、定期的に健康診断を行います。健康診断の結果は、配置決定や業務内容の変更に参考されます。

まずはこれだけ！
- 一般健康診断とは、全ての労働者に共通して実施される健康診断をいう。
- 特殊健康診断とは、有害業務等に従事する労働者に対して行う特別の項目の健康診断（第4章関係法令（有害業務に係るもの））をいう。

一般健康診断の種類と特徴

　一般健康診断は、その対象者や実施頻度により、「**雇入時の健康診断**」「**一般定期健康診断**」「**特定業務従事者の健康診断**」等に分けられます。

　事業者は、健康診断を実施した後、<u>全受診労働者</u>に対して<u>遅滞なく</u>結果通知を行う必要があります。また、事業者は、健康診断の結果に基づき、その項目に異常の所見があると診断された労働者について、健康診断実施日等から **3か月以内** に **医師からの意見聴取** を行います。医師からの意見を踏まえ、必要な労働者に対しては休職、配置転換、業務内容の変更や労働時間の変更といった就業上の措置を講じなければなりません。健康診断の結果（健康診断個人票）は、実施後 **5年間** の保存が義務付けられています。

雇入時の健康診断
- 労働者の雇入の際に実施する。
- 原則、健診項目の<u>省略はできない</u>。ただし、以前 **3か月以内** に健康診断を実施し、その**証明書を提出したときは該当する検査項目の省略ができる**。
- 聴力検査は、必ず 1,000Hz（ヘルツ）及び 4,000Hz（ヘルツ）の音について実施する。

一般定期健康診断

- **1年以内**ごとに1回、特定業務従事者以外の労働者に対して実施する。
- 医師の判断により健診項目の**省略ができる**。ただし、**既往歴・業務歴**の調査、**自覚・他覚症状**の有無、**血圧**の測定など、**省略ができない健診項目がある**。
- **聴力検査**自体を省略することはできないが、**一部の年齢を除き、医師が適当と認めるその他の方法により実施することができる**（必ずしも1,000Hz および4,000Hz の検査でなくてよい）。
- **常時50人以上**の労働者を使用する事業場においては、健康診断の実施後、その結果等を所轄労働基準監督署長へ報告しなければならない。

特定業務従事者の健康診断

- **特定業務**とは、有害業務、深夜業務、坑内労働、病原体によって汚染のおそれが著しい業務等を指す。
- 配置換え（その業務に初めて就く際）及び6か月以内ごとに1回、特定業務従事者に対して実施する。
- **常時50人以上の労働者を使用する事業場において、6か月以内ごとに1回実施**したものについては、健康診断実施後、その結果等を所轄労働基準監督署へ報告しなければならない。

特定業務という名称のイメージから、特別な健康診断を実施するとイメージしがちですが、健診項目自体は一般定期健康診断とほぼ同様です。業務内容に応じた特別な項目の健康診断は"特殊"健康診断です。

▼ 一般健康診断

健康診断の種類	対象者	実施時期・頻度	労働基準監督署への結果報告
雇入時の健康診断	雇い入れる労働者	雇入れの際	不要
一般定期健康診断	特定業務以外の業務に常時従事する労働者	1年以内ごとに1回	常時50人以上の労働者を使用する場合は必要
特定業務従事者の健康診断	有害業務労働者 深夜業務労働者 坑内労働等従事者 病原体業務従事者※	6か月以内ごとに1回	
		配置換えの際	不要

※病原体業務：病原体によって汚染のおそれが著しい業務

労働基準監督署への結果報告は、1年以内に1回というように定期的に繰り返し行われる健康診断で必要と覚えよう。

▼雇入時の健康診断と一般定期健康診断のまとめ

	検診項目	検査項目の省略可否	例外
雇入時の健康診断	①既往歴・業務歴の調査 ②自覚・他覚症状の有無 ③身長、体重、視力、腹囲、聴力 （1,000Hz及び4,000Hz）の測定	原則省略できない	以前3か月以内に健康診断を実施し、その証明書を提出したときは該当する検査項目の省略ができる
一般定期健康診断	④胸部エックス線検査 ⑤血圧の測定 ⑥尿検査（尿中の糖および蛋白の有無の検査） ⑦貧血検査 ⑧肝機能検査 ⑨血中脂質検査 ⑩血糖検査 ⑪心電図の検査	医師の判断により一部省略可能	〈省略ができない検診項目〉 ①既往歴・業務歴の調査 ②自覚・他覚症状の有無 ③血圧の測定 ④体重・視力・聴力 ⑤尿検査

ココが出る！

① **雇入時の健康診断**については、**年齢に関わらず**、健康診断の検査項目を省略することはできない。

×「**雇入時の健康診断**において、**40歳未満の者について、医師が必要でないと認めるときは**、注意 貧血検査、肝機能検査等の一定の検査項目については省略することができる」という誤りが出題される。

② **雇入時の健康診断**の項目のうち、**聴力**の検査は、**年齢に関わらず**、**1,000Hz及び4,000Hz**の音に係る聴力について行わなければならない。

×「**雇入時の健康診断**の項目のうち、聴力の検査は、35歳及び40歳の者並びに45歳以上の者に対しては、1,000Hz及び4,000Hzの音について行っているが、注意 その他の年齢の者に対しては、医師が適当と認めるその他の方法により行っている」という誤りが出題される。

医師が適当と認めるその他の方法による聴力検査が可能なのは、一般定期健康診断です。

雇入時の健康診断と一般定期健康診断の違いがよく出題されているんだね！

過去問にチャレンジ！

問 労働安全衛生規則に基づく医師による雇入時の健康診断に関する次の記述のうち、誤っているものはどれか。

(1) 医師による健康診断を受けた後3か月を経過しない者を雇い入れる場合、その健康診断の結果を証明する書面の提出があったときは、その健康診断の項目に相当する雇入時の健康診断の項目は省略することができる。

(2) 雇入時の健康診断では、40歳未満の者について医師が必要でないと認めるときは、貧血検査、肝機能検査等一定の検査項目を省略することができる。

(3) 事業場において実施した雇入時の健康診断の項目に異常の所見があると診断された労働者については、その結果に基づき、健康を保持するために必要な措置について、健康診断が行われた日から3か月以内に、医師の意見を聴かなければならない。

(4) 雇入時の健康診断の結果に基づき、健康診断個人票を作成して、これを5年間保存しなければならない。

(5) 常時50人以上の労働者を使用する事業場であっても、雇入時の健康診断の結果については、所轄労働基準監督署長に報告する必要はない。

▼ 解答・解説 --
原則として、雇入時の健康診断の各項目は省略できない。

正解 **(2)**

健康診断・ストレスチェック　　優先度 よく出る ★★★

05 長時間労働者に対する面接指導

長時間労働が続くと疲労が溜まり、鬱や過労死といった健康障害を引き起こすおそれがあります。長時間労働による健康障害を未然に防止するため、医師による面接指導が行われます。

まずはこれだけ！

- 長時間労働者からの申出により、医師による面接指導を実施する。
- 面接指導後、事業者は医師から意見聴取の上、時間外労働の禁止といった就業制限など、必要に応じた措置を講ずる。

長時間労働者に対する面接指導の実施

　事業者は、1週間当たり**40時間**を超えて労働させた場合におけるその超えた時間が1か月当たり**80時間**を超え、かつ、**疲労の蓄積**が認められる**労働者から申し出**があったときは、**遅滞なく**医師による面接指導を行わなければなりません。医師による面接指導は、事業者の指定した医師（産業医、又はその他の医師）が実施することを基本とします。ただし、労働者が、事業者の指定した医師による面接指導を希望しない場合は、**他の医師の行う面接指導を受け**、その結果を証明する書面を事業者に提出することができます。

　事業者は、面接指導が行われた後、**遅滞なく**、医師の意見を聴取し、当該労働者に対して必要な就業上の措置を講じます。面接指導の結果の記録は**5年間**保存する必要があります。

　また、事業者は、面接指導を実施するため、タイムカード等の客観的な方法により、裁量労働対象労働者や**管理監督者等を含み**、原則として**全ての労働者**について労働時間の状況を把握することが求められています。

面接指導は、長時間労働者に対して会社がどのような就業上の措置をとるべきか、会社が医師から意見を聞くために実施します。医師は、労働者の勤務状況や業務過重性、心身及び生活の状況を確認した上で、どのような措置をとるべきかを会社に対して意見提出します。

▼面接指導の流れ

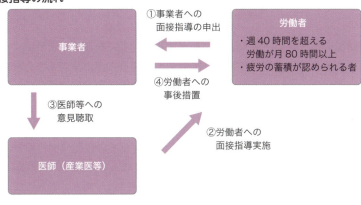

「④労働者への事後措置」は、具体的には、休職、継続勤務、出張禁止や残業禁止といった就業制限（就業上の措置）のいずれかの措置が取られることになるよ。

ココが出る！

① **面接指導の結果の記録は、必ずしも健康診断個人票に記載する必要はない。**

面接指導の結果は、面接指導を実施した医師からの報告をそのまま保存すればよいため、必ずしも健康診断個人票に記載する必要はありません。

② 裁量労働対象労働者や管理監督者等を含み、原則として**全ての労働者**について労働時間の状況を把握する。

裁量労働対象労働者や管理監督者等は自分の労働時間を自分で管理し、自主的な働き方が認められるため、勤務時間が長くなりがちです。本人の自覚がないまま過労が進行する場合があるため、事業者は労働時間を適切に把握し、労働者が適切な労働環境で働けるようにしなければいけません。

過去問にチャレンジ！

問 労働時間の状況等が一定の要件に該当する労働者に対して、法令により実施することが義務付けられている医師による面接指導に関する次の記述のうち、正しいものはどれか。ただし、新たな技術、商品又は役務の研究開発に係る業務に従事する者、高度プロフェッショナル制度の対象者及び医師はいないものとする。

(1) 面接指導の対象となる労働者の要件は、原則として、休憩時間を除き 1 週間当たり 40 時間を超えて労働させた場合におけるその超えた時間が 1 か月当たり 100 時間を超え、かつ、疲労の蓄積が認められる者であることとする。

(2) 事業者は、面接指導を実施するため、タイムカードによる記録等の客観的な方法その他の適切な方法により、労働者の労働時間の状況を把握しなければならない。

(3) 面接指導の結果は、健康診断個人票に記載しなければならない。

(4) 事業者は、面接指導の結果に基づき、労働者の健康を保持するために必要な措置について、原則として、面接指導が行われた日から 3 か月以内に、医師の意見を聴かなければならない。

(5) 事業者は、面接指導の結果に基づき、当該面接指導の結果の記録を作成して、これを 3 年間保存しなければならない。

▼ 解答・解説

(1) 面接指導の対象となる労働者の要件は、原則として、休憩時間を除き 1 週間当たり 40 時間を超えて労働させた場合におけるその超えた時間が 1 か月当たり 100 時間ではなく、80 時間を超え、かつ、疲労の蓄積が認められる者である。

(3) 面接指導の結果を健康診断個人票に記載するという定めはない。

(4) 事業者は、面接指導の結果に基づき、当該労働者の健康を保持するために必要な措置について、面接指導が行われた後、遅滞なく、医師の意見を聴かなければならない。

(5) 事業者は、面接指導の結果に基づき、その記録を作成し、5 年間保存しなければならない。

正解　**(2)**

健康診断・ストレスチェック　　　優先度 よく出る ★★★

06 ストレスチェック

ストレスチェックは、メンタルヘルス不調を未然に防止するために、労働者自身が心の状態を知るために行います。心の健康診断とイメージするとよいでしょう。

まずはこれだけ！
- 事業者は、高ストレス者の申し出に応じて、医師による面接指導を実施する。
- 面接指導後、医師から意見聴取の上、必要に応じて休職、配置転換、業務内容の変更や労働時間の変更といった措置を講ずる。

ストレスチェックの実施の流れ

事業者は、**1年**以内ごとに1回、定期に、ストレスチェック（心理的な負担の程度を把握するための検査）を行います。ストレスチェックを実施できる者は、医師、保健師、看護師等、**ストレスチェックの実施者**としての要件を満たしたものでなければなりません。

■ 実施者

- 実施者…個人ごとの結果の確認、結果を踏まえた医師による面接指導の要否の判定など、ストレスチェックを実施する者。**医師、保健師、一定の要件を満たす看護師**や**精神保健福祉士**、**歯科医師**、**公認心理師**が行う。
- 実施事務従事者…実施者の指示により、ストレスチェックの実施の事務（個人の調査票のデータ入力、結果の出力又は記録の保存（事業者に指名された場合に限る）等を含む。）に携わる者。

■ ストレスチェックの内容

ストレスチェックでは、次の3つの項目についての調査が必要です。実務においては、厚生労働省の示す「職業性ストレス簡易調査票（57項目）」を調査票として使用しているケースが多くみられます。

- 当該労働者の**心理的な負担の原因**
- 当該労働者の心理的な負担による**心身の自覚症状**
- 他の労働者による当該**労働者への支援**

■ 結果の通知

　検査結果は、ストレスチェックを行った医師等（ストレスチェック実施者）から、遅滞なく、労働者に対して直接通知されます。ストレスチェック実施者は、あらかじめ**労働者の同意を得ないで、当該労働者の検査の結果を事業者に提供してはなりません。**

■ 記録の保存

　事業者は当該労働者の同意を得て、ストレスチェック実施者から検査結果の提供を受けた場合には、その記録を5年間保存しなければなりません。

■ 検査結果の集団ごとの分析

　労働者の同意がなければ、事業者は、個々の労働者のストレスチェックの結果を確認できません。そのため、ストレスチェックを踏まえた職場環境の改善のため、個々の労働者の結果がわからないよう、所属部署等の一定の集団ごとにストレスの傾向を分析します。これを集団分析といい、その実施は努力義務とされています。

▌ 医師による面接指導の実施

　ストレスチェックの結果、心理的な負担の程度が高い者（いわゆる高ストレス者）であって、医師による面接指導を受ける必要があると実施者が認めた労働者が申し出たときは、遅滞なく、医師による面接指導を行わなければなりません。医師による面接指導は、事業者の指定した医師（産業医、又はその他の医師）が実施することを基本とします。ただし、労働者が、事業者の指定した医師による面接指導を希望しない場合は、**他の医師の行う面接指導を受け、**その結果を証明する書面を事業者に提出することができます。事業者は、面接指導が行われた後、遅滞なく、医師の意見を聴取し、当該労働者に対して必要な就業上の措置を講じます。面接指導の結果の記録は5年間保存する必要があります。

結果の報告

　常時 **50 人以上** の労働者を使用する事業場は、ストレスチェック実施後、検査や面接指導の結果等を所轄労働基準監督署長に報告する必要があります。

▼ストレスチェックの流れ

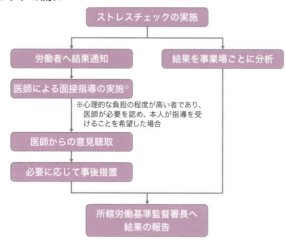

"医師による面接指導" は、長時間労働による場合も、ストレスチェックによる場合もほとんど差はないよ。表を使って整理しておこう！

▼長時間労働者や高ストレス者への面接指導

	長時間労働者	高ストレス者
対象者	休憩時間を除く 1 週間で **40 時間**を超える労働が 1 か月 **80 時間**を超え、**疲労の蓄積**が認められる労働者	ストレスチェックの結果、**心理的な負担の程度が高い者**（いわゆる高ストレス者）であって、医師による面接指導を受ける必要があると当該検査を行った医師等が認めた労働者
実施時期	**労働者からの申し出**後、**遅滞なく**行う	
実施者	事業者の指定した医師（産業医、又はその他の医師） もしくは**労働者が希望しない場合は指定した医師以外の医師**	
意見聴取	事業者は、面接指導を実施した労働者の健康を保持するために必要な措置について、面接指導が行われた後**遅滞なく**、医師の意見を聴かなければならない	
記録の保存	**5 年間** 面接指導を実施した医師からの報告を**そのまま保存**すればよい ※必ずしも健康診断個人票に記載する必要はない	

ココが出る！

① ストレスチェックの実施者

ストレスチェックの実施者は、**医師**、**保健師**、**一定の要件を満たす看護師**や**精神保健福祉士**、**歯科医師**、**公認心理師**がなる。

「衛生管理者」「労働衛生コンサルタント」「産業カウンセラー」は実施者になることができません。

② 実施事務従事者

ストレスチェックを受ける労働者について解雇、昇進又は異動に関して直接の権限を持つ監督的地位にある者は、ストレスチェック実施者になることはできず、また、ストレスチェックの実施の事務に従事**してはならない**（ストレスチェック実施事務従事者に**なれない**）。

ストレスチェック結果が労働者の意に反して人事上の不利益な取扱いに利用されることがないようにするため、解雇や昇進などの権限を持つ者はストレスチェックの実施事務従事者にはなれません。

③ 結果の通知

衛生管理者は結果通知の対象に**含まれない**。

ストレスチェックなど心や健康の話はデリケートな内容です。他人に知られたくないことも多いため、衛生管理者であっても結果通知を受けるには本人の同意が必要です。

過去問にチャレンジ！

問 労働安全衛生法に基づく労働者の心理的な負担の程度を把握するための検査（以下「ストレスチェック」という。）及びその結果等に応じて実施される医師による面接指導に関する次の記述のうち、法令上、正しいものはどれか。

(1) ストレスチェックを受ける労働者について解雇、昇進又は異動に関して直接の権限を持つ監督的地位にある者は、ストレスチェックの実施の事務に従事してはならない。

(2) 事業者は、ストレスチェックの結果が、衛生管理者及びストレスチェックを受けた労働者に通知されるようにしなければならない。

(3) 面接指導を行う医師として事業者が指名できる医師は、当該事業場の産業医に限られる。

(4) 面接指導の結果は、健康診断個人票に記載しなければならない。

(5) 事業場は、面接指導の結果に基づき、当該労働者の健康を保持するため必要な措置について、面接指導が行われた日から3か月以内に、医師の意見を聴かなければならない。

▼ 解答・解説

(2) ストレスチェックの結果は原則としてストレスチェックを受けた労働者にのみ通知される。衛生管理者であることのみを理由として、衛生管理者に通知されるわけではない。

(3) 面接指導を行う医師として、当該事業場の産業医または事業場において産業保健活動に従事している医師が推奨されるが、事業者が指名できる医師は、当該事業場の産業医に限られるわけではない。

(4) 面接指導の結果を、健康診断個人票に記載しなければならない定めはない。

(5) 事業者は、面接指導の結果に基づき、当該労働者の健康を保持するために必要な措置について、面接指導が行われた後、遅滞なく、医師からの意見を聴かなければならない。

正解 **(1)**

労働安全衛生法関係省令　　　　　　優先度 **よく出る** ★ ★ ★

07 労働安全衛生規則

労働安全衛生規則は、職場で働く人が安全で健康的に仕事ができるようにするための具体的なルールや手続きを定めたものです。衛生管理者試験では、職場の衛生基準が出題されます。

まずはこれだけ！

✓ 労働安全衛生規則には、事業所の広さや窓の大きさ、室内の明るさなど、職場の衛生環境を保つための基準が定められている。

気積と換気

　気積とは空気の容積のことであり、「床面積×高さ」で求められます。職場の空間が狭く、気積が不十分な場合、労働者は蒸し暑さや息苦しさを感じやすくなり、身体的な負担が増すことによる生産性の低下につながります。また、狭い空間ではウイルス等による感染症リスクも増大します。そのため、労働安全衛生規則において、職場にある程度の広さを確保し、感染症リスクや身体負担の軽減のため、気積や換気の基準を設けています。

気積

- 床面から 4m 以下の気積は、労働者 1 人当たり **10m^3 以上**とする（設備等の占める空間を除く）。

換気

- 直接外気に向かって開放できる窓等の面積は、床面積の **1/20 以上**とする。
- **窓等が 1/20 未満と小さい場合又は窓等がない場合、換気設備を設置する。**

採光と照度

　作業効率の向上や安全確保の観点から「その作業に応じた明るさ」を確保する必要があるため、労働者を常時就業させる場所の作業面の照度基準が次の通り、定められています。**「ルクス」は、照度を表す単位です**。また、照明設備については、**6か月以内**ごとに1回、定期的に点検する必要があります。

照度基準

- 精密な作業：**300ルクス以上**
- 普通の作業：150ルクス以上
- 粗な作業　：　70ルクス以上

休養

　労働者が体調不良時に救急車の到着等まで横になって待機できるスペースや部屋を、休養所もしくは休養室といいます。**常時50人以上**又は**常時女性30人以上**の労働者を使用する事業場は、労働者が臥床する（横になる）ことのできる**男女別**の休養所又は休養室を設けなければなりません。

労働者数が**女性だけで30人以上**であれば男性の人数に関わらず、**男女別の休養所が必要**なことに注意しよう！

清潔等

　快適な職場環境を保ち、労働者の健康を守る観点から、大掃除の頻度や食堂等の基準が定められています。

清潔基準

- 大掃除等：日常の清掃以外に、**6か月以内**ごとに1回大掃除及びねずみ・昆虫等の被害状況調査等を行う。
- 便所：男性用小便所の数は、男性労働者**30人以内**ごとに1個以上とする。
- 食堂：食堂の床面積は、1人につき**$1m^2$以上**とする。
- 炊事場：炊事場専用の履物を備え、**土足**のまま立ち入らせてはならない。
- 炊事従業員の休憩室等：炊事従業員には、**専用の便所及び**専用の休憩室を設ける。

家の大掃除は年末に1回だけど、事業場の大掃除は**1年**に**2回**やるんだね！

ココが出る！

労働安全衛生規則の衛生基準について、次のような誤りの選択肢が出題される。

①気積

誤：常時 **50人** の労働者を就業させている屋内作業場の気積が、設備の占める容積及び床面から4mを超える高さにある空間を除き 注意 **400m³** となっている（400m³÷50人＝8m³）。

正：1人あたりの気積を **10m³ 以上** としなければならないため、常時50人の労働者が就業している場合、設備の占める容積及び床面から4mを超える高さにある空間を除いて500m³以上が必要である。

労働者数を10倍すれば、その作業場全体で必要な気積がわかります。

②換気

誤：有害業務を行っていない屋内作業場で、窓その他の開口部の直接外気に向かって開放することができる部分の面積が、常時床面積の 注意 **1/25** であるものに、換気設備を設けていない。

正：窓等の大きさは **1/20 以上** とし **1/20 未満の場合には換気設備を設置** しなければならない。1/25 は 1/20 より小さいため、換気設備を設けなければならない。

「窓等の面積を1/15以上とし、換気設備を設けていない」という選択肢が出題されることもあります。「1/15以上」の場合は、1/20より大きいので、換気設備が設置されていなくても違反とはなりません。

過去問にチャレンジ！

問 事業場の建築物、施設等に関する措置について、労働安全衛生規則の衛生基準に違反していないものは次のうちどれか。

(1) 日常行う清掃のほか、1年以内ごとに1回、定期に、統一的に大掃除を行っている。

(2) 男性25人、女性25人の労働者を常時使用している事業場で、労働者が臥床することのできる休養室又は休養所を男性用と女性用に区別して設けていない。

(3) 60人の労働者を常時就業させている屋内作業場の気積が、設備の占める容積及び床面から4mを超える高さにある空間を除き、500m³となっている。

(4) 事業場に附属する食堂の床面積を、食事の際の1人について、0.8m²としている。

(5) 労働衛生上の有害業務を有しない事業場において、窓その他の開口部の直接外気に向かって開放することができる部分の面積が、常時床面積の15分の1である屋内作業場に、換気設備を設けていない。

▼ 解答・解説

(1) 大掃除は、1年以内ごとに1回ではなく、6か月以内ごとに1回行わなければならない。

(2) 設問の場合、常時50人以上の労働者を使用しているので、労働者が臥床することのできる休養室または休養所を男性用と女性用に区別して設けなければならない。

(3) 労働者1人当たりの気積は10m³以上必要であるため、60人の場合は600m³（10m³ × 60人）必要となる。設問の場合、500m³であるため、違反している。

(4) 事業場に附属する食堂の床面積は、食事の際の1人について、約1m²以上としなければならない。

正解 **(5)**

Column **事務所衛生基準規則**

　労働安全衛生規則のほかに、「事務作業に従事する労働者が主として使用する事務所」における衛生基準については、事務所衛生基準規則という省令によって定められています。

　例えば、空気調和設備（エアコン）から供給される空気中の一酸化炭素や浮遊粉じん量に関する基準、空気調和設備の清掃や点検の頻度に関する基準等があります。主に第2種衛生管理者試験で出題されており、第1種衛生管理者試験においては出題されることはほとんどありません。ただし、第1種衛生管理者免許の必要な事業場においても、工場に隣接している事務作業用のオフィスなどについては、適用される場合もあるため、合格後に衛生管理者として実務を行う際は当規則についても調べてみましょう。

労働基準法

優先度 そこそこ出る ★★★

08 労働時間・休憩

労働基準法は、労働条件の最低基準を定めた法律です。試験では関係法令(有害業務に係るものを除く)科目において必ず2問出題されます。

まずはこれだけ！
- 法定労働時間を超えて働かせる方法には、労使協定を締結する方法、変形労働時間制などがある。
- 管理監督者をはじめ、法定労働時間や休日の規定が適用されない者がいる。

労働時間

　労働時間とは、労働者が使用者の指揮命令の下で働く時間であり、次の通り、その上限が定められています。労働時間は、副業などで複数の勤務先で働いている場合(事業場を異にする場合)であっても、**通算**します。

法定労働時間
- 休憩時間を除き1週間について**40時間以内**
- 休憩時間を除き1日について**8時間以内**

■ 時間外・休日労働に関する協定 (36協定)

　労働基準法第36条に基づき、時間外・休日労働に関する協定を締結し、所轄労働基準監督署長に届け出をすれば、**年少者(満18歳未満の者)を除き**、法定労働時間を超えて労働させることができます。この協定を、一般に **36協定(サブロク協定)** といいます。

使用者と労働組合や労働者代表との間で締結される書面による協定を、労使協定といいます。法定労働時間を超えて労働者を働かせるには、事前に何時間働かせるのかなどを労使協定で決めておかないといけません。

52

変形労働時間制

法定労働時間を超えて労働者を働かせることができる制度は、36 協定のほか、変形労働時間制があります。

変形労働時間制とは、一定の期間を平均して、1 週間あたりの法定労働時間である 40 時間（又は 1 日の法定労働時間である 8 時間）を超えないように労働時間を定める制度です。平均する期間によって **1 か月単位・1 年単位の変形労働時間制、1 週間単位の非定型的変形労働時間制**に分かれます。また、労働者が日々の始業、終業時刻、労働時間を自ら決めることのできる制度として、**フレックスタイム制**があります。

■ 1 か月単位の変形労働時間制

1 か月以内の一定期間を平均し、1 週間当たりの労働時間が法定労働時間を超えない範囲内において、特定の日又は週に法定労働時間を超えて労働させることができる制度です。**労使協定又は就業規則等のいずれか**に定めた上、当該労使協定又は就業規則を**所轄労働基準監督署長へ届け出なければなりません**（就業規則については常時使用する労働者数が 10 人以上の場合のみ）。

■ 1 年単位の変形労働時間制

1 か月を越え **1 年以内**の一定の期間を平均し、1 週間当たりの労働時間が 40 時間以下の範囲内において、特定の日又は週に 1 日 8 時間又は 1 週間 40 時間を超え、一定の限度で労働させることができる制度です。労使協定に定めた上、**所轄労働基準監督署長へ届け出なければなりません。**

■ 1 週間単位の非定型的変形労働時間制

特定の業種の小規模事業場において、1 週間の労働時間が 40 時間以内の範囲内において、毎日の労働時間を弾力的に定めることができる制度です。労使協定に定めた上、**所轄労働基準監督署長へ届け出なければなりません。**

■ フレックスタイム制

1 か月以内もしくは **1 か月を超えて 3 か月以内**の一定期間の総労働時間を定めておき、労働者がその範囲内で各日の始業及び終業の時刻を選択して働く制度です。労使協定に定める必要があり、**労働時間の清算期間が 1 か月を超えて 3 か月以内の場合には当該労使協定を所轄労働基準監督署長へ届け出なければなりません。**

▼変形労働時間制まとめ

変形労働時間制	実施条件	期間	労使協定の届出
1か月単位の変形労働時間制	労使協定又は就業規則等	1か月以内	必要
1年単位の変形労働時間制	労使協定	1か月超1年以内	
1週間単位の非定型的変形労働時間制	労使協定	1週間	
フレックスタイム制	就業規則等及び労使協定	1か月以内	**不要**
		1か月超**3か月以内**	**必要**

休憩時間

使用者は、労働時間が **6時間を超える場合**は少なくとも **45分**、労働時間が **8時間を超える**場合は少なくとも **60分**の**休憩時間**を労働時間の途中に与えなければいけません。

休憩時間は実際に働いた労働時間で考えます。労働契約で定めた労働時間（所定労働時間）が7時間30分であったとしても、労働時間を1時間延長（残業）したのであれば、60分の休憩時間を与えなければなりません。

労働時間等の適用除外

次のア～ウのいずれかに該当する労働者については、**労働時間、休憩及び休日に関する規定は適用されません**。ただし、**深夜労働**及び**年次有給休暇**に対する規定は適用されます。

ア．農業、畜産業、水産業の事業に従事する労働者
⇒天候等の自然環境により就労の可否が変わるので、労働時間等の規制になじまない。

イ．事業の種類にかかわらず、**監督若しくは管理の地位にある者又は機密の事務を取り扱う者**
⇒監督若しくは管理の地位にある者（管理監督者）は、時間外労働や休日労働を命じる側の立場であり、自分の労働時間等の裁量を自身が持っているため、適用除外となる。また機密の事務を取り扱う者とは、主に会社の役員と共に働く秘書等をいう。

ウ．監視又は断続的労働に従事する者で、使用者が行政官庁（労働基準監督署長）の許可を受けた者

⇒監視又は断続的労働とは、例えば宿直や日直の勤務であり、定時の巡回や非常時に備えた待機等が付随した業務等をいう。守衛や門番、役員運転手などが該当することがある。

深夜労働は身体への負担が大きい業務であり、労働時間等の適用除外者であっても負担が大きいことには変わらないため、深夜労働の割増賃金等の規定は適用されます。

ココが出る！

労働時間について、次のような誤りの選択肢が出題される。

〈誤りのパターン〉
誤：1日8時間を超えて労働させることができるのは、時間外労働の協定を締結し、これを所轄労働基準監督署長に届け出た場合に <注意>**限られている。**
正：1日8時間を超えて労働させることができるのは、**時間外労働の協定（36協定）を締結する**ほかに変形労働時間制等もある。

誤：<注意>監督若しくは管理の地位にある者又は機密の事務を取り扱う労働者 に対する労働時間に関する規定の適用の除外については、所轄労働基準監督署長の**許可を受けなければならない。**
正：監督若しくは管理の地位にある者又は機密の事務を取り扱う者は労働基準監督署長の**許可がなくても**適用除外となる。

監督若しくは管理の地位にある者又は機密の事務を取り扱う者は、その立場になった時点で労働時間等の適用除外です。所轄労働基準監督署の許可は不要です。

過去問にチャレンジ！

問 労働基準法における労働時間等に関する次の記述のうち、正しいものはどれか。

(1) 1日8時間を超えて労働させることができるのは、時間外労働の労使協定を締結し、これを所轄労働基準監督署長に届け出た場合に限られている。

(2) 労働時間に関する規定の適用については、事業場を異にする場合は労働時間を通算しない。

(3) 所定労働時間が7時間30分である事業場において、延長する労働時間が1時間であるときは、少なくとも45分の休憩時間を労働時間の途中に与えなければならない。

(4) 機密の事務を取り扱う労働者については、所轄労働基準監督署長の許可を受けなくても労働時間に関する規定は適用されない。

(5) 監視又は断続的労働に従事する労働者については、所轄労働基準監督署長の許可を受ければ、労働時間及び年次有給休暇に関する規定は適用されない。

▼解答・解説

(1) 1日8時間を超えて労働させることができるのは、時間外労働の協定を締結し、これを所轄労働基準監督署長に届け出た場合に限られていない。変形労働時間制等を採用した際や、災害時等臨時の必要があるときにも1日8時間を超えて労働させることができる場合がある。

(2) 事業場を異にする場合であっても労働時間は通算する。

(3) 実労働時間が8時間を超える場合においては、少なくとも1時間の休憩時間を労働時間の途中に与えなければならない。

(5) 監視又は断続的労働に従事する者で、使用者が所轄労働基準監督署長（行政官庁）の許可を受けたものは、労働時間に関する規定は適用されないが、年次有給休暇に関する規定は適用される。

正解　**(4)**

「〜〜に限られる」や「絶対〜〜してはならない」というような、強い限定や否定表現の場合、誤りの選択肢であることが多いです。

労働基準法　　　　　　　　　　　　　　　　　優先度 **よく出る** ★★★

09 年次有給休暇

基本的な労働者の権利として年次有給休暇があります。収入に影響なく自身が希望した日に休暇を取ることによって、労働者は休息とリフレッシュの時間を確保することができます。

まずはこれだけ！

- 一定期間勤続した労働者に付与される有給での休暇を、年次有給休暇という。
- 労働時間や労働日数の少ない労働者（短時間労働者）に対しては、年次有給休暇の日数を比例的に減らしたうえで付与する。

▌ 年次有給休暇の付与

　使用者は、労働者が雇入れ日から起算して6か月間継続勤務し、全労働日の**8割以上**出勤した場合に、少なくとも10日の**年次有給休暇**を付与しなければなりません。以後、最初に付与した日から起算した継続勤務年数1年ごとに、次の表の通りの有給休暇を付与する必要があります。なお、継続勤務の期間について、業務上負傷し又は疾病にかかり療養のために休業した期間（労働災害による休業期間）、**育児休業**をした期間、**介護休業**をした期間、産前産後休業した期間は**出勤したものとみなして**算定します。

▼ 通常の労働者に対する付与日数

雇入れ日からの継続勤務期間	6か月	1年6か月	2年6か月	3年6か月	4年6か月	5年6か月	6年6か月以上
付与日数	10	11	12	**14**	16	18	20

年次有給休暇は、労働者の請求する時季に与えなければなりません。

57

短時間労働者への比例付与

1週間の労働時間が **30時間未満** で、所定労働日数が **週4日以下**（年間所定労働日数の場合は216日以下）の短時間労働者等の場合は、労働日数に応じて比例的に減らした日数の有給休暇を付与します。

▼短時間労働者への付与日数の求め方
計算式　　通常の労働者の付与日数 × 比例付与対象者の週所定労働日数 ÷5.2※

※厚生労働省が定める通常の労働者の週所定労働日数を指す
※端数は切り捨てる

週に5日働いている労働者と、週に3日働いている労働者に、同じ日数の有給休暇を付与することは公平ではありません。働いた日数に応じた日数の年次有給休暇を付与します。

その他

年次有給休暇には、その他に次のような決まりがあります。

■計画的付与

使用者は、労使協定を締結した場合、労働者の有する年次有給休暇のうち **5日** を超える部分を、計画的に付与できます（有給休暇取得日を使用者が計画的に割り振れる）。

■時間単位付与

使用者は、労使協定を締結した場合、労働者の請求により、1年に **5日** を限度として時間単位で付与できます。

■時効

有給休暇は翌年度に限り繰り越すことができます。**2年間** 有効です。

■時季指定義務

使用者は、10日以上の年次有給休暇が付与される労働者に対して、そのうち5日以上の休暇は、休暇を付与した日から1年以内に時季を指定して取得させなければなりません。

ココが出る！

短時間労働者に対する付与日数の問題が出題される。

短時間労働者に該当するのは週の労働時間が **30 時間未満** の場合です。週の労働時間が 32 時間など、30 時間を超える場合は一般の労働者に対する付与日数で与えなければならないことにも注意しましょう。

過去問にチャレンジ！

問 週所定労働時間が 25 時間、週所定労働日数が 4 日である労働者であって、雇入れの日から起算して 3 年 6 か月継続勤務したものに対して、その後 1 年間に新たに与えなければならない年次有給休暇日数として、法令上、正しいものは (1) ～ (5) のうちどれか。
ただし、その労働者はその直前の 1 年間に全労働日の 8 割以上出勤したものとする。

(1) 8 日　(2) 9 日　(3) 10 日　(4) 11 日　(5) 12 日

▼ 解答・解説

週所定労働時間が 25 時間で、週所定労働日数が 4 日の労働者は、短時間労働者に対する有給休暇の比例付与の対象となり、「付与日数＝通常の労働者の付与日数×比例付与対象者の週所定労働日数÷5.2（厚生労働省が定める通常の労働者の週所定労働日数）」の式に当てはめて計算する。よって、14 日× 4 日÷ 5.2 ＝ 10 日（小数点以下切り捨て）となる。

正解　**(3)**

労働基準法　　　　　　　　　優先度 そこそこ出る ★★★

10 妊産婦

労働基準法は、妊娠中及び出産後の労働者が安全かつ健康的に働けるよう、様々な保護措置によって職場環境を整え、仕事と家庭生活の両立を支援しています。

まずはこれだけ！
- 妊産婦とは、妊娠中の女性及び産後1年を経過しない女性のことをいう。
- 妊産婦を保護するため、軽易な業務への転換、労働時間の制限、産前産後休業等の定めがある。

妊産婦の保護

　妊娠中の女性が請求した場合においては、**管理監督者等を含め、他の軽易な業務に転換させなければなりません**。また、**妊産婦**が請求した場合には、次の労働時間等の制限があります。

- 時間外・休日労働…妊産婦が請求した場合には、**管理監督者等を除き**、時間外・休日労働をさせてはならない。**フレックスタイム制を採用している場合には、1週40時間、1日8時間を超えて労働させることができる**。
- 深夜労働…妊産婦が請求した場合には、**管理監督者等を含め**、深夜業をさせてはならない。

妊娠・出産は病気とは違うので、原則として妊産婦であることだけを理由に労働時間等に制限がかかることはありません。しかし、身体への負担が大きい時期であるため、妊産婦からの請求によって時間外・休日・深夜労働をさせてはならないといった制限が発生します。

管理監督者といった労働時間の適用除外者でも、深夜業務はさせてはいけないんですね。

産前産後休業

母体保護のため、産前及び産後は一定期間就業させてはなりません。

- 産前休業…**産前6週間**（多胎妊娠の場合は14週間）は、妊娠中の女性が請求した場合、就業させることはできない。
- 産後休業…**産後8週間**は就業させることはできない。ただし、産後6週間を経過した女性が請求した場合で、かつ医師が認めた業務は就業させてもよい。

育児時間

生後満1年に達しない生児を育てる**女性**が**育児時間**を請求した場合、1日2回各々少なくとも30分、**その生児を育てるための時間を与えなければなりません**。育児時間中の賃金については法令上の定めはなく、当事者（使用者と労働者）間で決定するものであるため、**必ずしも有給とする必要はありません**。育児時間は、主に母乳をあげる時間が想定されることから、女性のみが請求可能になっています。

ココが出る！

① 時間外・休日に関する協定（36協定）を締結している場合や、1か月単位の変形労働時間制および1年単位の変形労働時間制を採用している場合であっても、妊産婦が請求した場合には、**管理監督者等を除き**、時間外・休日労働をさせてはならない。

> 変形労働時間制などの制度が書いてあると、何か引掛けがあるのかって疑っちゃうね。私は、どんな働き方をしていても妊産婦を優先に考えるってイメージしたよ！

② 注意 フレックスタイム制を採用している場合であっても、妊産婦には1週40時間、1日8時間を超えて労働させては"ならない"といった誤りの選択肢が出題される。

> 1週間40時間、1日8時間を超えて労働した分を、他の日の働く時間を短くして調整できるのがフレックスタイム制の最大のメリット。始業・終業の時間を自分でコントロールできる労働者にとって有利な制度なので、妊産婦にも適用できるよ。

過去問にチャレンジ！

問 労働基準法に定める妊産婦等に関する次の記述のうち、法令上、誤っているものはどれか。
ただし、常時使用する労働者数が 10 人以上の規模の事業場の場合とし、管理監督者等とは、「監督又は管理の地位にある者等、労働時間、休憩及び休日に関する規定の適用除外者」をいうものとする。

(1) 妊産婦とは、妊娠中の女性及び産後 1 年を経過しない女性をいう。
(2) 妊娠中の女性が請求した場合においては、他の軽易な業務に転換させなければならない。
(3) 1 年単位の変形労働時間制を採用している場合であっても、妊産婦が請求した場合には、管理監督者等の場合を除き、1 週 40 時間、1 日 8 時間を超えて労働させてはならない。
(4) フレックスタイム制を採用している場合であっても、妊産婦が請求した場合には、管理監督者等の場合を除き、1 週 40 時間、1 日 8 時間を超えて労働させてはならない。
(5) 生理日の就業が著しく困難な女性が休暇を請求したときは、その者を生理日に就業させてはならない。

▼ 解答・解説

フレックスタイム制を採用している場合は、妊産婦であっても 1 週 40 時間、1 日 8 時間を超えて労働させてもよい。

正解 **(4)**

第 1 章の学習お疲れ様でした。章の最後には「頻出過去問」を用意しています。各科目の本番と同じ問題数で構成しているので、本番を想定して解いてみましょう。間違えた問題は解説と該当のページに戻って知識を再確認してみましょう。最初は全問正解でなくても大丈夫！最終的には全問正解できるように繰り返し解いて苦手な単元をなくすことが合格の第一歩です。

よく出る！
頻出過去問 & 完全解説

📗 解答・解説はp.65参照

1 関係法令

問1 常時使用する労働者数が100人で、次の業種に属する事業場のうち、法令上、総括安全衛生管理者の選任が義務づけられていないものの業種はどれか。

(1) 林業　(2) 清掃業　(3) 警備業　(4) 建設業　(5) 運送業

問2 衛生委員会に関する次の記述のうち、法令上、正しいものはどれか。

(1) 衛生委員会の議長は、衛生管理者である委員のうちから、事業者が指名しなければならない。

(2) 産業医のうち衛生委員会の委員として指名することができるのは、当該事業場に専属の産業医に限られる。

(3) 衛生管理者として選任しているが事業場に専属ではない労働衛生コンサルタントを、衛生委員会の委員として指名することはできない。

(4) 当該事業場の労働者で、作業環境測定を実施している作業環境測定士を衛生委員会の委員として指名することができる。

(5) 衛生委員会は、毎月1回以上開催するようにし、議事で重要なものに係る記録を作成して、これを5年間保存しなければならない。

問3 労働安全衛生規則に基づく次の定期健康診断項目のうち、厚生労働大臣が定める基準に基づき、医師が必要でないと認めるときは、省略することができる項目に該当しないものはどれか。

(1) 既往歴及び業務歴の調査　(2) 心電図検査　(3) 肝機能検査
(4) 血中脂質検査　(5) 貧血検査

問4 労働時間の状況等が一定の要件に該当する労働者に対して、法令により実施することが義務付けられている医師による面接指導に関する次の記述のうち、正しいものはどれか。ただし、新たな技術、商品又は役務の研究開発に係る業務に従事する者、高度プロフェッショナル制度の対象者及び医師はいないものとする。

(1) 面接指導の対象となる労働者の要件は、原則として、休憩時間を除き1週間当たり40時間を超えて労働させた場合におけるその超えた時間が1か月当たり80時間を超え、かつ、疲労の蓄積が認められる者で

問1 **(3)**　問2 **(4)**　問3 **(1)**　問4 **(1)**

あることとする。

(2) 事業者は、面接指導を実施するため、タイムカードによる記録等の客観的な方法その他適切な方法により、監督又は管理の地位にある者を除き、労働者の労働時間の状況を把握しなければならない。

(3) 面接指導を行う医師として事業者が指定することができる医師は、当該事業場の産業医に限られる。

(4) 事業者は、面接指導の対象となる労働者の要件に該当する労働者から面接指導を受ける旨の申出があったときは、申出の日から3か月以内に、面接指導を行わなければならない。

(5) 事業者は、面接指導の結果に基づき、当該面接指導の結果の記録を作成して、これを3年間保存しなければならない。

問5 労働安全衛生法に基づく心理的な負担の程度を把握するための検査について、医師及び保健師以外の検査の実施者として、次のAからDの者のうち正しいものの組合せは(1)～(5)のうちどれか。ただし、実施者は、法定の研修を修了した者とする。

A 公認心理師　B 歯科医師　C 衛生管理者　D 産業カウンセラー

(1) A, B　(2) A, D　(3) B, C　(4) B, D　(5) C, D

問6 労働基準法における労働時間等に関する次の記述のうち、正しいものはどれか。

(1) 1日8時間を超えて労働させることができるのは、時間外労働の協定を締結し、これを所轄労働基準監督署長に届け出た場合に限られている。

(2) 労働時間が8時間を超える場合においては、少なくとも45分の休憩時間を労働時間の途中に与えなければならない。

(3) 機密の事務を取り扱う労働者に対する労働時間に関する規定の適用の除外については、所轄労働基準監督署長の許可を受けなければならない。

(4) フレックスタイム制の清算期間は、3か月以内の期間に限られる。

(5) 満20歳未満の者については、時間外・休日労働をさせることはできない。

問5 (1)　　問6 (4)　　問7 (4)

1

関係法令

問7 週所定労働時間が25時間、週所定労働日数が4日である労働者であって、雇入れの日から起算して4年6か月継続勤務したものに対して、その後1年間に新たに与えなければならない年次有給休暇日数として、法令上、正しいものは次のうちどれか。ただし、その労働者はその直前の1年間に全労働日の8割以上出勤したものとする。

(1) 9日　(2) 10日　(3) 11日　(4) 12日　(5) 13日

解答・解説

問1 **(3)**

警備業は「その他業種」に分類されるので、常時使用する労働者数が1,000人以上の場合に、総括安全衛生管理者の選任が義務付けられる。

問2 **(4)**

(1) 衛生委員会の議長は、総括安全衛生管理者又は総括安全衛生管理者以外の者で、当該事業場においてその事業の実施を統括管理する者若しくはこれに準ずる者のうちから事業者が指名した者でなければならない。

(2) 衛生委員会の委員として指名する産業医は、専属の者に限られない。

(3) 事業場に専属ではない労働衛生コンサルタントを、衛生委員会の委員に指名することができる。

(5) 衛生委員会の議事で重要なものに係る記録（議事録）は、5年間ではなく、3年間保存する。

問3 **(1)**

「既往歴及び業務歴の調査」は定期健康診断において、省略することができない。

問4 **(1)**

(2) 事業者は、裁量労働対象労働者や監督又は管理の地位にある者等を含む、全ての労働者（高度プロフェッショナル制度の対象者を除く）について、労働時間を把握するため、タイムカードによる記録等の客観的な方法その他の適切な方法により、労働者の労働時間の状況を把握しなければならない。

(3) 面接指導を行う医師として事業者が指定できる医師は、当該事業場の産業医に限られない。

(4) 事業者は、面接指導の対象となる労働者の要件に該当する労働者から面接指導を受ける旨の申出があったときは、遅滞なく、面接指導を行わなければならない。

(5) 事業者は、面接指導の結果に基づき、その記録を作成し、3年間ではなく、5年間保存しなければならない。

65

問5 (1)

労働安全衛生法に基づく心理的な負担の程度を把握するための検査（「ストレスチェック」ともいう）について、医師および保健師以外の検査の実施者に該当するのは「看護師、精神保健福祉士、歯科医師、公認心理師」である。よって (1) が該当する。なお医師および保健師以外の実施者は厚生労働大臣が定める研修を修了する必要がある。

問6 (4)

(1) 1日8時間を超えて労働させることができるのは、時間外労働の協定を締結し、これを所轄労働基準監督署長に届け出た場合に限られていない。変形労働時間制等を採用した際や、災害時等臨時の必要があるときにも1日8時間を超えて労働させることができる場合がある。
(2) 労働時間が8時間を超える場合においては、少なくとも1時間の休憩時間を労働時間の途中に与えなければならない。
(3) 機密の事務を取り扱う労働者に対する労働時間に関する規定の適用の除外については、所轄労働基準監督署長の許可を受ける必要はない。
(5) 満20歳未満ではなく、満18歳未満の者については、時間外・休日労働をさせることができない。

問7 (4)

週所定労働時間が25時間で、週所定労働日数が4日である労働者は、短時間労働者に対する有給休暇の比例付与の対象となり、「付与日数＝通常の労働者の付与日数×比例付与対象者の週所定労働日数÷5.2（厚生労働省が定める通常の労働者の週所定労働日数）」の式に当てはめて計算する。よって、16日×4日÷5.2＝12日（小数点以下切り捨て）となる。

第**2**章

労働衛生
（有害業務に係るもの以外のもの）

労働衛生とは、労働者の健康を守るための作業環境の改善、作業方法の工夫、健康管理の取り組みを指します。この章では視環境や腰痛予防、健康測定などの基礎知識を学びます。

本章に関する試験情報

試験での出題数　**7**問/44問

合格に必要な正答数　最低**3**問

●キーワード
・食中毒　・感染症　・脳疾患／心臓疾患　・健康測定
・偽陽性率／偽陰性率　・メンタルヘルスケア
・情報機器ガイドライン　・受動喫煙防止　・心肺蘇生
・応急手当

一般作業環境　　　　　優先度 まれに出る

01 視環境

衛生管理者が作業環境の改善を図るには、照明などの一般的な作業環境に関する知識が必要です。

まずはこれだけ！

✓ 照明は、「照らす範囲」や「照らす方法」によって局所照明や間接照明などに分類される。

照明の種類

照明は「照らす範囲」と「照らす方法」によって、次のように分類されます。

▼照らす範囲

全般照明

広範囲を照らす天井照明のように、室内全体を照らすもの

局所（局部）照明

スタンドライトのように、手先等を部分的に照らすもの

▼照らす方法

直接照明

裸電球のように、光源からの光を直接あてるもの

間接照明

光源は直接見えず、天井や壁などに光を反射させるもの

半間接照明

提灯のように、光源から出る光をカバーを通じて利用するもの

光の単位

光を測る主な単位に、光束(ルーメン)、光度(カンデラ)、照度(**ルクス**)があります。

▼光の単位

単位	説明
光束(ルーメン)	照明器具(光源)そのものの明るさ
光度(カンデラ)	ある方向へと放射された光の強さ
照度(**ルクス**)	光に照らされた面の明るさ **1 ルクス**は、1 カンデラの光源から **1**m 離れたところの直角の面の照度をさす。

照明・彩色の留意点

照明・彩色に当たっては、次の点に留意する必要があります。

▼留意点

- **全般照明**による作業室全体の明るさは、**局所照明**による作業面局所の明るさの **1/10 以上**。
- 作業の種類に関係なく、作業面には適度な影が望ましい。
- 光の色は、通常の作業では白色光を用いる。
- **目の高さ以下**はまぶしさを防ぐために**濁色**とし、**目の高さより上**は照明効果を高めるために**明るい色(白色等)** とする。
- 前方から明かりをとるとき、眼と光源を結ぶ線と視線が作る角度は、光が直接目に入らないように **30°程度**となるように光源の位置を決める。

▼眼と光源の角度

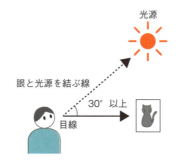

第 2 種衛生管理者試験では頻出ですが、第 1 種衛生管理者試験では出題頻度は低いため、他の内容の学習状況と相談し、優先順位をつけて学習しましょう。

有害生物とそれによる職業性疾病　　　優先度 よく出る ★★★

02 食中毒

食中毒は、細菌やウイルスなど、様々な原因によって引き起こされます。原因となる細菌やウイルスの特徴を知っておけば、その対策も容易です。

まずはこれだけ！
- 代表的な食中毒に「細菌性食中毒」があり、原因となる細菌によって「感染型食中毒」と「毒素型食中毒」に大別される。
- そのほかに「ノロウイルス」「テトロドトキシン」「ヒスタミン」等がある。

細菌性食中毒

食物等に付着した細菌そのものの感染によって起こる食中毒は**感染型**に分類されます。体内に細菌が入ること自体が食中毒の引き金となるため、対策としては手洗いの徹底や除菌が効果的です。一方、**食物等に付着した細菌が増殖する際に産生する毒素によって起こる食中毒**は**毒素型**に分類されます。毒素の発生が食中毒の引き金であるため、加熱等による細菌の失活化が主な対策となります。

▼細菌性食中毒（感染型）

機序（しくみ）	細菌名	特徴
感染型	腸炎ビブリオ	病原性好塩菌とも呼ばれる。熱に弱い。
	サルモネラ菌	動物の糞尿に含まれる。 食中毒の場合、鶏卵が原因となることがある。
	ウェルシュ菌	汚染された肉類・魚類等の蛋白質が主な原因。 エンテロトキシン※を産生する。 生体内毒素型に分類される場合もある。
	カンピロバクター	汚染された鶏肉や牛肉、飲料水等が主な原因。

memo　エンテロトキシン …腸管に作用して生体に異常反応を引き起こす毒性のある蛋白質のこと。

▼ 細菌性食中毒（毒素型）

機序（しくみ）		細菌名	特徴
毒素型	食品内	黄色ブドウ球菌	汚染された加工食品が主な原因。熱に強いエンテロトキシン※を産生する。
		ボツリヌス菌	缶詰や真空包装食品等の酸素が含まれない食品中で増殖する。神経毒を産生し、致死率が高い。熱に強い。
	生体内	O-157 （病原性大腸菌）	出血性大腸炎ともいう。糞便により汚染された食肉や野菜等が主な原因。赤痢菌と類似の毒素であるベロ毒素を産生する。
		セレウス菌	米や小麦を原料とする食品が主な原因。熱に強いエンテロトキシン※を産生する。

> ボツリヌス菌は筋肉の麻痺症状を引き起こす、非常に強い神経毒です。死に至ることもあります。

ノロウイルス（ウイルス性食中毒）

　冬季に流行することが多いノロウイルスによる食中毒は、ウイルスが体内に侵入した後、1～2日の潜伏期間を置いて発症し、吐き気・嘔吐・下痢といった症状が見られます。主な消毒方法として、長時間の煮沸消毒、塩素系消毒剤が有効です。

その他の食中毒の原因物質

　その他の食中毒の代表的なものとして、フグ毒の主成分であるテトロドトキシンや、ヒスタミンがあります。ヒスタミンは赤身魚やチーズ等に含まれているヒスチジンから合成される物質であり、熱に強い性質を持ち、加熱によっても分解されません。

ココが出る！

① 腸炎ビブリオ菌・サルモネラ菌は感染型に分類される。
② ボツリヌス菌は熱に強い性質を持ち、非常に強い神経毒を産生する。
③ ノロウイルスには塩素系の消毒剤が有効である。アルコール消毒は効果がほとんどない！

memo　ヒスタミン …アレルギーを引き起こす物質のひとつ。
　　　　ヒスチジン …交感神経に関与する必須アミノ酸のひとつ。

過去問にチャレンジ！

問 食中毒に関する次の記述のうち、正しいものはどれか。

(1) 感染型食中毒は、食物に付着した細菌そのものの感染によって起こる食中毒で、サルモネラ菌によるものがある。

(2) 赤身魚などに含まれるヒスタジンが細菌により分解されて生成されるヒスタミンは、加熱調理によって分解する。

(3) エンテロトキシンは、フグ毒の主成分で、手足のしびれや呼吸麻痺を起こす。

(4) カンピロバクターは、カビの産生する毒素で、腹痛や下痢を起こす。

(5) ボツリヌス菌は、缶詰や真空パックなど酸素のない密封食品中でも増殖するが、熱には弱く、60℃、10分間程度の加熱で殺菌することができる。

▼ 解答・解説

(2) ヒスタミンは、加熱によっても分解されない。

(3) エンテロトキシンは毒性のある蛋白質をいう。フグ毒の主成分はテトロドトキシンである。

(4) カンピロバクターは汚染された鶏肉や牛肉、飲料水が主な原因である。カビではない。

(5) ボツリヌス菌は熱に強く、長時間煮沸しても菌が死滅しない。

正解 **(1)**

有害生物とそれによる職業性疾病　　優先度 そこそこ出る ★★★

03 感染症

風邪やインフルエンザなどは、病気を起こす微生物などが体の中に入ることで症状があらわれます。

まずはこれだけ！

✓ 病気を起こす微生物等（病原体）が体内に侵入し、その病原体によって症状がでる病気のことを感染症という。

感染症の特徴

　身の回りの微生物等が病気を起こす力を病原性と呼び、病原性が人間の抵抗力よりも強くなった場合に感染が成立します。**人間の抵抗力が非常に弱い場合に、普段多くの人には感染しない菌によって病気を発症する**ことを、**日和見感染**といいます。
　症状が現れるまでの者は、キャリア（保菌者）と呼ばれ、感染したことに気が付かずに病原体をばらまく感染源になることがあります。**感染が成立したものの、症状が現れない状態が継続すること**を、**不顕性感染**といいます。細菌等の主な感染経路は、次の3種類に大別されます。

感染経路

- **飛沫感染**：感染源の人が咳やくしゃみをして、唾液に混じった微生物が飛散して感染すること。**飛沫は空気中に浮遊し続けることはない。**
  ※代表例はインフルエンザ、普通感冒（風邪）など。

- **空気感染**：微生物を含む飛沫の水分が蒸発し、5μm以下の小粒子として**長時間空気中に浮遊して**感染すること。
  ※結核、はしか、水ぼうそうなどは空気感染することがある。

- 接触感染：直接、感染源と接触することによって感染すること。
  ※はしか、水ぼうそうなどは接触感染が生じやすい。

感染症の例

感染症の例には次のようなものがあります。

- 結核：初期には風邪のような症状がみられ、咳や痰、微熱や倦怠感が2週間以上続く
- インフルエンザ：A型B型C型があり、主にA型とB型が流行する
- 風しん：発熱、発疹、リンパ節腫脹を特徴とするウイルス性発疹症で、免疫のない女性が妊娠初期に風しんにかかると、胎児に感染し出生児が先天性風しん症候群（CRS）となる危険性がある

ココが出る!

① 日和見感染と不顕性感染

体が弱っているときに、**通常感染しない弱い菌に感染する**のが**日和見感染**で、**感染はしているが症状が現れない**のが**不顕性感染**である。

② 飛沫感染の特徴

飛沫感染では、**飛沫は空気中に浮遊しない**。

過去問にチャレンジ！

問 感染症に関する次の記述のうち、誤っているものはどれか。

(1) 人間の抵抗力が低下した場合は、通常、多くの人には影響を及ぼさない病原体が病気を発症させることがあり、これを日和見（ひよりみ）感染という。

(2) 感染が成立しているが、症状が現れない状態が継続することを不顕性（ふけんせい）感染という。

(3) 感染が成立し、症状が現れるまでの人をキャリアといい、感染したことに気付かずに病原体をばらまく感染源になることがある。

(4) 感染源の人が咳（せき）やくしゃみをして、唾液などに混じった病原体が飛散することにより感染することを空気感染といい、インフルエンザや普通感冒（かんぼう）の代表的な感染経路である。

(5) インフルエンザウイルスにはA型、B型及びC型の三つの型があるが、流行の原因となるのは、主として、A型及びB型である。

▼ 解答・解説 --

感染源の人が咳やくしゃみをして、唾液等に混じった病原体が飛散することにより感染することを、飛沫感染という。

正解 (4)

脳・心臓疾患　　　　　　　　　優先度 よく出る ★★★

04 脳・心臓疾患

日本の労働環境の問題の一つに、「過労死」の増加があります。過労死とは、過労・ストレスなど業務における過重な負荷が原因となり、脳・心臓疾患などを発病し、死に至ることです。

まずはこれだけ！

- 脳疾患には、血管の破裂等による出血性病変と、血管が詰まる（閉塞する）虚血性病変がある。
- 虚血性心疾患には、「狭心症」と「心筋梗塞」がある。

脳疾患（脳血管障害）

　脳の血管が出血する疾患を**出血性病変**といいます。出血する場所などにより病名が変わり、代表的なものとして、**脳実質（大脳など）の血管が破れて出血する脳出血と、脳の表面のくも膜下腔で出血するくも膜下出血があります**。

　一方、何らかの要因により脳の血管が詰まることで脳への血流が悪くなり、栄養や酸素が十分に届かないことにより脳の組織が壊死してしまう疾患を**虚血性病変（脳梗塞）**といいます。虚血性病変は、**脳血管が詰まるまでの過程（発症のしくみ）により、脳血栓症と脳塞栓症に分けられます**。各疾患の発生の仕組みや症状は次の表の通りです。

▼脳疾患（脳血管障害）

分類	名称	機序（しくみ）	症状
出血性病変	脳出血	脳実質内で出血し発症	頭痛、嘔吐、意識障害等の症状がみられる
	くも膜下出血	脳表面のくも膜下腔で出血すると、ただちに発症	ハンマーで叩かれたような急激で激しい頭痛等の症状がみられる
虚血性病変（脳梗塞）	脳血栓症	**脳血管自体の動脈硬化**により、血栓が形成され、脳血管が閉塞され発症	半身の運動麻痺や感覚障害、言語障害（失語症等）、視野の障害等がみられる
	脳塞栓症	心臓や動脈壁の血栓がはがれ、脳血管に至り、脳血管が閉塞されることにより発症	

心臓疾患（虚血性心疾患）

虚血性心疾患は、心筋の一部分に可逆的な虚血が起こる狭心症と、不可逆的な心臓壊死が起こる心筋梗塞に分けられます。

狭心症は冠状動脈が狭くなっている状態であり、血液が流れるため、心筋は壊死しません。一方、心筋梗塞は冠状動脈が完全に詰まっているため、次第に血が流れなくなって、心筋が壊死してしまいます。なお、<u>虚血性心疾患の発見には、運動負荷心電図検査が有用です</u>。

▼ 心臓疾患（虚血性心疾患）

分類	名称	機序（しくみ）	症状の継続時間	心筋の壊死
虚血性心疾患	狭心症	**冠状動脈**が動脈硬化により**狭くなる**ことにより発症	数分以内（長くとも **15分以内**）に激しい胸の痛み、呼吸困難等の症状がおさまる	心筋は**壊死していない**、**可逆的**な障害
	心筋梗塞	**冠状動脈**の一部が動脈硬化により**完全に詰まってしまう**ことにより発症	15分以上（長い場合は **1時間以上**）、激しい胸の痛み、呼吸困難等の症状が継続する	一部の心筋が**壊死している**、**不可逆的**な障害

📍ココが出る！

① くも膜下出血は、脳動脈瘤が破れて出血すると、**ただちに**発症する。
　×「くも膜下出血は、脳動脈瘤が破れて（注意）**数日後に発症する**」という誤りが出題される。

②「**脳の血管自体の動脈硬化**」により引き起こされるのが、「**脳血栓症**」で、「**血栓がはがれて、脳の血管が詰まること**」により引き起こされるのが「**脳塞栓症**」である。

③ 狭心症も心筋梗塞も、**冠状動脈**の硬化によって引き起こされる。
　×「（注意）**門脈の硬化によって引き起こされる**」という誤りが出題される。

門脈は、肝臓へ血液を運ぶ血管だよ！

memo　**虚血**…臓器や組織に必要量の血液が流入しない状態。

過去問にチャレンジ！

問 脳血管障害および虚血性心疾患に関する次の記述のうち、誤っているものはどれか。

(1) 虚血性の脳血管障害である脳梗塞は、脳血管自体の動脈硬化性病変による脳血栓症と、心臓や動脈壁の血栓が剥がれて脳血管を閉塞する脳塞栓症に分類される。

(2) くも膜下出血は、通常、脳動脈瘤^{りゅう}が破れて数日後、激しい頭痛で発症する。

(3) 虚血性心疾患は、冠動脈による心筋への血液の供給が不足したり途絶えることにより起こる心筋障害である。

(4) 心筋梗塞では、突然激しい胸痛が起こり、「締め付けられるように痛い」、「胸が苦しい」等の症状が、1時間以上続くこともある。

(5) 運動負荷心電図検査は、虚血性心疾患の発見に有用である。

▼解答・解説 --

くも膜下出血は、脳動脈瘤^{りゅう}が破れると数日後ではなく、ただちに激しい頭痛で発症する。

正解 **(2)**

2 労働衛生

04 脳・心臓疾患

健康管理

05 健康の保持増進

優先度 まれに出る ★ ★ ★

事業者には労働者の健康管理の徹底が求められています。ここでは、ガイドライン等によって事業者に求められている措置を中心に確認します。

まずはこれだけ！

- 「健康診断」は、労働者の就業可否判断や適正配置を行うために実施される。
- 「健康測定」は、労働者の健康の保持増進や職業適応能力の向上を図ることを目的とする。

健康測定

健康測定とは、労働者が自らの健康状態について正確な知識を持ち、自発的に健康づくりを行うことを目的とする調査や測定をいいます。法令上の実施義務はありませんが、事業者は、労働者の安全配慮のため、健康診断を活用しつつ、追加で生活状況調査、問診・診察、医学的検査、運動機能検査を実施することが求められています。主な健康測定は次の通りです。

生活状況調査
- 通勤状況、趣味、嗜好品等の生活状況についての聞き取り調査を行う。
- 調査結果は健康指導のための基礎資料とする。

医学的検査
- 健康状態を身体能力面から検査する。
- 健康診断では行わない心拍数や肺活量、**尿酸の検査**などを行う。

運動機能検査

- 健康状態を運動能力面から検査する。検査項目と種目は次の通り。

▼ 運動機能検査

検査項目	種目
筋力	握力　等
筋持久力	上体起こし　等
柔軟性	**立位体前屈**　等
敏捷性	全身反応時間　等
平衡性	閉眼片足立ち　等
全身持久力	**20 mシャトルラン** 最大酸素摂取量　等

健康診断と健康測定の違い

　健康診断は、疾病の早期発見や予防のために行うもので、実施が法令により**義務**付けられています。一方、**健康測定は、健康の保持や増進のために行う**もので、法令上の義務とまではされておらず、労働者の生産性向上や健康経営の観点から、**ガイドライン等で実施が推奨されています。**

ココが出る!

柔軟性の検査では**立位体前屈**、**全身持久力**の検査では **20m シャトルラン** を実施する。

過去問にチャレンジ!

問　労働者の健康保持増進のために行う健康測定における運動機能検査の項目とその測定種目との組合せとして、誤っているものは次のうちどれか。

(1) 筋力………握力　　　　　(2) 柔軟性………上体起こし
(3) 平衡性………閉眼（又は開眼）片足立ち
(4) 敏捷性………全身反応時間　(5) 全身持久性………最大酸素摂取量

▼ 解答・解説 --

柔軟性は、上体起こしではなく、立位体前屈等で検査する。上体起こしは、筋持久力を測定するのに用いる。

正解　**(2)**

2
労働衛生

05
健康の保持増進

79

健康保持増進対策の推進

　健康保持増進措置は、主に生活習慣上の課題を有する労働者の健康状態の改善を目指すために個々の労働者に対して実施するものと、生活習慣上の課題の有無に関わらず労働者を集団として捉えて事業場全体に対して実施するものがあります。事業者が労働者等の意見を聞きつつ事業場の実態に即した取組を行うため、**衛生委員会等を活用**しながら、健康保持増進対策を推進することが求められています。ガイドラインで定められている健康保持増進対策の取り組みは次の通りです。

健康保持増進対策に関しては、「事業場における労働者の健康保持増進のための指針」や「高年齢労働者の安全と健康確保のためのガイドライン」が公表されています。次の項目を押さえておきましょう。

①健康保持増進方針の表明
事業場における労働者の健康の保持増進を図るための基本的な考え方を示すもの。

②健康保持増進計画
健康保持増進目標を達成するための計画。具体的な実施事項、日程等について定めるものであり、健康保持増進措置の内容及び実施時期に関する事項、健康保持増進計画の期間に関する事項、健康保持増進計画の実施状況の評価及び計画の見直しに関する事項を含める。

③体制の確立
次に掲げるスタッフや事業場外資源等を活用し、健康保持増進対策の実施体制を整備する。
- **事業場内の推進スタッフ**：産業医、衛生管理者及び事業場内の保健師及び人事労務管理スタッフ等
  　例：労働者に対して運動プログラムを作成し、運動実践を行うに当たっての指導を行うことができる者、労働者に対してメンタルヘルスケアを行うことができる者等の専門スタッフ
- **事業場外資源**：事業場外で健康保持増進に関する支援を行う外部機関や地域資源及び専門家
  　例：労働衛生機関やスポーツクラブ等の健康保持増進に関する支援を行う機関、医療保険者等

④健康指導
産業医等が中心となって健康測定を行い、その結果に基づき各労働者の健康状態に応じた必要な指導を決定する。それに基づき、事業場内の推進スタッフ等が運動指導、メンタルヘルスケア、栄養指導、保健指導（睡眠、喫煙、飲酒、口腔保健等）等の健康指導を行う。

06 労働衛生管理統計

優先度 まれに出る ★★★

事業場の労働衛生管理水準の評価のために、統計が用いられます。第1種衛生管理者試験での出題頻度は低いため、他の内容の学習状況と相談し、優先順位をつけて学習しましょう。

まずはこれだけ！

- 疾病休業統計とは、疾病の発生や労働損失などを数字で表したものをいう。
- 疾病休業統計により、事業場における労働災害の発生頻度や、労働災害の大きさを把握できる。

疾病休業に関する統計（疾病休業統計）

代表的な**労働衛生統計**には、事業場においてどの程度頻繁に疾病休業が発生しているかを表す**疾病休業年千人率**や**病休度数率**、事業場において発生している疾病の重篤度（重さ）を表す**疾病休業日数率**や**病休強度率**があります。

▼疾病休業統計まとめ

用語	公式	意味
疾病休業日数率	$\dfrac{\text{疾病休業延日数}}{\text{在籍労働者の延所定労働日数}} \times 100$	在籍している労働者が所定労働日数100日間に対して、病気により休業した日数が何日間にあたるかを示すもの。
疾病休業年千人率（病休件数年千人率）	$\dfrac{\text{疾病休業件数}}{\text{在籍労働者数}} \times 1{,}000$	1年間のうち、在籍労働者1,000人に対して、病気により休業した件数が何件あったのかを示すもの。
病休度数率	$\dfrac{\text{疾病休業件数}}{\text{在籍労働者の延実労働時間数}} \times 1{,}000{,}000$	在籍労働者の実労働時間数100万時間に対して、病気により休業した件数が何件あったのかを示すもの。
病休強度率	$\dfrac{\text{疾病休業延日数}}{\text{在籍労働者の延実労働時間数}} \times 1{,}000$	在籍労働者の実労働時間1,000時間に対して、病気により休業した日数が何日間にあたるかを示すもの。

- 疾病休業件数には負傷後、続発した疾病数も含める。
- 延実労働時間数には時間外や、休日における労働時間も含める。

労働衛生管理統計　　　　優先度 そこそこ出る ★★★

07 統計管理

健康診断で異常が見つかっても、精密検査の結果、病気ではないと診断されることがあります。健康診断と精密検査等について、統計上の特徴を見ていきましょう。

まずはこれだけ！

- 健康診断結果等は、スクリーニングレベルと比べて異常の有無を判断する。
- 労働衛生管理においては、健康診断では有所見でも、再検査や精密検査では異常なしとなることも多い。

偽陽性率・偽陰性率

健康診断等の検査結果の性能（正確さ）を表す指標に、**疾病なしの者をスクリーニング検査で陽性と判定する率**である**偽陽性率**、**疾病ありの者をスクリーニング検査で陰性と判定する率**である**偽陰性率**があります。

偽陽性率・偽陰性率は、次の式で算出します。

▼偽陽性率

$$偽陽性率 = \frac{精密検査で疾病なしと判定された者のうちスクリーニング検査で陽性と判定された者の人数}{精密検査で疾病なしと判定された者の人数}$$

▼偽陰性率

$$偽陰性率 = \frac{精密検査で疾病ありと判定された者のうちスクリーニング検査で陰性と判定された者の人数}{精密検査で疾病ありと判定された者の人数}$$

スクリーニング検査は、特定の疾患あるいは特定の身体上の異常を発見するために、正常か異常かをふるい分ける"最初の"検査をいいます。事業者の行う一般健康診断などがこれに該当します。

▼偽陽性率と偽陰性率

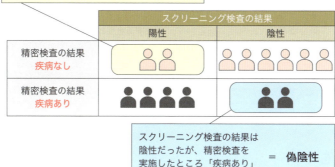

労働衛生管理における特徴

　健康診断は疾病の早期発見と予防のために実施されることから、疾病が発生している可能性がある労働者には、できるだけ早い段階で精密検査を受診させ、より正確な診断・検査を実施することが望ましいと考えられます。そのため、労働衛生管理ではスクリーニングレベルをあえて**低く**設定するため、**偽陽性率**が**高くなる**傾向があります。

▼スクリーニングレベルと偽陽性率の関係

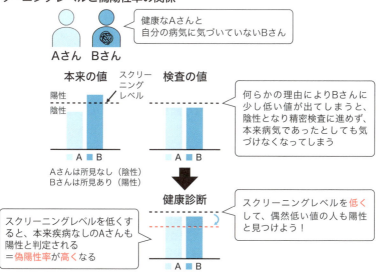

健康診断の直前に「健康診断だからお酒を控えよう。ご飯の量を減らそう」と普段と違った行動をすると、健康診断の値が変わってしまうことがあるかもしれませんね。

健康診断はあえて**スクリーニングレベルを低く（厳しく）設定**しています。スクリーニングレベルを低く設定すると、Aさんのような本来は病気ではない人が陽性と判定され、精密検査を受けることになります。

精密検査で疾病なしということがわかれば安心ですし、できるだけ早い段階で精密検査を実施できるようにするわけですね。

その他

■ 分散・標準偏差

労働衛生管理統計では、生体から得られたある指標が正規分布という型をとって分布する場合、そのばらつきの程度は**分散**や**標準偏差**（分散の平方根）で表されます。

▼ 正規分布のグラフ

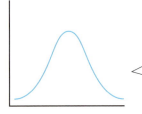

左右対称・釣り鐘型の性質をもつ分布
複数のサイコロを何回も投げて出た目の合計の分布や、大規模な模試の点数分布など

■ 有所見率と発生率

労働安全衛生管理統計には、次のような指標があります。

- **有所見率**：**ある時点**（例：健康診断の日）における検査の有所見者の割合
- **発生率**：**一定の期間**（例：前回の健康診断日から今回の健康診断日）に、発生した有所見者の割合

---

memo　統計のデータの種類
静態データ …有所見率のような「**ある時点**」の集団に関するデータのこと。
動態データ …発生率のような「**ある期間**」の集団に関するデータのこと。
計数データ …対象人数、受診者数などの「**個数を数えることのできる**」データのこと。
計量データ …身長や体重などの「**量**」に関するデータのこと。

ココが出る！

①労働衛生管理ではスクリーニングレベルを**低く**設定するため、**偽陽性率**が**高くなる**傾向がある。

②ばらつきの程度を表すのは**分散**や**標準偏差**である。"平均値や最頻値"によってばらつきを表すわけではない。

過去問にチャレンジ！

問 労働衛生管理に用いられる統計に関する次の記述のうち、誤っているものはどれか。

(1) 生体から得られたある指標が正規分布である場合、そのばらつきの程度は、平均値や最頻値によって表される。
(2) 集団を比較する場合、調査の対象とした項目のデータの平均値が等しくても分散が異なっていれば、異なった特徴をもつ集団であると評価される。
(3) 健康管理統計において、ある時点での検査における有所見者の割合を有所見率といい、このようなデータを静態データという。
(4) 健康診断において、対象人数、受診者数などのデータを計数データといい、身長、体重などのデータを計量データという。
(5) ある事象と健康事象との間に、統計上、一方が多いと他方も多いというような相関関係が認められたとしても、それらの間に因果関係があるとは限らない。

▼解答・解説

生体から得られたある指標が正規分布である場合、そのばらつきの程度は、平均値や最頻値ではなく、分散や標準偏差によって表される。

正解 (1)

厚生労働省によるガイドライン等　　　優先度 そこそこ出る ★★★

08 労働者の心の健康の保持増進のための指針

近年増加する心の健康問題を起因とする過労死・過労自殺や精神障害による労災申請の増加を受けて、「労働者の心の健康の保持増進のための指針」が制定されました。

まずはこれだけ！
- メンタルヘルスケアは、「セルフケア」「ラインケア」など、4つのケアを継続的かつ計画的に実施することを基本とする。
- メンタルヘルスケアの推進は、一次予防から三次予防までの3段階がある。

心の健康づくり計画

　メンタルヘルスケアは、中長期的視点に立って、継続的かつ計画的に行われるようにすることが重要です。メンタルヘルスケアの推進に当たっては、労働者の意見を聞きつつ事業場の実態に則した取組みを行うことが求められるため、衛生委員会等において**十分に調査審議を行い**、「**心の健康づくり計画**」を策定します。

心の健康づくり計画の記載事項
- メンタルヘルスケアを積極的に推進する旨の表明に関すること
- 心の健康づくりの体制の整備に関すること
- 問題点の把握及びメンタルヘルスケアの実施に関すること　など

3つの予防

　メンタルヘルスケアを具体的に進めるにあたり、**一次予防から三次予防**を総合的に実施します。

- 一次予防：メンタルヘルス不調となることを未然に防止する。
　具体例：メンタルヘルスケアに関する教育研修・情報提供を行う。
　　　　　職場環境等を把握し、改善する。労働者によるセルフケアを行う。

- 二次予防：メンタルヘルス不調を**早期に発見**し、**適切な対応**を行う。
  具体例：上司や産業保健スタッフなどが相談対応を行い、メンタルヘルス不調を早期に発見し、適切な対応を行う。
- 三次予防：メンタルヘルス不調となった労働者の**職場復帰**を支援する。
  具体例：職場復帰支援プログラムを策定し、実施する。

> 心の健康の問題が発生する前、発生した時、発生した後のそれぞれの段階に合わせた予防が行われるんだね！

「4つのケア」の推進

メンタルヘルスケアは、多角的・組織的観点から「**4つのケア**」が定められています。

▼ 4つのケア

	名称	内容
①	**セルフ**ケア	労働者自身がストレスやメンタルヘルスに対して正しく理解し、自らのストレスに気付き、そのストレスに対処する。
②	**ライン**によるケア	管理監督者が、職場環境や部下の行動様式を事前に把握し、労働者からの相談を受けやすい環境を整える。職場復帰する部下への支援を行う。
③	**事業場内産業保健スタッフ等**によるケア	産業医等、事業場内産業保健スタッフが、心の健康づくり計画の実施に当たり、中心的な役割を担う。労働者や管理監督者を支援する。
④	**事業場外資源**によるケア	事業場以外の専門的な機関や専門家から情報提供や助言を受ける等、サービスを活用する。

メンタルヘルスケアを推進するにあたっての留意事項

メンタルヘルスケアを推進するに当たっては、次の事項にも留意しましょう。

■ 心の健康問題の特性

心の健康については、客観的な測定方法が十分確立しておらず、また、心の健康問題の発生過程には個人差が大きく、そのプロセスの把握が難しいという特性があります。

■ 労働者の個人情報の保護への配慮

健康情報の取り扱いに伴い、労働者の個人情報を本人以外の主治医や家族から取得する際には、あらかじめ**本人の同意を得る**ことが重要です。

■ 人事労務管理との関係

　労働者の心の健康は、職場配置、人事異動、職場の組織等の要因によって影響を受けるため、メンタルヘルスケアは、人事労務管理と連携しなければ、適切に進まない場合が多いです。

■ 家庭・個人生活等の職場以外の問題

　労働者の心の健康は、職場のストレス要因のみならず、家庭・個人生活等の職場外のストレス要因の影響を受けている場合も多く、これらが複雑に関係し、相互に影響しあうこともあります。

ココが出る！

① 3つの予防は、未然に防止する「一次予防」、**早期に発見し、適切な対応を行う「二次予防」**、職場復帰を支援する「三次予防」である。
　注意 「一次予防は、メンタルヘルス不調を早期に発見し、適切な対応を行う。」という誤りが出題される。

まずはメンタルヘルス不調を発生させないことが大切です。

②「心の健康づくり計画」の策定について、事業場の実態に即した取組みを行うため、衛生委員会や安全衛生委員会等で**十分に調査審議**を行うことが重要である。
　注意 「衛生委員会や安全衛生委員会での調査審議は避ける。」という誤りが出題される。

③ **4つのケアではないもの**が出題される。
　「**同僚によるケア**」や「**家族によるケア**」は、ガイドラインで示す「4つのケア」ではない。

過去問にチャレンジ！

問 厚生労働省の「労働者の心の健康の保持増進のための指針」に基づくメンタルヘルスケアの実施に関する次の記述のうち、適切でないものはどれか。

(1) 心の健康については、客観的な測定方法が十分確立しておらず、また、心の健康問題の発生過程には個人差が大きく、そのプロセスの把握が難しいという特性がある。

(2) 心の健康づくり計画の実施に当たっては、メンタルヘルス不調を早期に発見する「一次予防」、適切な措置を行う「二次予防」およびメンタルヘルス不調となった労働者の職場復帰支援を行う「三次予防」が円滑に行われるようにする必要がある。

(3) 労働者の心の健康は、職場配置、人事異動、職場の組織等の要因によって影響を受けるため、メンタルヘルスケアは、人事労務管理と連携しなければ、適切に進まない場合が多いことに留意する。

(4) 「セルフケア」、「ラインによるケア」、「事業場内産業保健スタッフ等によるケア」および「事業場外資源によるケア」の四つのケアを継続的かつ計画的に行う。

(5) メンタルヘルスケアを推進するに当たって、労働者の個人情報を主治医等の医療職や家族から取得する際には、あらかじめこれらの情報を取得する目的を労働者に明らかにして承諾を得るとともに、これらの情報は労働者本人から提出を受けることが望ましい。

▼ 解答・解説 --

一次予防とは、メンタルヘルスケアを推進するための教育研修・情報提供や職場環境等の把握と改善を行い、メンタルヘルス不調を未然に防ぐことである。

正解　**(2)**

厚生労働省によるガイドライン等　　　優先度 そこそこ出る ★★☆

09 情報機器ガイドライン

パソコンやタブレットを使う作業では、眼精疲労や腰痛などの健康障害が起こり得る為、「情報機器作業における労働衛生管理のためのガイドライン」で衛生基準が定められています。

まずはこれだけ！

- 情報機器作業とはパソコンやタブレット端末等の情報機器を使用して、「データの入力・検索・照合」「文章／画像の作成や編集・修正」「プログラミング」「監視」等を行う作業をいう。

照明・照度

　キーボード上、書類上を照らす照度は **300 ルクス以上** とします。また、グレア（まぶしさ）を防ぐため、照明は **間接照明** を用いる等、有効な措置を講じます。

外出中にスマートフォンを使おうとしたら太陽が反射して画面が何も見えないような経験はないかな？このような光の反射をグレアというよ。

作業姿勢

　ディスプレイ画面と眼の距離を **40cm 以上** とし、ディスプレイ画面の上端は、眼の高さとほぼ同じか、**やや下** になる高さにします。

▼ 情報機器作業の作業環境

ディスプレイ画面と眼の距離は
40 cm 以上！

ディスプレイ画面の上端は、
眼とほぼ同じか、**やや下** になるように！

キーボード上、
書面を照らす照度は
300 ルクス以上！

作業時間

　健康障害を防ぐため、作業の途中には作業休止時間（パソコンなどを使わない時間）や小休止（背伸びやストレッチ）を設けます。

作業時間の基準
- 一連続作業時間は **1時間** を超えてはならない。
- 次の連続作業時間までの間に **10〜15分** の **作業休止時間を設ける**。
- 一連続作業時間内においても **1〜2回** 程度の **小休止を設ける**。

情報機器作業の健康診断

　情報機器作業に従事する労働者に対しては、特別な項目についての健康診断（特殊健康診断）を実施します。

検査項目
- 既往歴及び業務歴の調査
- 自覚症状の有無の調査
- 眼科学的検査（視力検査）
- 筋骨格系に関する検査（例：**上肢の運動機能検査**）

健康診断のポイント
- 情報機器作業における特殊健康診断は、一般定期健康診断と併せて実施してもよい。
- 1日の情報機器作業の作業時間が4時間未満である労働者等については、自覚症状を訴える者のみ、特殊健康診断の対象になる。**情報機器作業を行う労働者全員を一律に対象とする必要はない。**

ココが出る！

① 作業時間や作業休止時間について、次のような誤りが出題される。
- ×「一連続作業時間は 注意 **2時間** を超えないようにしている。」
- ×「次の連続作業時間までの間に 注意 **5分** 程度の作業休止時間を設けている。」

② 情報機器作業の特殊健康診断項目には、**「上肢のX線検査」**、**「下肢の運動機能検査」は含まれない。**

「上肢の運動機能検査」は検査項目に含まれます。紛らわしいので注意しましょう。

過去問にチャレンジ！

問 厚生労働省の「情報機器作業における労働衛生管理のためのガイドライン」に基づく措置に関する次の記述のうち、適切でないものはどれか。

(1) ディスプレイとの視距離は、おおむね50cmとし、ディスプレイ画面の上端を眼の高さよりもやや下にしている。

(2) 書類上およびキーボード上における照度を400ルクス程度とし、書類およびキーボード面における明るさと周辺の明るさの差はなるべく小さくしている。

(3) 一連続作業時間が1時間を超えないようにし、次の連続作業までの間に5分の作業休止時間を設け、かつ、一連続作業時間内において2回の小休止を設けている。

(4) 1日の情報機器作業の作業時間が4時間未満である労働者については、自覚症状を訴える者についてのみ、情報機器作業に係る定期健康診断の対象としている。

(5) 情報機器作業に係る定期健康診断において、眼科学的検査と筋骨格系に関する検査のそれぞれの実施日が異なっている。

▼解答・解説

ガイドラインでは、一連続作業時間が1時間を超えないようにし、次の連続作業までの間に10分〜15分の作業休止時間を設け、かつ、一連続作業時間内において1回〜2回程度の小休止を設けることとされている。設問では、次の連続作業までの間に5分しか作業休止時間を設けていないため、適切ではない。

正解 **(3)**

衛生管理者試験では、五肢すべての正誤判断をわざわざしなくていい問題が非常に多いです。実際の試験では、見たことのない選択肢が出題されることもありますが、そういった問題のほとんどが、本書に載っている知識のみで、他の選択肢によって正誤判断できてしまいます。つまり、覚える必要すらない、触れなくていい選択肢です。

厚生労働省によるガイドライン等　優先度 そこそこ出る ★★★

10 職場における腰痛予防対策指針

職場における腰痛は、重量物を取扱う作業や介護・看護の作業など特定の業種だけでなく、多くの業種で発生します。「職場における腰痛予防対策指針」にその対策が定められています。

まずはこれだけ！

- 腰痛には、単に腰部の痛みだけでなく、臀部から大腿部、膝関節を越えて下腿部から足背部、足底部にわたる痛みやしびれを含んでいる。
- 職場における腰痛は、特定の業種のみならず、多くの業種で発生する。

作業管理

事業者は、労働者の腰痛を防止するため、次のような作業管理を行います。

■ 作業姿勢、動作

持ち上げる、引く、押す等の動作は、重心を低くし、**膝を軽く曲げ**、呼吸を整え、下腹部に力を入れながら行うなど労働者に対して、適切な姿勢、動作で作業を行うようにさせます。

■ 作業標準の策定・見直し

作業手順や作業人数、役割などを明記したものを作業標準といいます。腰痛の発生要因を排除又は軽減できるように作業時間、作業量、作業方法、使用機器等について作業標準を策定します。作業標準は、個々の労働者の作業内容に応じたものにする必要があるので、定期的に確認します。対象者の状態や新しい機器等を導入したときにも、その都度見直しを行います。

腰痛の発生が比較的多い作業

腰痛の発生が比較的多い作業については、作業態様ごとに対策が定められています。

人力で重量物を取扱う作業

人力で重量物を取扱う作業を行う際は、次の点に留意します。

▼留意点

- 満18歳以上の男性労働者が人力のみにより取り扱う物の重量は、体重の概ね40%以下となるように努める。満18歳以上の女性労働者では、男性が取り扱うことのできる重量の60%位までとする。
- 重量物を取り扱うときは、急激な身体の移動をなくし、前屈やひねりなど不自然な姿勢はとらず、かつ身体の重心の移動を少なくする等、できるだけ腰部に負担をかけない姿勢で行う。
- 取り扱うものの重量をできるだけ示し、著しく重心の偏っている荷物はその旨を明示する。
- 腰部保護ベルトは、一律に使用させるのではなく、労働者ごとに効果を確認してから使用の適否を判断する。
- 床面は、労働者の転倒、つまずきや滑り等を防止するために、できるだけ凹凸がなく、防滑性、弾力性、耐衝撃性及び耐へこみ性に優れているものが望ましい。床面が硬い場合は、立っているだけでも腰部に負担がかかるので、クッション性のある靴やマットを利用して負担を減らす。

座り作業

情報機器作業等の椅子に腰掛けて作業を行う際は、椅子に深く腰掛けて、背もたれで体幹を支え、履物の足裏全体が床に接する姿勢を基本とします。

腰痛の健康診断

重量物取扱い作業などは、腰や背中、膝などの筋骨格系に大きな負担をかけているため、腰痛や関節障害が引き起こされるリスクが高くなります。そこで、重量物取扱い作業、介護・看護作業等腰部に著しい負担のかかる作業に常時従事する労働者に対しては、一般健康診断に加えて、次の通り、特別な項目についての健康診断（特殊健康診断）を実施します。

検診項目

- 既往歴及び業務歴の調査
- 自覚症状の有無の検査
- 脊柱の検査
- 神経学的検査
- 脊柱機能検査
- 医師が必要と認める者についての追加項目（例：画像診断、運動機能テスト等）

実施頻度

常時従事する労働者に対して、配置する際及びその後 **6か月**以内ごとに1回、定期に、実施する。

ココが出る！

① 満18歳以上の男性労働者が人力のみにより取り扱う物の重量は、体重の概ね **40%以下** となるように努める。
注意 「50%以下」という誤りが出題される。

② 配置する際及びその後 **6か月**以内ごとに1回、定期に、特別な項目についての健康診断（特殊健康診断）を実施する。
注意 「1年以内ごとに1回」という誤りが出題される。

③ 腰痛の健康診断における検診項目 "ではないもの" について出題される。
「上肢のX線検査」 や **「下肢の運動機能検査」** は **検診項目ではない**。

腰痛予防のための検診であるため、上肢（腕）のX線検査（レントゲン）や、下肢（足）の運動機能の検査は不要です。

過去問にチャレンジ！

問　厚生労働省の「職場における腰痛予防対策指針」に基づく腰痛予防対策に関する次の記述のうち、正しいものはどれか。

(1) 腰部保護ベルトは、全員に使用させるようにする。

(2) 重量物取扱い作業の場合、満18歳以上の男性労働者が人力のみで取り扱う物の重量は、体重のおおむね50%以下となるようにする。

(3) 重量物取扱い作業に常時従事する労働者に対しては、当該作業に配置する際およびその後1年以内ごとに1回、定期に、医師による腰痛の健康診断を行う。

(4) 立ち作業の場合は、身体を安定に保持するため、床面は弾力性のない硬い素材とし、クッション性のない作業靴を使用する。

(5) 腰掛け作業の場合の作業姿勢は、椅子に深く腰掛けて、背もたれで体幹を支え、履物の足裏全体が床に接する姿勢を基本とする。

▼ 解答・解説 --

(1) 腰部保護ベルトは、労働者ごとに効果を確認してから使用の適否を判断することが望ましい。

(2) 満18歳以上の男性労働者が人力のみで取り扱う物の重量は、当該労働者の体重の概ね40%以下となるように努めなければならない。

(3) 重量物取扱い作業に常時従事する労働者に対しては、当該作業に配置する際、およびその後6か月以内ごとに1回、定期的に腰痛の健康診断を実施する。

(4) 床面は、労働者の転倒、つまずきや滑り等を防止するために、できるだけ凹凸がなく、防滑性、弾力性、耐衝撃性及び耐へこみ性に優れているものが望ましい。床面が硬い場合は、立っているだけでも腰に負担がかかるので、クッション性のある靴やマットを利用して負担を減らすようにする。

正解　(5)

厚生労働省によるガイドライン等　　優先度 そこそこ出る ★★★

11 事業者が講ずべき快適な職場環境の形成のための措置に関する指針

職場環境は、労働者の心身の健康に大きく影響を与えます。労働者にとって快適な職場環境は、労働者の安全や健康を守るだけでなく、生産性まで向上してくれるのです。

まずはこれだけ！
- 労働者は、技術革新や労働人口の減少など、環境の変化によって疲労やストレスを感じている。
- 労働者が1日の大半を過ごす職場を、快適な環境にすることは極めて重要である。

措置の実施にあたり考慮すべき事項

快適な職場環境の形成のために事業者が必要な措置を講ずるにあたり、次の4つの事項を十分考慮して行うことが望まれます。

① 継続的かつ計画的な取組
② **労働者**の意見の反映
③ **個人差**への配慮
④ 潤いへの配慮

④の「潤い」というのは、「心の潤い」のことを指します。職場に効率性や機能性が求められることは言うまでもありませんが、同時に、生活の場としての"潤い"を持たせ、緊張をほぐすように植物を配置する、絵を飾る等の配慮することが望ましいとされています。

ココが出る！

「**事業者の意向の反映**」や「**快適職場環境の基準値の達成**」は、快適な職場環境の形成のために事業者が必要な措置を講ずるに当たり、**考慮すべき事項とされていない。**

⇒職場環境の影響を最も受けるのは、その職場で働く労働者であるため、事業者の意向ではなく、「労働者の意見」を反映する。また、年齢や性差等、作業環境や作業から受ける心身の負担には個人差があり、何らかの基準を全て満たせば全ての人にとって等しく快適ということもないため、指針の中に基準値は設けられていない。

過去問にチャレンジ！

問 厚生労働省の「事業者が講ずべき快適な職場環境の形成のための措置に関する指針」において、快適な職場環境の形成のための措置の実施に関し、考慮すべき事項とされていないものは次のうちどれか。

(1) 継続的かつ計画的な取組
(2) 快適な職場環境の基準値の達成
(3) 労働者の意見の反映
(4) 個人差への配慮
(5) 潤いへの配慮

▼ 解答・解説

「快適な職場環境の基準値の達成」は考慮すべき事項ではない。

正解　**(2)**

12 職場における受動喫煙防止のためのガイドライン

厚生労働省によるガイドライン等　優先度 そこそこ出る ★★★

受動喫煙は、健康に多くの被害を与えます。公共の場や職場における受動喫煙防止措置に関しては、「職場における受動喫煙防止のためのガイドライン」に示されています。

まずはこれだけ！

- 施設の利用者の性質によって施設を区分し、その区分ごとに必要な受動喫煙対策が示されている。

各種施設と対策

ガイドラインでは、施設を用途によって3つに区分し、どのような受動喫煙対策が必要かを定めています。

1 第一種施設

多数の者が利用する施設のうち、受動喫煙により健康を損なうおそれが高い者が主として利用する施設。原則**敷地内禁煙**だが、屋外で受動喫煙を防止するために必要な措置が取られた場所に、喫煙場所を設置することができる。

2 第二種施設

多数の者が利用する施設のうち、第一種施設および喫煙目的施設以外の施設(個人の自宅やホテルの客室等、人の居住の用に供する場所は適用除外)。原則**屋内禁煙**だが、屋内に喫煙専用室を設置することが可能。喫煙専用室を設置する場合、「**空間分煙**」となるよう技術的基準が定められている。

3 喫煙目的施設

多数の者が利用する施設のうち、その施設を利用する者に対して、喫煙する場所を提供することを主たる目的とする施設。

▼ 各種施設と対策

区分	具体例	対策
第一種施設	学校、児童福祉施設、病院、診療所、行政機関の庁舎など	原則**敷地内禁煙** 屋外で受動喫煙を防止するために必要な措置が取られた場所に、喫煙場所を設置することができる。
第二種施設	事務所、工場、ホテル・旅館、飲食店、旅客運送事業船舶・鉄道、国会・裁判所など	原則**屋内禁煙** 喫煙を認める場合、喫煙専用室などの設置といった「空間分煙」が必要である。
喫煙目的施設	公衆喫煙所、店内で喫煙可能なたばこ販売店、喫煙を主たる目的とするバーやスナックなど	施設内で喫煙可能

喫煙専用室

　第二種施設は原則屋内禁煙ですが、たばこの煙の流出を防止するための次の要件を満たした喫煙専用室を設置した場合、その喫煙専用室内でのみ喫煙が可能になります。

▼ 喫煙専用室の要件

① 技術的基準に適合すること。
- 喫煙専用室の出入口において、室外から室内に流入する空気の気流が **0.2**m/s 以上であることを、おおむね **3 か月以内**に 1 回、定期に測定する。
- たばこの煙が室内から室外に流出しないよう、壁、天井等によって区画されていること。
- たばこの煙が屋外又は外部の場所に排気されていること。

② 喫煙専用室の出入口の見やすい箇所に必要事項を記載した標識を掲示すること。

③ 喫煙専用室へ **20 歳未満**の者を立ち入らせないこと。
喫煙専用室の清掃作業の業務を行う等喫煙することを目的としない場合でも、喫煙可能な場所には立入禁止。

④ 喫煙専用室は、専ら喫煙をする用途で使用されるものであることから、喫煙専用室内で**飲食等を行うことは認められない。**

　屋内 … 外気の流入が妨げられる場所として、屋根がある建物であって、かつ、側壁が**おおむね半分以上覆われているものの内部**を指す。
　　　　屋外 …「屋内」に該当しないもの。

ココが出る！

① 第二種施設は原則屋内禁煙であるが、喫煙専用室を設置するなど「空間分煙」の措置を取ることができる。

注意「第二種施設は敷地内禁煙である」や「第二種施設においては、特定の時間を禁煙とする時間分煙が認められている」という誤りが出題される。

② 喫煙専用室の出入口において、室外から室内に流入する空気の気流を0.2m/s以上にする。おおむね3か月以内に1回、定期に測定する。

注意「0.02m/s」や「6か月以内に1回」という誤りが出題される。

③ 喫煙専用室では、その室内で飲食等を行うことは認められない。

×「食事はしてはならないが、**注意** 飲料を飲むことは認められている。」という誤りが出題される。

過去問にチャレンジ！

問 厚生労働省の「職場における受動喫煙防止のためのガイドライン」において、「喫煙専用室」を設置する場合に満たすべき事項として定められていないものは、次のうちどれか。

(1) 喫煙専用室の出入口において、室外から室内に流入する空気の気流が、0.2m/s以上であること。

(2) 喫煙専用室の出入口における室外から室内に流入する空気の気流について、6か月以内ごとに1回、定期に測定すること。

(3) 喫煙専用室のたばこの煙が室内から室外に流出しないよう、喫煙専用室は、壁、天井等によって区画されていること。

(4) 喫煙専用室のたばこの煙が屋外または外部の場所に排気されていること。

(5) 喫煙専用室の出入口の見やすい箇所に必要事項を記載した標識を掲示すること。

▼ 解答・解説

喫煙専用室の出入口における室外から室内に流入する空気の気流について、6か月以内ごとに1回ではなく、おおむね3か月以内に1回、定期に測定する。

正解　**(2)**

---

2 労働衛生

12 職場における受動喫煙防止のためのガイドライン

厚生労働省によるガイドライン等　　　優先度 まれに出る ★ ★ ★

13 労働安全衛生マネジメントシステムに関する指針

労働安全衛生マネジメントシステムとは、安全衛生管理を継続的かつ計画的に実行することができるようにする仕組みをいいます。

まずはこれだけ！

✓ 事業者は、労働安全衛生マネジメントシステムを通じて、継続的な安全衛生管理を自主的に進める必要がある。

▌労働安全衛生マネジメントシステムとは

　労働安全衛生マネジメントシステムは、事業場において、次に掲げる事項を体系的かつ継続的に実施する安全衛生管理に係る一連の自主的活動に関する仕組みです。生産管理等事業実施に係る管理と一体となって運用されるものをいいます。**機械、設備、化学物質等による危険または健康障害を防止するために事業者が講ずべき具体的な措置を定めるものではありません。**

▼労働安全衛生マネジメントシステム

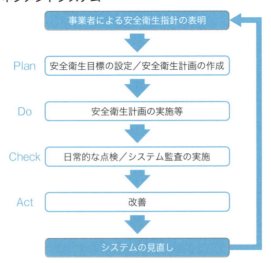

▼労働安全衛生マネジメントシステムに関する事項

- 安全衛生方針の表明
  安全衛生方針を表明し、労働者及び関係請負人等に周知する。

- 危険性または有害性等の調査及びその結果に基づき講ずる措置（リスクアセスメント）
  危険性または有害性等を調査する手順を定め、この手順に基づき調査を行う。調査の結果に基づき労働者の危険または健康障害を防止するために必要な措置を決定する手順を定め、この手順に基づき実施する措置を決定する。

- 安全衛生目標の設定
  安全衛生方針に基づき、安全衛生目標を設定し、労働者および関係請負人等に周知する。

- 安全衛生計画の作成、実施、評価及び改善
  事業者は安全衛生目標を達成するために、事業場における危険性または有害性等の調査の結果等に基づき、一定の期間を限り、安全衛生計画を作成する。

システム監査

労働安全衛生マネジメントシステムに従って行う措置が適切に実施されているかどうかについて、**事業者が行う**調査及び評価のことです。

基本的には事業者自身が内部監査を実施します。**必ずしも監査を外部に委託して実施する必要はありません。**

 労働衛生マネジメントシステム …継続的かつ自主的に安全衛生管理を進めるために、「計画（Plan）－実施（Do）－評価（Check）－改善（Act）」（PDCAサイクル）を運用する仕組み。

ここが出る！

① 機械、設備、化学物質等による危険または健康障害を防止するために事業者が講ずべき**具体的な措置を定めるものではない**。

注意「具体的な措置を定めるものである」という誤りが出題される。

② 労働安全衛生マネジメントシステムに従って行う措置が適切に実施されているかどうかについて、安全衛生計画の期間を考慮して**事業者**が調査及び評価を行う（システム監査）。

注意「外部監査を受けなければならない」という誤りが出題される。

過去問にチャレンジ！

問 厚生労働省の「労働安全衛生マネジメントシステムに関する指針」に関する次の記述のうち、誤っているものはどれか。

(1) この指針は、労働安全衛生法の規定に基づき機械、設備、化学物質等による危険又は健康障害を防止するため事業者が講ずべき具体的な措置を定めるものではない。

(2) このシステムは、生産管理等事業実施に係る管理と一体となって運用されるものである。

(3) このシステムでは、事業者は、事業場における安全衛生水準の向上を図るための安全衛生に関する基本的考え方を示すものとして、安全衛生方針を表明し、労働者及び関係請負人その他の関係者に周知させる。

(4) このシステムでは、事業者は、安全衛生方針に基づき設定した安全衛生目標を達成するため、事業場における危険性又は有害性等の調査の結果等に基づき、一定の期間を限り、安全衛生計画を作成する。

(5) 事業者は、このシステムに従って行う措置が適切に実施されているかどうかについて調査及び評価を行うため、外部の機関による監査を受けなければならない。

▼ 解答・解説

事業者は、労働安全衛生マネジメントシステムに従って行う措置が適切に実施されているかどうかについて、安全衛生計画の期間を考慮して調査及び評価を行う。外部の機関による監査を受けなければならないという規定はない。

正解 **(5)**

厚生労働省によるガイドライン等　　　　　　　優先度 まれに出る ★☆☆

14 高年齢労働者の安全と健康確保のためのガイドライン

高年齢労働者は、視力や聴力の低下や反応速度の鈍化などの身体的な変化や持病のリスクが高くなります。そのため、健康や安全を保ちながら働き続けることを支援する必要があります。

まずはこれだけ！
- 事業者は、安全衛生委員会等を活用して高年齢労働者の安全衛生確保を図る。
- 高年齢労働者は健康や体力の状況に個人差が大きいことに留意しながら、安全衛生教育を十分に実施する必要がある。

高年齢労働者の特性

高年齢労働者の身体機能の低下等による労働災害の発生リスクについて、次の2つを考慮する必要があります。

① **フレイル**：加齢とともに、筋力や認知機能等の心身の活力が低下し、**生活機能障害や要介護状態等の危険性が高くなった状態**。
② **ロコモティブシンドローム**：年齢とともに骨や関節、筋肉等運動器の衰えが原因で「立つ」「歩く」といった**機能（移動機能）が低下している状態**。

職場環境の改善

身体機能が低下した高年齢労働者であっても安全に働き続けることができるよう、事業場の施設・設備・装置等に必要な対策を講じます（ハード面）。また、敏捷性・持久性・筋力といった体力の低下等の高年齢労働者の特性を考慮して、作業内容の見直しを検討したりするなど（ソフト面）、多面的な改善の実施が必要です。

> ハード面の対策

- 階段には手すりを設け、可能な限り通路の段差を解消する。
- 警報音等は、年齢によらず聞き取りやすい中低音域の音を採用する。
- 身体機能を補助する機器（パワーアシストスーツ等）を導入する。　等

> ソフト面の対策

- 短時間勤務、隔日勤務、交替制勤務等、勤務形態や勤務時間を工夫する。
- ゆとりのある作業スピード等、高年齢労働者の特性に配慮した作業マニュアルを策定する。
- 一般に、年齢とともに暑い環境に対処しにくくなることを考慮し、脱水症状を生じさせないよう意識的な水分補給を推奨する。　等

高年齢労働者の健康や体力の状況の把握

　事業者、高年齢労働者双方が高年齢労働者の体力の状況を客観的に把握するために**体力チェック**を継続的に行うことが望ましいとされます。

▼体力チェックを行う上での留意点

---
①体力チェックの評価基準を設けない場合
　体力チェックを高年齢労働者の気付きにつなげるとともに、業務に従事する上で考慮すべきことを検討する際に活用することが考えられる。

②体力チェックの評価基準を設ける場合
　合理的な水準に設定し、職場環境の改善や高年齢労働者の体力の向上に取り組むことが必要である。

高年齢労働者の安全と健康確保のためのガイドラインは、「エイジフレンドリーガイドライン」ともいいます。

ココが出る！

① フレイルとロコモティブシンドローム
フレイルは**生活機能障害や要介護状態等の危険性が高くなった状態**であり、**ロコモティブシンドローム**は**「立つ」「歩く」といった機能（移動機能）が低下している状態**をいう。

> 移動機能の低下が実際に見られる状態がロコモティブシンドロームだね。フレイルと逆に覚えないよう注意しよう。

② 警報音の音域
高年齢労働者でも安全に働き続けることができるよう、事業場の施設・設備・装置を改善しなければならない。具体的には「警報音等は、年齢によらず聞き取りやすい**中低音域**の音を採用すること」等があげられる。

注意 「警報音等は、年齢によらず聞き取りやすい高音域の音を採用する。」という誤りが出題される。

Column 「適切なものを選べ」「違反しているものを選べ」って？？

先生、質問していいでしょうか？

もちろんいいですよ！

いくつか解説を読んでもわからない選択肢があって…
例えば、情報機器ガイドラインの問題なのですが、「ディスプレイとの視距離は、おおむね50cmとし、ディスプレイ画面の上端を眼の高さよりもやや下にしている。」という選択肢、誤っていませんか？たしか、ガイドラインでは「ディスプレイ画面と眼の距離は"40cm"」としていましたよね？

いいえ、この選択肢は正しいですよ。まず問題文をよく読んでみましょう。
この問題は"「情報機器作業における労働衛生管理のためのガイドライン」に基づく措置"について、「適切でないもの」を選ぶ問題ですね。選択肢は、行っている措置で、これらがガイドラインの基準と比べて、「適切でないもの」＝「基準を満たしていないもの」を選ぶということです。

うーん？

先程、清野さんは「ディスプレイ画面と眼の距離は"40cm"」と言いましたが、正しくは、"40cm 以上"です。ガイドラインが、「ディスプレイ画面と眼の距離を"40cm 以上"にしてくださいね」と基準を決めたわけです。選択肢の「おおむね50cm」は"40cm 以上"という基準を超えている措置だから正しい選択肢になるのです。

なるほど！

もし仮に「ガイドラインに定められていないもの」や「ガイドライン上、誤っているもの」を選択する問題であれば、この選択肢は誤っているということになります。
ガイドラインの問題は、「適切なもの・適切でないもの」を選ぶ問題が多く、法令の問題でも「違反しているか・していないか」という問題が出題されることもあります。まずは何が問われているのか確認してみましょう。

救急処置　　　　　　　　　　　優先度 まれに出る ★ ★ ★

15 一次救命処置

一次救命処置は、人命救助の初期対応で、のちの生存率や回復に大きく影響を与えるため、とても重要です。衛生管理者は、職場での一次救命処置の普及や啓発の役割も期待されています。

まずはこれだけ！

- 心停止または呼吸停止等の傷病者に対しては、心肺蘇生及びAEDを用いた除細動を実施する。
- AEDの使用有無を問わず、心肺蘇生は救急車到着まで継続する必要がある。

心肺蘇生

心肺蘇生は、心臓や呼吸が止まってしまった、またはこれに近い状態の傷病者に対して、呼吸および血液循環の補助を行うものです。基本的な流れは次の通りです。

1 安全確認と応援

傷病者の周囲で救命処置を行うことができるか、安全を確認する。安全が確認できたら傷病者に近づく。

2 傷病者の反応を確認

「大丈夫ですか」と声をかけながら、傷病者の肩を軽く叩き、反応があるかを確認する。反応がない場合は、「3 応援の要請、119番通報、AED依頼」へ進む。反応があった場合には気道を確保し、嘔吐による誤嚥を防ぐ回復体位（横向きに寝かせた体勢）をとらせ安静にし、経過を観察する。

3 応援の要請、119番通報、AED依頼

「誰かいませんか」など大声で周囲に呼びかけ、協力者を求める。協力者が到着したら、119番通報とAEDの手配を依頼する。

4 呼吸の確認

　胸部と腹部が上下に動いているかを目視することで、傷病者が正常な呼吸をしているかを確認する（**10秒**以内）。

　呼吸がない、又は死戦期呼吸（心停止の直後にみられるしゃくりあげるような不規則な呼吸）が認められる場合、もしくは呼吸の有無の判断に自信が持てない場合は「**5** 胸骨圧迫の実施」へ進む。呼吸がある場合は気道の確保を行い、呼吸の観察を継続し、応援・救急隊を待つ。

5 胸骨圧迫の実施

　傷病者の胸骨の下半分（胸の真ん中あたり）に片方の手のひらの下半分をあて、その上にもう片方の手を重ねて組む。自分の肩が圧迫部分の真上になるような姿勢を取り、両肘を伸ばしたまま体重を乗せて傷病者の胸を押す。

▼ **胸骨圧迫の方法**

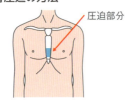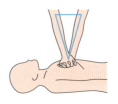

胸骨圧迫のテンポと力の入れ方等

- **100〜120回/分**のテンポ
- 胸が約 **5cm** 沈む（**6cmは超えない**）強さ
- 救助者が複数いる場合には、1〜2分ごとを目安に交代する

　心肺蘇生の訓練を受けたことのある市民救助者でその技術と意思がある場合は「**6** 人工呼吸の実施」を行う。訓練を受けたことのない市民救助者や、訓練を受けたことのある市民救助者であってもその技術や**意思がない場合は、胸骨圧迫のみ**を引き続き行い、「**8** AEDを用いた除細動」を行う。

人工呼吸は他人に口を付けるため、戸惑ってしまうことが多いです。傷病者にとっては、人工呼吸をしないことよりも、何もしないでいるほうが蘇生率を下げるため、技術がなくてできなかったり、戸惑ってしまう場合には、胸骨圧迫のみでも手を止めずに行うことが大切です。

6 人工呼吸の実施

傷病者の気道を確保し、救助者の口で傷病者の口を覆い、息を吹き込む。

気道確保と人工呼吸のやり方

- 傷病者の頭を後ろに下げて、あごを**上に引き上げて**気道を確保する。
- 傷病者の鼻をつまみ、傷病者の口を救助者の口で大きく塞ぐ。
- 約 **1** 秒かけて、胸の盛り上がりが見える程度の量の空気を、**2** 回吹き込む。

あごを下げると気道を塞いでしまいます。試験でもよく出題されるため注意しましょう。

人工呼吸を行う際の留意点

- 吹き込む秒数が長すぎたり、吹き込む回数が多すぎたりすると、肺に入るはずだった空気が胃などに流入してしまい、より危険な状態になってしまうので、秒数と回数は必ず守る。
- 胸骨圧迫の中断の時間は 10 秒以内にする。
- 可能であれば、感染防護具（マウスシート等）の使用を考慮する。

7 胸骨圧迫と人工呼吸の繰り返し

胸骨圧迫 30 回に人工呼吸 2 回のサイクルを繰り返す。救急隊が到着するまで、もしくは AED の到着まで繰り返し行う。AED が到着したら「**8** AED を用いた除細動」を実施する。

8 AED を用いた除細動

AED（**Automated External Defibrillator**）は、日本語で自動体外式除細動器という。心臓に電気ショックを与え、心臓がけいれん（微細動）した状態を取り除くために使用する。

▼ AED のマーク

▼ AEDの使い方

- AEDの電源を入れると、音声メッセージによる使用方法等の説明が始まる。
- AEDを開けて中から電極パッドを取り出し、傷病者の胸に貼り付ける。
- 心電図解析が自動で始まるため、傷病者に触れずに結果を待つ。
- 心電図解析の結果、**電気ショックが必要ありとされた場合、電気ショックを行い、直ちに心肺蘇生を再開**する。
- 心電図解析の結果、**電気ショックが不要とされた場合、電気ショックは行わず、直ちに心肺蘇生を再開**する。
- 電気ショックを行った後、2分程度で音声メッセージの指示があるため、再度電気ショックを行う。
- 救急隊が到着するまで繰り返す。

電気ショックが不要とされた場合は、AEDは使用せず、心肺蘇生を行います。試験対策上は、**電気ショックをしてもしなくても心肺蘇生は引き続き行う**ということを覚えておきましょう。

ココが出る!

一次救命処置について、次のような出題がされる。

①胸骨圧迫は100〜120回/分のテンポで、胸が約**5cm**沈む(**6cmは超えない**)強さで**30回**を1サイクルとして行う。
　注意 「1分間に60回」「4〜5cm」などの誤りが出題される。

②AEDについて
　AEDの電気ショックを**行った場合も行わない場合も**、心肺蘇生を**再開する**。
　注意 「**AEDの電気ショックを行わない場合は、心肺蘇生を再開しない**」という誤りが出題される。

過去問にチャレンジ！

問 一次救命処置に関する次の記述のうち、誤っているものはどれか。

(1) 傷病者に反応がある場合は、回復体位をとらせて安静にして、経過を観察する。

(2) 一次救命処置は、できる限り単独で行うことは避ける。

(3) 口対口人工呼吸は、傷病者の鼻をつまみ、1回の吹き込みに3秒以上かけて傷病者の胸の盛り上がりが見える程度まで吹き込む。

(4) 胸骨圧迫は、胸が約5cm沈む強さで、1分間に100〜120回のテンポで行う。

(5) AED（自動体外式除細動器）による心電図の自動解析の結果、「ショックは不要です」などのメッセージが流れた場合には、すぐに胸骨圧迫を再開し心肺蘇生を続ける。

▼ 解答・解説

口対口人工呼吸は、傷病者の鼻をつまみ、1回の吹込みに約1秒かけて胸の盛り上がりが確認できる程度の量の空気を吹き込む。

正解　(3)

| 救急処置 | 優先度 そこそこ出る ★★☆ |

16 応急手当

事業場で発生し得る傷病は心肺停止に限られるわけではありませんね。様々な症状と対処法を学び、適切な処置が行えるようにしましょう。

まずはこれだけ！

- 衛生管理者試験では、主に「出血」「熱傷」「骨折」の処置が出題される。

出血

血液は、体重の約 **1/13**（約8％）です。出血等により約 1/3 を失うとショック状態となり、約 1/2 失うと死に至ります。また、出血する血管によって、次のような特徴があります。

出血の種類等

- **毛細血管性**出血：出血部から<u>**にじんでくる**</u>ような出血
  転んでひざを擦りむいた時や、指先を少し切ってしまった時などにみられる。

- **静脈性**出血：出血部から<u>**ゆっくりとあふれ出てくる**</u>ような出血
  浅い切り傷などでみられる、ジワジワと赤黒い血が持続的に溢れてくるもの。

- **動脈性**出血：拍動性の多量出血（血の色は鮮紅色）
  心臓が動くリズムに合わせてピュッピュッと鮮やかな赤い血が勢いよく飛び出るようなもの。

 ショック …出血や熱中症など様々な原因により、血圧が下がって臓器への血流が減少し酸素の供給量が低下することにより引き起こされる。症状としては顔面蒼白、四肢の冷えがみられる。他に、弱くて速い脈拍や、浅くて速い呼吸などがみられる。

■ 出血の処置

止血法には、直接圧迫法、間接圧迫法等がありますが、一般人が行う応急手当としては、**直接圧迫法**が**推奨**されています。

- 直接圧迫法：出血部位を直接圧迫する方法
- 間接圧迫法：止血点を指で骨に向けて強く圧迫して、出血部位より心臓に近い部位の動脈を圧迫する方法

他にも、止血帯法といった止血法があります。間接圧迫法や止血帯法は一般市民の救急処置としては難易度が高く、国際的なガイドラインで「間接圧迫法や止血帯法は推奨されない」と明言されるようになりました。試験対策としては、「直接圧迫法が最優先である」ということを覚えておけばよいでしょう。

熱傷（火傷）

熱によって生体の組織が破壊されることを**熱傷**といいます。

熱傷が皮膚組織のどの程度の深さに及んでいるかを表す指標として**深度**があり、Ⅰ度〜Ⅲ度に分類されています。また、傷病者の年齢を踏まえつつ、どの程度の深度の熱傷が、身体のどの部位の、どの程度の面積に及んでいるかにより、熱傷の重症度が判定されます。重症熱傷と呼ばれるものは、一般に**Ⅱ度以上**で、成人の場合では**体面積の 30％以上**と定義されています。

熱傷の深度

Ⅰ度：皮膚の発赤
Ⅱ度：**水疱**ができる
Ⅲ度：皮膚組織が壊死

Ⅰ度が軽くて、Ⅲ度が重い熱傷だね。

■ 温度による組織破壊

組織が破壊されるまでの熱の作用時間は、温度によって異なります。例えば、70℃の場合は1秒、45℃程度の低温熱源の場合は1時間程度で組織が破壊されます。45℃程度の熱源への長時間接触による組織破壊を低温熱傷といい、熱傷深度が深く**難治性**です。

■ 熱傷の処置

熱傷の処置は、何よりもまず水で冷やすことが優先されます。処置の際の留意事項は次の通りです。

▼ 留意事項

- その後の治療の妨げになるため、**油の使用や、化学物質の熱傷に対する中和剤の使用は避ける。**
- 広範囲の熱傷の際に低体温症のおそれがあるため、**長時間冷却はしない。**
- 細菌の感染による悪化が懸念されるため、**水疱ができても破らない。**
- 着衣の上からの熱傷は、服が皮膚に貼り付いてしまうことがあり、無理に取り除くと皮膚やその下の肉まで傷つけてしまうことがあるため、**無理に着衣を脱がさない。**衣服の上から水をかけて冷やし、その後病院に連れて行く。
- タールやアスファルトといった高温物質による熱傷では、タールやアスファルトが皮膚に貼り付いてしまうことがあるため、**タールやアスファルトをはがさない。**
- ショック状態に陥った場合、血圧が下がり体の末端部へ血液が流れにくい状態であるため、寝かせて足を高くし、**頭部を低くする体位**をとらせて、頭部へ血が流れるようにする。

▌骨折

骨折とは、骨の組織の連続性が絶たれた状態をいいます。ぽっきりと折れてしまったものだけでなく、ひびや一部が欠けてしまった場合も、「骨折」です。

骨折は、皮膚の状態や骨の状態によって、次の種類に分けられます。

皮膚の状態による区分

- 単純骨折（閉鎖骨折）：皮膚損傷のないもの
- **複雑**骨折（開放骨折）：骨の先端が皮膚から出ているもの（皮膚損傷あり）
  ※折れた骨の処置と破れた皮膚の処置の両方を同時に行う必要があり、処置が複雑になるため複雑骨折と呼ばれる。

骨の状態による区分

- **不完全**骨折：骨にひびが入ったもの
- 完全骨折：完全にぽっきり折れているもの。骨の変形や軋轢音（あつれき）が認められる。

---

memo **軋轢音**（あつれき）…骨折端が擦れ合う音のこと。

116

▼ 骨折の種類

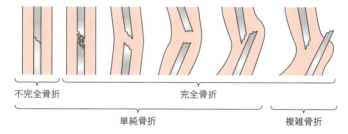

骨の状態と皮膚の状態それぞれで骨折に名前がついています。そのため、例えば骨にひびが入った状態（図の一番左）は、不完全骨折であり、かつ単純骨折にも分類されます。

■ 骨折の処置

骨折部位を無理に動かせば悪化の原因となるため、**動かさずに固定**することが処置の基本です。処置の際の留意事項は、次の通りです。

▼ 留意事項

- 感染症のおそれなどがあるので、皮膚から突出している**骨は皮下に戻さない**。
- 脊髄の中には非常に重要な神経があり、傷つくと半身不随等の大きな後遺症が残ることが多いため、脊髄損傷が疑われる際の搬送方法は、**硬い板**の上に乗せる。
- 手足などを骨折した際は骨折した場所の関節を固定するために副子（副木や添え木ともいう）を使用する。副子は、**その先端が手先や足先から出るように長く**する。

副子がない場合は、段ボールや雑誌、傘などで代用することができます。

ココが出る！

骨折の種類について、次のような誤りの選択肢が出題される。
×「複雑骨折とは、<注意>骨が多数の骨片に破砕された状態をいう。」

 複雑骨折は、**骨の先端が皮膚から出ているもの**でしたね。

過去問にチャレンジ！

問 骨折に関する次の記述のうち、誤っているものはどれか。
(1) 骨にひびが入った状態を不完全骨折という。
(2) 小骨片に破砕された骨折のことを複雑骨折という。
(3) 骨折部には、異常な動きがみられたり、摩擦音が聞こえることがある。
(4) 創傷や出血があるときは、まず、その手当てをしてから副子で固定する。
(5) 副子は、骨折した部位の骨の両端にある二つの関節を含めることのできる十分な長さのもとする。

▼解答・解説
複雑骨折（開放骨折）とは、骨折とともに皮膚、皮下組織が損傷し、骨折端が皮膚の外に出ている骨折をいう。

正解　**(2)**

よく出る！
頻出過去問 & 完全解説

📙 解答・解説はp.122参照

2

労働衛生

問1 厚生労働省の「労働者の心の健康の保持増進のための指針」に基づくメンタルヘルスケア対策に関する次のAからDの記述について、誤っているものの組合せは (1) ～ (5) のうちどれか。

A メンタルヘルスケアを中長期的視点に立って継続的かつ計画的に行うため策定する「心の健康づくり計画」は、各事業場における労働安全衛生に関する計画の中に位置付けることが望ましい。

B 「心の健康づくり計画」の策定に当たっては、プライバシー保護の観点から、衛生委員会や安全衛生委員会での調査審議は避ける。

C 「セルフケア」、「家族によるケア」、「ラインによるケア」及び「事業場外資源によるケア」の四つのケアを効果的に推進する。

D 「セルフケア」とは、労働者自身がストレスや心の健康について理解し、自らのストレスを予防、軽減する、又はこれに対処することである。

(1) A, B　(2) A, C　(3) A, D　(4) B, C　(5) C, D

問2 厚生労働省の「事業者が講ずべき快適な職場環境の形成のための措置に関する指針」において、快適な職場環境の形成のための措置の実施に関し、考慮すべき事項とされていないものは次のうちどれか。

(1) 継続的かつ計画的な取組　(2) 経営者の意向の反映
(3) 労働者の意見の反映　(4) 個人差への配慮　(5) 潤いへの配慮

問3 労働衛生管理に用いられる統計に関する次の記述のうち、誤っているものはどれか。

(1) 生体から得られたある指標が正規分布である場合、そのばらつきの程度は、平均値及び中央値によって表される。

(2) 集団を比較する場合、調査の対象とした項目のデータの平均値が等しくても分散が異なっていれば、異なった特徴をもつ集団であると評価される。

(3) 健康管理統計において、ある時点での集団に関するデータを静態データといい、「有所見率」は静態データの一つである。

問1 **(4)**　問2 **(2)**　問3 **(1)**

119

(4) ある事象と健康事象との間に、統計上、一方が多いと他方も多いというような相関関係が認められたとしても、それらの間に因果関係があるとは限らない。

(5) 健康診断において、対象人数、受診者数などのデータを計数データといい、身長、体重などのデータを計量データという。

問4 脳血管障害及び虚血性心疾患に関する次の記述のうち、誤っているものはどれか。

(1) 出血性の脳血管障害は、脳表面のくも膜下腔に出血するくも膜下出血、脳実質内に出血する脳出血などに分類される。

(2) 虚血性の脳血管障害である脳梗塞は、脳血管自体の動脈硬化性病変による脳塞栓症と、心臓や動脈壁の血栓が剥がれて脳血管を閉塞する脳血栓症に分類される。

(3) 高血圧性脳症は、急激な血圧上昇が誘因となって、脳が腫脹する病気で、頭痛、悪心、嘔吐、意識障害、視力障害、けいれんなどの症状がみられる。

(4) 虚血性心疾患は、心筋の一部分に可逆的な虚血が起こる狭心症と、不可逆的な心筋壊死が起こる心筋梗塞とに大別される。

(5) 運動負荷心電図検査は、虚血性心疾患の発見に有用である。

問5 食中毒に関する次の記述のうち、誤っているものはどれか。

(1) 黄色ブドウ球菌による食中毒は、食品に付着した菌が食品中で増殖した際に生じる毒素により発症する。

(2) サルモネラ菌による食中毒は、鶏卵が原因となることがある。

(3) 腸炎ビブリオ菌は、熱に強い。

(4) ボツリヌス菌は、缶詰、真空パック食品など酸素のない食品中で増殖して毒性の強い神経毒を産生し、筋肉の麻痺症状を起こす。

(5) ノロウイルスの失活化には、煮沸消毒または塩素系の消毒剤が効果的である。

問4 (2)　　問5 (3)

問6 感染症に関する次の記述のうち、誤っているものはどれか。

(1) 人間の抵抗力が低下した場合は、通常、多くの人には影響を及ぼさない病原体が病気を発症させることがあり、これを不顕性感染という。

(2) 感染が成立し、症状が現れるまでの人をキャリアといい、感染したことに気付かずに病原体をばらまく感染源になることがある。

(3) 微生物を含む飛沫の水分が蒸発して、$5\mu m$ 以下の小粒子として長時間空気中に浮遊し、空調などを通じて感染することを空気感染という。

(4) 風しんは、発熱、発疹、リンパ節腫脹を特徴とするウイルス性発疹症で、免疫のない女性が妊娠初期に風しんにかかると、胎児に感染し出生児が先天性風しん症候群 (CRS) となる危険性がある。

(5) インフルエンザウイルスにはＡ型、Ｂ型およびＣ型の三つの型があるが、流行の原因となるのは、主として、Ａ型およびＢ型である。

問7 厚生労働省の「職場における腰痛予防対策指針」に基づく腰痛予防対策に関する次の記述のうち、正しいものはどれか。

(1) 作業動作、作業姿勢についての作業標準の策定は、その作業に従事する全ての労働者に一律な作業をさせることになり、個々の労働者の腰痛の発生要因の排除又は低減ができないため、腰痛の予防対策としては適切ではない。

(2) 重量物取扱い作業の場合、満18歳以上の男性労働者が人力のみにより取り扱う物の重量は、体重のおおむね50％以下となるようにする。

(3) 重量物取扱い作業の場合、満18歳以上の女性労働者が人力のみにより取り扱う物の重量は、男性が取り扱うことのできる重量の60％位までとする。

(4) 重量物取扱い作業に常時従事する労働者に対しては、当該作業に配置する際及びその後１年以内ごとに１回、定期に、医師による腰痛の健康診断を行う。

(5) 腰部保護ベルトは、重量物取扱い作業に従事する労働者全員に使用させるようにする。

解答・解説

問1 (4)

B 「心の健康づくり計画」の策定に当たっては、衛生委員会や安全衛生委員会において十分調査審議を行う。

C 四つのケアとは、労働者自身による「セルフケア」、管理監督者などによる「ラインによるケア」、産業医および衛生管理者等による「事業場内産業保健スタッフ等によるケア」、事業場外の機関および専門家などによる「事業場外資源によるケア」であり、家族によるケアは該当しない。

問2 (2)

「経営者の意向の反映」は考慮すべき事項ではない。

問3 (1)

生体から得られたある指標が正規分布である場合、そのばらつきの程度は、平均値及び中央値ではなく、分散や標準偏差によって表される。

問4 (2)

心臓や動脈壁の血栓が剥がれて脳血管を閉塞するのが脳塞栓症で、脳血管自体の動脈硬化性病変によるものが脳血栓症である。

問5 (3)

腸炎ビブリオ菌は、熱に弱い。

問6 (1)

人間の抵抗力が低下した場合は、通常、多くの人には影響を及ぼさない病原体が病気を発症させることがあり、これを日和見感染という。不顕性感染とは、感染が成立したものの、症状が現れない状態が継続することをいう。

問7 (3)

(1) 職場における腰痛予防対策指針には、腰痛の発生要因を排除又は低減できるよう、作業標準を策定することが定められている。

(2) 満18歳以上の男性労働者が人力のみにより取り扱う物の重量は、当該労働者の体重の約40%以下となるように努めなければならない。

(4) 重量物取扱い作業に常時従事する労働者に対しては、当該作業に配置する際、及びその後6か月以内ごとに1回、定期的に腰痛の健康診断を実施する。

(5) 腰部保護ベルトは、労働者ごとに効果を確認してから使用の適否を判断することが望ましい。

第**3**章

労働生理

この章では、人体の構造や機能について学びます。特に「消化器系」が毎回必ず出題されています。他に「腎臓・泌尿器系」「神経系」もよく出題されます。本書では人体のモデル図を多用し、イメージを掴みやすくしています。実際の試験でもモデル図を用いた問題が出題されることがあるため、問題演習の際にはモデル図も確認しましょう。

本章に関する試験情報

| 試験での出題数 | **10**問/44問 |

| 合格に必要な正答数 | 最低**4**問 |

●キーワード
・消化酵素　・糸球体／尿細管　・交感神経／副交感神経
・動脈血／静脈血　・外呼吸／内呼吸　・半規管／前庭
・代謝　・ホルモン　・体液性免疫　・レム睡眠／ノンレム睡眠

人体の組織及び機能 ①　　　　　　　　優先度 よく出る ★★★

01 消化器系

食べた物が体の中で分解され、栄養素として吸収された後、いらないものとして出ていくまでの器官を消化器系といいます。食べ物がどのように吸収・排出されるのかを見ていきましょう。

まずはこれだけ！
- 食べ物の栄養素は、消化器系を通る過程で消化酵素によって分解される。
- 消化器系の1つである肝臓は多くの機能を持っており、代表的なものに解毒作用をもったフィルター機能がある。

消化器系の構造

消化器系は、消化管（口腔、咽頭、食道、胃、小腸、大腸、肛門）と消化腺（唾液腺、肝臓、膵臓）に分けられます。食べ物は消化管により運ばれ、必要な栄養分が吸収され、その残滓が体外へ排出されます。消化腺では栄養素を分解する消化酵素が含まれた消化液が分泌されます。

▼ 消化器系モデル図

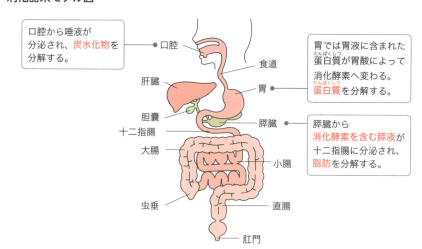

口腔から唾液が分泌され、炭水化物を分解する。

胃では胃液に含まれた蛋白質が胃酸によって消化酵素へ変わる。蛋白質を分解する。

膵臓から消化酵素を含む膵液が十二指腸に分泌され、脂肪を分解する。

124

消化酵素による分解

　主な栄養素として、**炭水化物**、**蛋白質**、**脂質**等があります。炭水化物や脂質は体の主要なエネルギー源となり、蛋白質は内臓や筋肉等を構成する主成分となります。多くの栄養素は、消化腺から分泌される**消化酵素**によって分解されて別の物質へと変えられます。栄養素は分解された後、小腸や大腸から吸収され、毛細血管やリンパ管に入ります。その後、**肝臓で別の物質へと合成**され、体内の各臓器で使われます。代表的な栄養素と、分解産物の組み合わせは次の表の通りです。

▼栄養素の分解まとめ

	炭水化物（糖質）	蛋白質	脂肪（脂質）	ビタミン 無機塩類（ミネラル）
分解場所	口　等	胃　等	十二指腸　等	酵素による**分解を受けずに**、そのまま腸壁から吸収される
酵素	アミラーゼ マルターゼ　等	ペプシン トリプシン　等	膵リパーゼ　等	
分解場所での分解産物	ブドウ糖 （グルコース）	アミノ酸	脂肪酸 グリセリン	
吸収場所	小腸の絨毛、 大腸（主に水分を吸収する）			
吸収後	**毛細血管**へ入る		再び脂肪へ変わり、 **リンパ管**へと入る	

胃

　胃は蠕動運動により消化物をすり潰し、胃液と混ぜ合わせて粥状にする臓器です。胃粘膜が分泌する**ガストリン**というホルモンにより**胃液の分泌**が促進され、胃液に含まれる消化酵素により**蛋白質**を分解します。胃の内面が胃酸等で損傷しないよう**ムチン（蛋白質の一種）**を主成分とした**粘液**が**胃粘膜**を保護しています。栄養素を吸収する機能はほぼなく、**水分は吸収しませんが、アルコールは吸収されます**。

肝臓

　小腸で吸収された栄養素は門脈と呼ばれる血管を通り、肝臓へ運ばれます。肝臓には多くの機能があり、代表的なものに**有害な物質の無毒化や代謝、栄養分の貯蔵や代謝、胆汁の生成があります**。肝臓の主な働きは、次の通りです。

 絨毛…小腸の表面積を大きくするための突起。栄養素の吸収効率を上げるために役立つ。
リンパ管…全身の組織の隙間に出ていく液体であるリンパ液が流れている管のこと。

1 有害な物質の無毒化や代謝

薬剤やアルコール等の身体に**有害な物質**を分解し、無毒化もしくは体外へ排出されやすい形へ変えます。他にも、蛋白質からアミノ酸が生成される際に同時に生成されてしまうアンモニアという毒素を分解し、**尿素**を作ります。また、血液に含まれるヘモグロビンが古くなるとビリルビンに変わります。この**ビリルビンを胆汁に排出することで体外へ排出する機能も担っています。**

2 栄養分の貯蔵や代謝

炭水化物（糖質）から分解したブドウ糖をグリコーゲンに変えて蓄えます。また、血液中のブドウ糖濃度（血糖値）の低下時にはグリコーゲンをブドウ糖に分解することで、**血液中のブドウ糖濃度の調整をしています**。また、飢餓時には、アミノ酸等からブドウ糖を生成する糖新生が行われます。

その他にアミノ酸からアルブミン、**血液凝固物質**（フィブリノーゲン）、**血液凝固阻止物質**（アンチトロンビン）等の血漿蛋白質を合成します。さらに、**余剰な蛋白質と糖質を脂肪に変換し、脂肪からコレステロールとリン脂質を合成します。**

3 胆汁の生成

脂肪の分解を助ける働きを持つ**胆汁**（**アルカリ性**の消化液）を作ります。

脂肪の消化酵素である膵リパーゼは水溶性の消化酵素です。水に溶けないという特性を持つ脂肪と混ざり合わないため、膵リパーゼのみでは分解することができません。そこで胆汁が脂肪を水に溶けやすい状態へ変化（乳化）させ、酵素による脂肪分解を助けています。

▼肝臓の機能のまとめ

①	有害な物質の無毒化・代謝	・血液中の有害物を分解する ・アンモニアから**尿素を合成**する ・古くなった赤血球から分解された**ビリルビンを胆汁へ排出**する
②	栄養分の貯蔵・代謝	・ビタミンAを貯蔵する ・ブドウ糖をグリコーゲンに変えて蓄える ・ブドウ糖濃度低下時にグリコーゲンを分解してブドウ糖にする ・飢餓時には、アミノ酸等からブドウ糖を生成する糖新生を行う ・アミノ酸から血漿蛋白質（アルブミンやグロブリン等）を合成する ・アミノ酸から**血液凝固物質**（フィブリノーゲン）や**血液凝固阻止物質を合成**する ・余剰な**蛋白質と糖質を脂肪に変換**する ・脂肪から**コレステロールとリン脂質を合成**する
③	胆汁の生成	・**アルカリ性**の消化液である**胆汁**を作る ・**胆汁は消化酵素を含まない**ので脂肪を分解することはできないが、脂肪を消化しやすいコロイド状に乳化させるといった分解を助けるはたらきをもつ

ココが出る！

①栄養素を分解する消化酵素と分解産物の組合せが出題される。
特に、⚠注意「胃液に含まれる消化酵素であるペプシンにより脂肪が分解される」といった誤りが頻出である。

> 胃液に含まれるペプシンは蛋白質を分解するよ！

②肝臓がどのような機能をもっているかが出題される。

> 肝臓にはたくさんの機能があるので全て覚えるのは大変です。肝臓の機能に「含まれないもの」を覚えると効率的に問題を解けるようになります。「肝臓は、赤血球（ヘモグロビン）と乳酸を作らない！」「肝臓は、ビリルビンを分解しない！」この2つを覚えておきましょう。

過去問にチャレンジ！

問 肝臓の機能として、誤っているものは次のうちどれか。
(1) 血液中の身体に有害な物質を分解する。
(2) ブドウ糖をグリコーゲンに変えて蓄える。
(3) ビリルビンを分解する。
(4) 血液凝固物質を合成する。
(5) 血液凝固阻止物質を合成する。

▼解答・解説
「ビリルビンの分解」は肝臓の機能ではない。

正解　**(3)**

人体の組織及び機能 ①　　　　　優先度 よく出る ★★★

02 腎臓・泌尿器系

身体に不要な老廃物などを体外へ捨てるために尿が作られます。尿を作る臓器が腎臓です。体内の老廃物を血液が腎臓まで運んだ後、どのように尿に変わるのか見ていきましょう。

まずはこれだけ！
- 糸球体・ボウマン嚢・尿細管で血液が尿に作り替えられる。
- 老廃物である尿素窒素（BUN）は、腎臓に障害があると体内に残ってしまい、血液検査での値が高くなる。

腎臓の構造

腎臓は、腰の少し上の位置に、背骨の左右にひとつずつある空豆状の器官です。左右の腎臓からそれぞれ**１本ずつの尿管**が伸びて、膀胱へつながり、腎臓で作られた尿が体外へ排出されます。

また1つの腎臓には約100万個のネフロンがあり、ネフロンは腎小体（糸球体とボウマン嚢）と尿細管から構成されます。ネフロンで尿が生成されます。

▼腎臓の構造

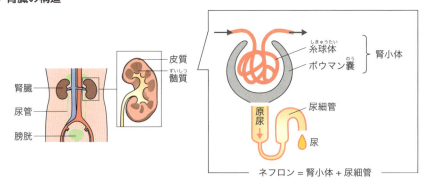

memo　**糸球体**…毛細血管が毛糸玉のように絡み合って球状になったもの。
　　　ボウマン嚢…糸球体の外側を包み込む袋。

尿の生成過程

尿の生成は、大きく分けると濾過と再吸収に分けられます。

1 濾過（糸球体における血液⇒原尿への変化）
- 血液が輸入細動脈を通り、腎小体の糸球体へと流れる。
- **糸球体**では、血液中の血球及び蛋白質以外の成分がボウマン嚢に濾し出され、原尿が生成される。このとき、**血中の老廃物が糸球体から原尿中に濾し出される。**

> 血液に含まれる血球や蛋白質はまだ体に必要であり、尿として排出されることはありません。糸球体から出ていくこともなく、輸出細動脈を通って体内へと戻ります。つまり尿に蛋白質は含まれません。

2 再吸収（尿細管における原尿⇒尿への変化）
- ボウマン嚢に溜まった原尿は尿細管へ移行する。
- **尿細管**を通る過程で、原尿中の水分の大部分、電解質、アミノ酸、グルコース（糖）等の成分が、血液中に再吸収されて尿が生成される。

> ボウマン嚢へ濾し出された原尿には水分、電解質、アミノ酸、グルコース（糖）といった体に必要な成分が含まれています。**体に必要な成分は尿として排出しない**ため、尿細管から体内へと再吸収されます。つまり尿にグルコース（糖）は含まれません。

▼ 尿の生成順路

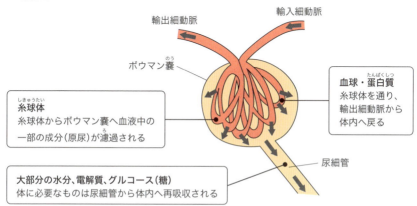

3 労働生理

02 腎臓・泌尿器系

腎臓・泌尿器系に関するその他の項目

1 尿の成分
- 尿は淡黄色の液体で固有の臭気を有し、通常、弱酸性。
- 尿の約95%は水分で、約5%が固形物である。

2 尿素窒素
- 尿素窒素(BUN)は、本来は腎臓から排出される老廃物。腎臓の機能低下時や障害時に、尿として排出できず体内に残るため、血液検査において尿素窒素(BUN)の値が高くなる。

ココが出る!

①尿の生成過程において、蛋白質とグルコース(糖)がどこで体内に残る仕組みとなっているかが出題される。

「蛋白質は糸球体」「グルコース(糖)は尿細管」ということを覚えましょう。

②尿素窒素(BUN)について出題される。
✕「尿素窒素(BUN)は、**腎臓機能の低下時に** 注意 尿検査で値が低くなる」という誤りが出題される。

::::::::::::::::::::::::: **過去問にチャレンジ！** :::::::::::::::::::::::::

問 腎臓又は尿に関する次の A から D の記述について、誤っているものの組
合せは (1) ～ (5) のうちどれか。

A ネフロン（腎単位）は、尿を生成する単位構造で、1 個の腎小体とそれに続
く 1 本の尿細管から成り、1 個の腎臓中に約 100 万個ある。

B 尿の約 95% は水分で、約 5% が固形物であるが、その成分は全身の健康状
態をよく反映するので、尿検査は健康診断などで広く行われている。

C 腎機能が正常な場合、糖はボウマン嚢中に濾し出されないので、尿中には
排出されない。

D 腎機能が正常な場合、大部分の蛋白質はボウマン嚢中に濾し出されるが、
尿細管でほぼ 100% 再吸収されるので、尿中にはほとんど排出されない。

(1) A，B　(2) A，C　(3) A，D　(4) B，C　(5) C，D

▼ **解答・解説** --

C 腎機能が正常な場合、糖はボウマン嚢中に濾し出されて原尿の一部となり、尿細管で血
液中に再吸収されるため、尿中には排出されない。

D 腎機能が正常な場合、血液中の血球及び蛋白質以外の成分がボウマン嚢に濾し出される。
つまり蛋白質は血液からボウマン嚢へ濾し出されない。

よって、誤っているものの組合せは C、D となり、(5) が該当する。

正解　**(5)**

人体の組織及び機能 ①　　　優先度 よく出る ★★★

03 神経系

神経とは、脳や各組織の間で命令や情報を送りあう、体中に張り巡らされたネットワークです。神経の種類や、どのような働きがあるのかを見ていきましょう。

まずはこれだけ！

- 神経系は、中枢神経系と、末梢神経系に分かれる。
- 末梢神経系のうち、自律神経は心臓や胃などの各組織に分布し、人間の意思に関わらず心臓などの動きを自動でコントロールする機能をもつ。

神経の体系

　脳と脊髄にある神経を中枢神経系と呼び、中枢と末梢にある器官を結ぶ神経を末梢神経系と呼びます。末梢神経系のうち**体性神経**は運動及び感覚に関与し、**自律神経**は呼吸、消化、循環などに関与します。

▼ 神経の体系図

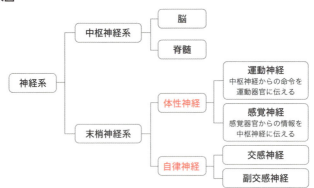

交感神経と副交感神経

自律神経は、交感神経と副交感神経に分類されます。**交感神経と副交感神経**は同じ臓器に分布していますが、**正反対の働き**をします。

交感神経は、身体の機能をより活動的に調節する働きがあり、覚醒時に活発化します。心臓の働きを**促進（亢進）**することで心拍数が**増加**し、一方で消化管の運動を**抑制**します。**副交感神経**は、身体を休ませ回復させる働きがあり、睡眠時に活発化します。心臓の働きを**抑制**して心拍数を**減少**させ、一方で消化管の働きを**促進**します。

▼交感神経と副交感神経の働き

	心臓の働き	消化管の働き
覚醒時：**交感**神経が活発化	促進	抑制
睡眠時：**副交感**神経が活発化	抑制	促進

神経の構成

神経系を構成する基本的な単位である神経細胞（**ニューロン**）は1個の細胞体、1本の**軸索**、複数の**樹状突起**の3つの部分から構成されます。

神経細胞の細胞体が集中しているところを、中枢神経系では**神経核**と呼び、末梢神経系では**神経節**と呼びます。

▼ニューロン

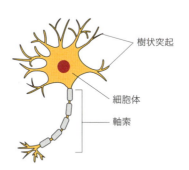

大脳の構造

大脳は外側（表面部）の皮質と内側の髄質からなり、左右に分かれています。大脳の皮質は**神経細胞**の細胞体が集まっている**灰白質**で、感覚、思考等を支配する中枢として機能します。大脳の内側の髄質は**神経線維**の多い**白質**です。大脳の後部にある**小脳**では運動や平衡感覚を司っています。

▼横から見た脳のモデル図

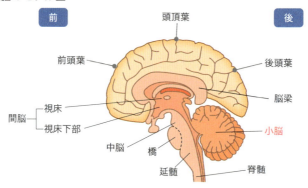

大脳皮質（外側）は灰白質、大脳髄質（内側）は白質でできているのに対し、脊髄をはじめとする他の臓器の場合は、外側が白質、内側が灰白質でできています。

ココが出る！

①消化管に対する交感神経と副交感神経の役割
　交感神経は**消化管の働きを抑制**し、**副交感神経**は**消化管の働きを促進**する。

②灰白質と白質の特徴
　大脳皮質　⇔　神経細胞　⇔　灰白質
　大脳髄質　⇔　神経線維　⇔　白質　　の組み合わせを覚えよう。

③脳のモデル図
　小脳の位置が出題される。モデル図を見て小脳の位置を覚えよう。

過去問にチャレンジ！

問1 神経系に関する次の記述のうち、誤っているものはどれか。

(1) 神経細胞（ニューロン）は、神経系を構成する基本的な単位で、通常、1個の細胞体、1本の軸索及び複数の樹状突起から成る。

(2) 脊髄では、中心部が灰白質であり、その外側が白質である。

(3) 大脳では、内側の髄質が白質であり、外側の皮質が灰白質である。

(4) 体性神経には感覚器官からの情報を中枢に伝える感覚神経と、中枢からの命令を運動器官に伝える運動神経がある。

(5) 交感神経系は、心拍数を増加し、消化管の運動を亢進する。

問2 神経系に関する次の記述のうち、誤っているものはどれか。

(1) 神経系は、中枢神経系と末梢神経系に大別され、中枢神経系は脳と脊髄から成る。

(2) 大脳の内側の髄質は神経細胞の細胞体が集合した灰白質で、感覚、運動、思考などの作用を支配する中枢として機能する。

(3) 神経系を構成する基本的な単位である神経細胞は、通常、1個の細胞体、1本の軸索及び複数の樹状突起から成り、ニューロンともいわれる。

(4) 神経系は、機能的には、体性神経と自律神経に分類され、自律神経は更に交感神経と副交感神経に分類される。

(5) 体性神経には、感覚器官からの情報を中枢神経に伝える感覚神経と、中枢神経からの命令を運動器官に伝える運動神経がある。

▼ 解答・解説 --

問1 交感神経系は、心拍数を増加し、消化管の運動を抑制する。

正解 **(5)**

問2 大脳の内側の髄質は、灰白質ではなく、白質である。大脳の外側の皮質が灰白質であり、感覚、運動、思考等の作用を支配する中枢としての働きを行う。

正解 **(2)**

3

労働生理

03 神経系

人体の組織及び機能 ①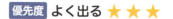

優先度 よく出る ★★★

04 血液系

血液は身体の中を循環し、酸素や栄養素の運搬や、ウイルスなどの外敵から体を守る働きを持っています。ここでは、血液を構成する成分と血液検査項目を見ていきましょう。

まずはこれだけ！
- 赤血球は酸素と二酸化炭素の運搬機能、白血球は免疫機能を担っている。
- 血漿（けっしょう）には、アルブミンやグロブリンなど、肝臓でアミノ酸から作られた血漿蛋白質（たんぱくしつ）が含まれている。

血液の構成

血液は有形成分である血球（赤血球、白血球、血小板）と、液体成分である血漿（けっしょう）で構成されます。血液のうち有形成分（血球）が約45%、**液体成分（血漿）が約55%**を占めています。

▼血液の成分まとめ

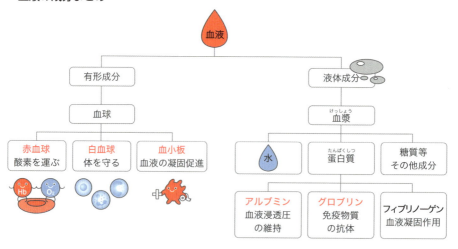

血液の有形成分

血液の**有形成分**は**赤血球、白血球、血小板**があり、それぞれ次の特徴があります。

1 赤血球

- 血液 1μL 中に男性は 500 万個、女性は 450 万個程度あり、赤血球に含まれる**ヘモグロビン**が**酸素と二酸化炭素の運搬機能**を担う。ヘモグロビンが極端に少なくなった状態が貧血である。
- 全血液の容積に対する赤血球の容積の割合をヘマトクリットといい、一般的に男性約 45%、女性約 40% といわれている。貧血になるとその値が**低く**なる。

2 白血球

- 血液 1μL 中に男女ともに 4,000 ～ 8,500 個程度あり、白血球に含まれるリンパ球が体内に侵入した細菌やウイルスを貪食して体を守る働き（**免疫機能**）を担う。
- リンパ球には、**B リンパ球**（**抗体を産生**）と **T リンパ球**（**細菌や異物を認識し攻撃する**）等の免疫に関与する物質がある。
- 多核顆粒性白血球には、好中球（食菌作用があり、アメーバ様運動を行う）、好酸球、好塩基球がある。

3 血小板

- 血液 1μL 中に男女ともに 15 万～ 35 万個程度あり、血液の凝固作用（血を固める作用）を促進することで止血に関与する。直径 2 ～ 3μm の核を持たない不定形細胞である。

▼ 血液の有形成分

	血液の有形成分		
	赤血球	**白血球**	**血小板**
数量	男性 500 万 女性 450 万	**男女ともに** 4,000 ～ 8,500	**男女ともに** 15 万～ 35 万
寿命	約 **120** 日	約 **3 ～ 4** 日	約 4 日
役割	**酸素の運搬** ヘモグロビンが酸素と二酸化炭素のガス交換を行っている	**生体防御** 細菌やウイルスを貪食する	**止血** 血液の凝固作用を促進する

memo　**貪食** …細菌などの異物を細胞内に取り込み消化すること。

血液の液体成分（血漿）

血漿はほとんど水でできており、その中に肝臓で作られる血漿蛋白質が含まれています。血漿は様々な物質や栄養素、老廃物の運搬をしています。**血漿蛋白質には**
アルブミン、グロブリン、フィブリノーゲンがあり、それぞれの蛋白質の働きは次の通りです。

▼ 血漿蛋白質の働き

血漿蛋白質	働き
アルブミン	**血液浸透圧の維持** 血漿成分が血管から組織中に漏れ出るのを防ぐ
グロブリン	**免疫物質の抗体** 体内に侵入した細菌やウイルス等の異物を特異的に認識する抗体として働く
フィブリノーゲン	**血液凝固作用** 血漿中の水溶性のフィブリノーゲンが不溶性のフィブリンに変化して起こる

血液検査項目

健康診断などで実施される代表的な血液検査項目は、次の通りです。

肝機能検査

- γ-GTP：正常な肝細胞に含まれる酵素。アルコール摂取時や肝機能の異常時に高値になる。

脂質検査

- HDL コレステロール（善玉コレステロール）：低値で動脈硬化のリスク有り。
- LDL コレステロール（悪玉コレステロール）：高値で動脈硬化のリスク有り。

血糖値検査

- ヘモグロビン A1c：過去 2 〜 3 か月の**平均的な血糖値を表す数値**で、直前の食事に影響されず、糖尿病のコントロールの経過をみるためにも用いられる。

血液型検査

- ABO 式血液型：赤血球の血液型分類の 1 つ。赤血球の**抗原**（抗体によって異物として認識されるもの）と、血清中の**抗体**（抗原の働きを抑え身体を守る物質）によって、血液型の型が分類される。血液型によって元々持っている抗原及び抗体が異なり、次の表の通り、A 型の血清は抗 B 抗体を持つ。

▼ 血液型の分類

血液型	赤血球の抗原	血清の抗体	血液型	赤血球の抗原	血清の抗体
A型	A	抗B	O型	AもBもなし	抗Aと抗B
B型	B	抗A	AB型	AとB	抗Aも抗Bもなし

ココが出る！

① 赤血球・白血球・血小板それぞれの役割・特徴

それぞれの役割や特徴について次のような誤りが出題される。

× 注意 **血小板は、体内に侵入してきた細菌やウイルスを貪食する働きがある。**

> 血小板は、血液の凝固を促進する止血の役割をもっているよ！体内に侵入してきた細菌やウイルスを貪食する働きがあるのは白血球だよ。

② 血液の有形成分の男女差

「正常値に男女差がないもの」について出題される。

> 「白血球数」と「血小板数」は男女差がないということをおさえておきましょう。

memo **血清**…血漿からフィブリノーゲンを除いたもの。

過去問にチャレンジ！

問 血液に関する次の記述のうち、正しいものはどれか。
(1) 血漿中の蛋白質のうち、アルブミンは血液の浸透圧の維持に関与している。
(2) 血漿中の水溶性蛋白質であるフィブリンがフィブリノーゲンに変化する現象が、血液の凝集反応である。
(3) 赤血球は、損傷部位から血管外に出ると、血液凝固を促進させる物質を放出する。
(4) 血液中に占める白血球の容積の割合をヘマトクリットといい、感染や炎症があると増加する。
(5) 血小板は、体内に侵入してきた細菌やウイルスを貪食する働きがある。

▼ 解答・解説

(2) 血漿中の水溶性蛋白質であるフィブリノーゲンがフィブリンに変化する現象は、血液の凝固作用である。血液の凝集反応は、赤血球中の凝集原と血漿中の凝集素との間で生じる反応である。

(3) 損傷部位から血管外に出ると、血液凝固を促進させる物質を放出するのは赤血球ではなく血小板である。

(4) ヘマトクリットは、白血球ではなく、赤血球の容積の割合のことをいう。感染や炎症があると増加するのは白血球であるから、赤血球の容積の割合であるヘマトクリットは増加しない。

(5) 体内に侵入してきた細菌やウイルスを貪食する働きがあるのは、血小板ではなく白血球である。

正解 **(1)**

05 循環器系

優先度 よく出る ★★★

心臓を中心とした血液の循環に関わる組織を循環器系といいます。血液の栄養素などを運ぶ機能は先ほど学びました。ここでは、酸素と二酸化炭素の運搬機能に着目してみましょう。

まずはこれだけ！
- 心臓の左心室、左心房、右心室、右心房が、それぞれ収縮と拡張することで血液を送り出すポンプの役割を果たしている。
- 血液は、各組織に酸素を運び、二酸化炭素を受け取る働きを持つ。

心臓の働き

心臓は心筋と呼ばれる筋肉でできており、収縮と拡張を繰り返すことにより、体中に血液を送り出しています。
右心房にある**洞結節**（**洞房結節**）で発生した刺激が刺激伝導系を介して心筋に伝わり、心臓が収縮と拡張を繰り返します。

血管と血液の種類

1 血管の種類

血液の流れる向きによって血管の種類が変わります。

- **動脈**：心臓から血液が**出ていくときに通る血管**
- **静脈**：心臓に血液が**戻ってくるときに通る血管**

2 血液の種類

酸素や二酸化炭素の含有量によって血液の種類が変わります。

- **動脈血**：**酸素をたくさん含む血液**
- **静脈血**：**二酸化炭素をたくさん含む血液**

血液の流れ

血液は肺で酸素を受け取り、全身へ届け、全身で不要になった二酸化炭素を受け取ります。

■ 肺循環（小循環）

血液は**右心室を出て肺動脈を通り、肺へ流れます**。肺に至った際、血液は肺に二酸化炭素を渡し、代わりに酸素を受け取ることで**動脈血**となります。動脈血となった後、血液は**肺静脈を通り左心房に戻ります**。このような**肺を巡る循環を肺循環**と呼びます。

■ 体循環（大循環）

左心房に戻ってきた動脈血は、**左心室を経て大動脈へと送り出され**、全身を巡ります。血液は全身の各組織を巡る過程で、各組織に酸素を渡し、代わりに二酸化炭素を受け取ることで静脈血へと変化します。静脈血となった後、血液は**大静脈を通り右心房に戻ります**。このような**全身を巡る循環を体循環**と呼びます。右心房に至った後、静脈血は右心室へと移動し再び肺循環を繰り返します。

▼血液の流れのモデル図

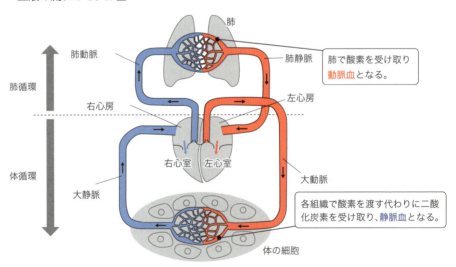

青：静脈血　赤：動脈血

ココが出る！

①**肺循環**では、**肺動脈**を静脈血が流れ、**肺静脈**を動脈血が流れる。

②血液が心臓を出た後、どのような順で体内を流れ、心臓に戻ってくるかが出題される。肺循環も体循環も、**血液は心室を出て心房へ戻る**と覚えよう。

よく似た言葉がたくさん出てくるので、血液の流れる順にモデル図を指でなぞりながら問題演習をしてみましょう。

過去問にチャレンジ！

問 心臓及び血液循環に関する次の記述のうち、誤っているものはどれか。

(1) 心臓は、自律神経の中枢で発生した刺激が刺激伝導系を介して心筋に伝わることにより、規則正しく収縮と拡張を繰り返す。
(2) 肺循環により左心房に戻ってきた血液は、左心室を経て大動脈に入る。
(3) 大動脈を流れる血液は動脈血であるが、肺動脈を流れる血液は静脈血である。
(4) 心臓の拍動による動脈圧の変動を末梢の動脈で触知したものを脈拍といい、一般に手首の橈骨動脈で触知する。
(5) 動脈硬化とは、コレステロールの蓄積などにより、動脈壁が肥厚・硬化して弾力性を失った状態であり、進行すると血管の狭窄や閉塞を招き、臓器への酸素や栄養分の供給が妨げられる。

▼解答・解説

心臓は、自律神経の中枢ではなく、洞房結節で発生した刺激が刺激伝導系を介して心筋に伝わることにより、規則正しく収縮と拡張を繰り返す。

正解　**(1)**

人体の組織及び機能 ①　　　　　　　優先度 **よく出る** ★★★

06 呼吸器系

呼吸と聞くと鼻や口から空気を出し入れすることを想像しがちですが、正しくは酸素と二酸化炭素のガス交換のことをいいます。このガス交換が行われる仕組みを見ていきましょう。

まずはこれだけ！

☑ 酸素と二酸化炭素のガス交換は、肺及び体内の各組織で行われている。

外呼吸と内呼吸

体内で行われる酸素と二酸化炭素のガス交換を、呼吸といいます。

- **外呼吸**（肺呼吸）：**肺にある肺胞で行われるガス交換**
- **内呼吸**（組織呼吸）：**体中の細胞と毛細血管で行われるガス交換**

呼吸の仕組み

　肺には筋肉がないため、自ら収縮・拡張運動をすることができません。そのため、**呼吸筋**（**肋間筋**と**横隔膜**等）が収縮と弛緩することで、**胸郭内容積を周期的に増減し、肺を伸縮**させます。呼吸筋が動くことによって**胸郭内の容積が増す**と、その内圧は低くなるため、**吸気**（**吸い込む空気**）が肺内へ流れ込みます。一方、**胸郭内の容積が減る**と、その内圧は高くなるため、**呼気**（**吐き出す空気**）が体外へ排出されます。

　呼吸筋の収縮・弛緩やそのリズムのコントロールは、**延髄**にある**呼吸中枢**が行っています。平常時の呼吸数は 16 回/分前後ですが、激しい運動や入浴等により体内の酸素消費が増えると、血液中の**二酸化炭素**の増加によって**呼吸中枢**が刺激を受けて興奮（活発化）し、**呼吸数が増加**します。

▼ 肋骨と肋間筋

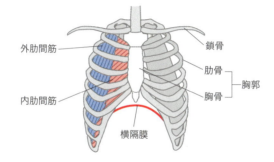

▼ 肺が動く仕組み

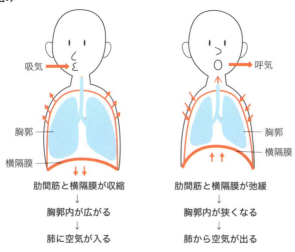

その他

- 呼気成分：酸素約 16%、二酸化炭素約 4%、窒素等が約 80% を占める。
- チェーンストークス呼吸：心不全や脳卒中の重症化による、脳の低酸素状態時などにみられる異常な呼吸。

> ココが出る！
>
> ① 外呼吸と内呼吸
>   肺で行われる呼吸は、外呼吸である。
>   注意 「肺で行われる呼吸は、内呼吸である。」という誤りが出題される。

② 呼吸の仕組み

呼吸筋（肋間筋と横隔膜等）が収縮・弛緩することで呼吸は行われている。

注意 「気管と胸膜の協調運動」という誤りが出題される。

③ 呼吸中枢

呼吸中枢は延髄にある。

注意 「間脳の視床下部にある。」という誤りが出題される。

過去問にチャレンジ！

問 呼吸に関する次の記述のうち、正しいものはどれか。

(1) 呼吸は、胸膜が運動することで胸腔内の圧力を変化させ、肺を受動的に伸縮させることにより行われる。

(2) 肺胞内の空気と肺胞を取り巻く毛細血管中の血液との間で行われるガス交換は、内呼吸である。

(3) 成人の呼吸数は、通常、1分間に16～20回であるが、食事、入浴、発熱などによって増加する。

(4) チェーンストークス呼吸とは、肺機能の低下により呼吸数が増加した状態をいい、喫煙が原因となることが多い。

(5) 身体活動時には、血液中の窒素分圧の上昇により呼吸中枢が刺激され、1回換気量及び呼吸数が増加する。

▼ 解答・解説

(1) 呼吸は、主として呼吸筋（肋間筋と横隔膜）が収縮と弛緩をすることによって胸郭内容積を周期的に増減させて行われる。

(2) 肺胞内の空気と肺胞を取り巻く毛細血管中の血液との間で行われるガス交換は内呼吸ではなく、外呼吸である。

(4) チェーンストークス呼吸とは、浅い呼吸から、徐々に深い呼吸となった後、次第に呼吸が浅くなり、一時的に呼吸停止となるサイクルが繰り返される呼吸のことである。

(5) 身体活動時には、血液中の窒素分圧の上昇ではなく、二酸化炭素分圧の上昇等により呼吸中枢が刺激され、1回換気量及び呼吸数が増加する。

正解　**(3)**

人体の組織及び機能 ②　　　優先度 そこそこ出る ★★★

07 感覚器系

私たちは、眼で物を見たり、耳で音を感じたり、外部からの刺激に反応しています。
この感覚を受け取る器官を総称して、感覚器系と呼びます。

まずはこれだけ！

⊘ 眼や耳や鼻といった外部からの刺激を受け取る器官を総称して感覚器系という。

視覚

物を見て把握する、感じ取る役割を担うのが眼です。眼球の角膜・水晶体から取り込まれた物の像が、網膜で結ばれるとはっきりと物が見えます。角膜から網膜までの長さを眼軸（眼軸長）といいます。眼軸が長いことで物の像が網膜で結ばれない（ピントが合わない）状態が近視であり、一方で眼軸が短いことでピントが合わない状態を遠視といいます。また眼軸等に異常がなくても、角膜が歪んでいたり、表面に凹凸があるために、物体の像が網膜上に正しく結ばないことがあり、これを乱視といいます。

▼ 眼の断面図

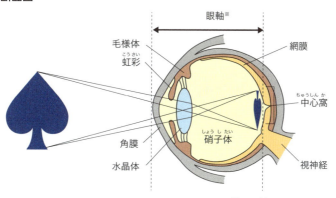

※長軸・眼軸長ともいわれる

眼球の各部位

- **水晶体**：**厚みを変えることにより、遠近の調節**を行う。近くを見る際に水晶体が厚くなり、遠くを見る際に薄くなる。
- **硝子体**：水晶体から網膜までの眼球内を満たす透明のゼリー状の組織で、**眼球の形を保つ。**

- **網膜**：光を受容する**錐状体**と**杆状体**という視細胞がある。**錐状体**は明るいところで**色**を感じ、**杆状体**は暗いところで**明暗**を感じる機能をもつ。

- **虹彩**：筋肉の働きにより、その内側にある穴（瞳孔）の大きさを変え、網膜へ入る光量を調節する（カメラのしぼりの役割）。暗い場所では瞳孔が広がる。
- **中心窩**：網膜において、錐状体が多く集まる、視力の鋭敏な箇所。
- **毛様体**：水晶体の厚みを調整する。

📍ココが出る！

①水晶体と硝子体の役割が出題される。

- **水晶体**：厚みを変えることにより、**遠近の調節**を行う役割
- **硝子体**：**眼球の形を保つ**役割

注意「**水晶体が眼球の形を保ち、硝子体は遠近の調節を行う**」という誤りが頻出である。

②錐状体と杆状体の役割が出題される。

- **錐状体**：明るいところで**色**を感じる
- **杆状体**：暗いところで**明暗**を感じる

注意「**錐状体が明暗を感じ、杆状体が色を感じる**」という誤りが頻出である。

過去問にチャレンジ！

問 視覚に関する次の記述のうち、誤っているものはどれか。

(1) 眼をカメラに例えると、虹彩は、しぼりの働きをする。

(2) 眼は、硝子体の厚さを変えることにより焦点距離を調節して網膜の上に像を結ぶようにしている。

(3) 角膜が歪んでいたり、表面に凹凸があるために、眼軸等に異常がなくても、物体の像が網膜上に正しく結ばないものを乱視という。

(4) 網膜には、明るい所で働き色を感じる錐状体と、暗い所で働き弱い光を感じる杆状体の2種類の視細胞がある。

(5) 明るいところから急に暗いところに入ると、初めは見えにくいが暗順応によって徐々に見えるようになる。

▼ 解答・解説 --

ヒトの眼は、硝子体の厚さではなく、水晶体の厚さを変えることにより焦点距離を調節して網膜の上に像を結ぶようにしている。硝子体は、眼球の形を保つ役割をもつ。

正解　**(2)**

---

3 労働生理

07 感覚器系

---

memo | **明順応**…暗い所から明るい所に出ると、初めはまぶしさを感じるが、徐々にまぶしさを感じなくなること。
　　 | **暗順応**…明るい所から暗い所に入ったときなどに、初めは見えにくいが、徐々に見えやすくなること。一般に明順応よりも暗順応の方が長い時間を要する。

聴覚

耳は、単に音を感じる役割だけでなく、体のバランス（平衡感覚）を感じ取る役割も担っています。大きく「**外耳**」「**中耳**」「**内耳**」に分けられており、それぞれを構成する部位の名称は次の通りです。

▼耳の断面図

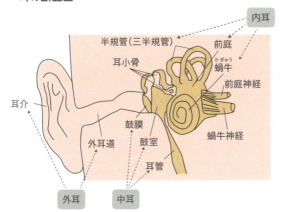

- 外耳：耳介・外耳道
- 中耳：鼓膜・鼓室・耳管・耳小骨
- 内耳：半規管（三半規管）・前庭・蝸牛

耳の各部位の役割

耳には、「聴覚を司る器官」「平衡感覚を司る器官」があります。

1 聴覚を司る器官

耳介で集められた音は、鼓膜を振動させ、その振動は耳小骨によって増幅され、内耳にある蝸牛へと伝わります。

- 耳小骨：中耳にある、鼓膜が感じた音を内耳に伝えるための骨。アブミ骨・ツチ骨・キヌタ骨がある。
- 蝸牛：内耳にある器官であり、耳小骨から伝わった音を中枢（脳）に送る働きを持つ。
- 鼓室：鼓膜の奥にある空洞部分。耳管によって咽頭に通じており、音を効率的に伝えるためにその内圧は外気圧と等しく保たれている。

2 平衡感覚を司る器官

平衡感覚は**内耳**にある半規管と前庭が司っています。

- 半規管（三半規管）：回転の方向や速度
- 前庭：傾きの方向や大きさ

その他の感覚器

- 嗅覚：鋭敏だが同一の臭いに**疲れやすい。**
- 皮膚感覚：皮膚には触圧覚、温度覚や痛覚などの感覚がある。このうち痛覚が一番多く分布している（**密度が高い**）。
- 深部感覚：**筋肉**や腱から得られる身体各部の位置、**運動などを認識**する感覚。

嗅覚は味覚とあわせて、物質の化学的性質を認知する感覚のため、化学感覚ともいわれます。

ココが出る！

半規管は**回転の方向や速度**、**前庭**は**傾きの方向や大きさ**を感じとる。

私は、「"三半"規管が"回転"を感じる」から、「トリプルアクセル！！"三""回転""半"！！」と覚えたよ！

過去問にチャレンジ！

問 耳とその機能に関する次の記述のうち、誤っているものはどれか。

(1) 耳は、聴覚と平衡感覚をつかさどる器官で、外耳、中耳、内耳の三つの部位に分けられる。
(2) 耳介で集められた音は、鼓膜を振動させ、その振動は耳小骨によって増幅され、内耳に伝えられる。
(3) 内耳は、前庭、半規管および蝸牛の三つの部位からなり、前庭と半規管が平衡感覚、蝸牛が聴覚を分担している。
(4) 前庭は、体の回転の方向や速度を感じ、半規管は、体の傾きの方向や大きさを感じる。
(5) 鼓室は、耳管によって咽頭に通じており、その内圧は外気圧と等しく保たれている。

▼解答・解説

前庭は体の傾きの方向や大きさを感じ、半規管は体の回転の方向や速度を感じる。

正解　**(4)**

人体の組織及び機能 ②　　　　　　優先度 そこそこ出る ★★★

08 運動器系

私たちが歩いたり座ったり自由に動き回ることができるのは、骨や筋肉の働きによるものです。身体活動を担う筋・骨格・神経系の総称を運動器系と呼びます。

まずはこれだけ！

- 筋肉は、その形状、部位等によって横紋筋や骨格筋等に分類される。
- 筋肉を動かす際のエネルギーとして、ATP（アデノシン３リン酸）が関与している。

筋肉の体系

　ほとんどの**横紋筋**は、その両端が腱になって骨に付着し、**骨格筋**とも呼ばれ、自分の意思によって動かすことができる**随意筋**に分類されます。
　平滑筋は主に内臓に存在するため、**内臓筋**とも呼ばれ、自分の意思では動かせない**不随意筋**に分類されます。

▼筋肉の体系図

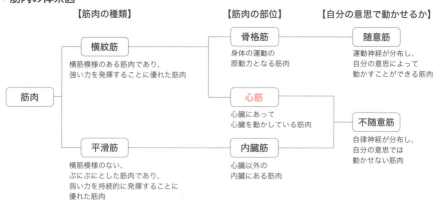

152

筋肉の収縮

- **等張性収縮**：筋肉が伸び縮みしながら筋力を発揮すること。荷物を持ち上げたり、屈伸運動をしたりする体を動かす動的作業の際の収縮が該当する。
- **等尺性収縮**：筋肉が長さを変えずに外力に抵抗して筋力を発生させること。情報機器作業のように同じ姿勢を保ったり、鉄棒にぶら下がったりするような、体を動かさない静的作業の際の収縮が該当する。

▌筋の収縮エネルギーの仕組み

人間が筋肉を動かす（体を動かす）仕組みには、糖質（炭水化物）から生成されるグリコーゲンと、ATP（アデノシン3リン酸）いう物質が関わっています。筋肉の収縮などにおけるグリコーゲンやATP（アデノシン3リン酸）の代謝を**異化**あるいは**同化**といいます。

- **異化**：細胞に取り入れられた体脂肪やグリコーゲン等が分解されてエネルギーを発生し、筋肉を動かす際に必要となるATP（アデノシン3リン酸）を生産すること。
- **同化**：体内に摂取された栄養素が、種々の化学反応によって、ATP（アデノシン3リン酸）のエネルギーを用いて、細胞を構成する蛋白質等の生体に必要な物質を合成すること。

■ ATP（アデノシン3リン酸）の分解

ATP（アデノシン3リン酸）は、アデノシンという物質にリン酸基（P）が3つくっついている状態です。ATP（アデノシン3リン酸）が加水分解すると、リン酸基（P）が1つ外れて、ADP（アデノシン2リン酸）になります。このときに発生するエネルギーを使って、筋の収縮が行われています。

■ ATP（アデノシン3リン酸）の再合成

ADP（アデノシン2リン酸）はそれ以上分解できないため、そのままでは筋肉を動かすエネルギーを生み出せません。そのため、ATP（アデノシン3リン酸）を再合成する必要があります。ATP（アデノシン3リン酸）を再合成する際に、筋肉や肝臓に蓄えられたグリコーゲンが使われます。

グリコーゲンは酸素が十分に供給されると、完全に分解して水と二酸化炭素になり多量のATP（アデノシン3リン酸）を供給します。一方、酸素が不足すると完全に分解されず、乳酸になり筋疲労が生じます。

153

▼筋の収縮エネルギーの仕組み

筋肉の特徴

その他の**筋肉の特徴**として、次のものがあります。

引き上げる重さ・高さ

- 引き上げる重さ：筋肉の太さ（筋線維の**数と太さの両方**）に比例する。
- 引き上げる高さ：筋肉の長さ（筋線維の長さ）に比例する。

筋肉の活動性肥大

- 強い力を必要とする運動を続けていると、筋肉を構成する**個々の筋線維が太くなり**筋力が増強すること。

> 筋トレすると腕や脚が太くなるってことだね。

> ちなみに、筋線維の1本1本が太くなりますが、筋線維の数自体は変わりません。

筋力の性差

- 筋肉自体が収縮して出す最大筋力は、筋肉の断面積 $1cm^2$ 当たりの平均値をとると、**性差、年齢差が**ほとんどない。

筋肉の疲労

- 筋肉は神経に比べ疲労しやすい。

memo　筋肉は、収縮しようとする瞬間に最も大きい力を出す。

反射

刺激に対して、意識とは無関係に起こる定型的な反応を**反射**といいます。

- **伸張反射**：骨格筋が受動的に引き伸ばされるとその筋が収縮する
  （例：膝蓋腱反射）
- **屈曲反射**：四肢の皮膚に熱いものが触れたとき**体幹に向かって折り曲げる**

ココが**出る！**

心臓を構成する**心筋**は、自分の意思では動かせない**不随意筋**だが、他の内臓とは異なり、**横紋筋**である。

過去問にチャレンジ！

問 筋肉に関する次の記述のうち、正しいものはどれか。

(1) 横紋筋は、骨に付着して身体の運動の原動力となる筋肉で意志によって動かすことができるが、平滑筋は、心筋等の内臓に存在する筋肉で意志によって動かすことができない。

(2) 筋肉は神経からの刺激によって収縮するが、神経より疲労しにくい。

(3) 荷物を持ち上げたり、屈伸運動を行うときは、筋肉が長さを変えずに外力に抵抗して筋力を発生させる等尺性収縮が生じている。

(4) 強い力を必要とする運動を続けていると、筋肉を構成する個々の筋線維の太さは変わらないが、その数が増えることによって筋肉が太くなり筋力が増強する。

(5) 筋肉は、収縮しようとする瞬間に最も大きい力を出す。

▼解答・解説

(1) 心筋は、平滑筋ではなく、横紋筋である。

(2) 筋肉は、神経に比べて疲労しやすい。

(3) 荷物を持ち上げたり、屈伸運動のような動的作業は等尺性収縮ではなく、等張性収縮である。

(4) 強い力を必要とする運動を続けていると、筋肉を構成する個々の筋線維が太くなり筋力が増強する。筋線維の数が増えるわけではない。

正解 **(5)**

人体の組織及び機能② 　　優先度 そこそこ出る ★★★

09 内分泌系・代謝系

私たちの体は、栄養素の消化・吸収・分解などにより生命を維持するために必要なエネルギーを生み出しています。この仕組みを担っているのが、内分泌系・代謝系です。

まずはこれだけ！
- 栄養素を用いて生命維持のためのエネルギーを生み出す仕組みを代謝という。
- 内分泌系・代謝系は、身体の内部環境を常に一定状態に保つ役割（恒常性）を担っている。

基礎代謝量

　基礎代謝量とは、快適な温度条件で空腹のまま安静に横たわっているときの消費エネルギー量であり、生命維持のために最低限必要なエネルギー量をいいます。**覚醒**（目が覚めた状態）、**横臥**（横になった状態）、**安静時**（動かずに静かにしている状態）で測定します。人種、体格、年齢、性など、**人によって異なり、ほぼ体表面積に正比例**します。

エネルギー代謝率（RMR）

　エネルギー代謝率（RMR）とは、ある作業に要するエネルギー量が作業者自身の**基礎代謝量の何倍**になるかを示す数値です。
　その作業自体のきつさ（労働強度）を表す指数であることから、作業者が異なっていたとしても、同一の作業であれば**個人差はありません**。なお、作業を行わずにただじっと座っている状態（安静時）のエネルギー代謝率は0とされています。身体をよく動かす作業のきつさ（動的筋作業の強度）を表すために用いられ、情報機器作業のような体をあまり動かさない作業（静的筋作業）や精神的作業のきつさを表すのには適しません。

身体活動強度（METs）

身体活動強度（METs）とは、身体活動の強さを**安静時の何倍**に相当するかで表す単位です。座って安静にしている状態を1メッツとし、普通歩行は3メッツに相当します。

つまり、普通に歩いてるだけでも座ってる時より3倍大変（きつい）ということだね。

ホルモン

体内の様々な機能の調節や制御する物質を**ホルモン**といいます。試験に出題される主なホルモンは、次の通りです。

▼ホルモン

ホルモン	内分泌器官	働き
アドレナリン	副腎髄質	血糖量の増加
コルチゾール	副腎皮質	血糖量の増加
アルドステロン		塩類バランスの調整
インスリン	膵臓	血糖量の減少
グルカゴン		血糖量の増加
パラソルモン	副甲状腺	カルシウムバランスの調整
メラトニン	松果体	睡眠の誘発

肥満

肥満とは体重が多いだけではなく、体脂肪が過剰に蓄積した状態をいいます。肥満度の判定にはBMIが用いられます。

■ BMI

BMI（Body Mass Index）は、肥満度を表す体格指数であり、体重（kg）と身長（m）により次の式で算出します。

BMI ＝ **体重（W）／ 身長^2（H^2）**

■ メタボリックシンドローム

メタボリックシンドロームとは、内臓肥満に高血圧・高血糖・脂質代謝異常が組み合わさることにより、心臓病や脳卒中などになりやすい状態を指します。次の表の基準に該当した場合、メタボリックシンドロームと診断されます。

▼ メタボリックシンドロームの診断基準

(a) 必須項目	ウエスト周囲径（内臓脂肪蓄積）	男性 85cm 以上
		女性 90cm 以上
	内臓脂肪面積	男女ともに 100cm² 以上に相当
(b) 必須項目に加えて右記 3項目のうち2項目以上	1　高トリグリセリド血症かつ/または 低 HDL コレステロール血症	150mg/dL 以上
		40mg/dL 未満
	2　収縮期（最大）血圧かつ/または 拡張期（最小）血圧	130mmHg 以上
		85mmHg 以上
	3　空腹時高血糖	110mg/dL 以上

ココが出る！

① 基礎代謝量は、「覚醒、横臥、安静時」に測定する。

基礎代謝量は、横たわっている（横臥）状態ですが、目が覚めているとき（覚醒）に測定します。注意「睡眠時」ではないので注意です！

② エネルギー代謝率は、実際に作業に要したエネルギー量が基礎代謝量の何倍になるかを示す数値である。
×「エネルギー代謝率は、一定時間中に体内で 注意 消費された酸素と排出された二酸化炭素の容積比である」という誤りが出題される。

③ ホルモンの名称・内分泌器官・働きの組み合わせが出題される。
特に、血糖量に関するもの"以外"の働きを持つホルモンを優先して覚えよう。

アルドステロン、パラソルモン、メラトニンは要注意！

④ メタボリックシンドロームは、表の赤字部分が穴埋め問題として出題される。

過去問にチャレンジ！

問1 代謝に関する次の記述のうち、正しいものはどれか。

(1) 代謝において、細胞に取り入れられた体脂肪、グリコーゲン等が分解されてエネルギーを発生する過程を同化という。

(2) 代謝において、体内に摂取された栄養素が、種々の化学反応によって、細胞を構成する蛋白質等の生体に必要な物質に合成されることを異化という。

(3) 基礎代謝量は、安静時における心臓の拍動、呼吸、体温保持等に必要な代謝量で、睡眠中の測定値で表される。

(4) エネルギー代謝率は、一定時間中に体内で消費された酸素と排出された二酸化炭素の容積比である。

(5) エネルギー代謝率は、動的筋作業の強度を表すことができるが、静的筋作業には適用できない。

問2 ヒトのホルモン、その内分泌器官およびそのはたらきの組合せとして、誤っているものは次のうちどれか。

	ホルモン	内分泌器官	はたらき
(1)	コルチゾール	副腎皮質	血糖量の増加
(2)	アルドステロン	副腎皮質	血中の塩類バランスの調節
(3)	パラソルモン	副腎髄質	血糖量の増加
(4)	インスリン	膵臓	血糖量の減少
(5)	メラトニン	松果体	睡眠の促進

▼解答・解説

問1
(1) 細胞に取り入れられた体脂肪、グリコーゲン等が分解されてエネルギーを発生する過程を同化ではなく異化という。

(2) 体内に摂取された栄養素が、種々の化学反応によって、細胞を構成する蛋白質等の生体に必要な物質に合成されることを、異化ではなく同化という。

(3) 基礎代謝量は睡眠時ではなく、覚醒時に測定する。

(4) エネルギー代謝率とは、その作業に要するエネルギー量が基礎代謝量の何倍であるかを示す数値である。

正解 **(5)**

問2 パラソルモンは副甲状腺から分泌され、血中のカルシウム濃度を増加させる。

正解 **(3)**

人体の組織及び機能② 　　　優先度 そこそこ出る

10 免疫系

私たちの体には、異物が体内へ侵入するのを防いだり、侵入した異物を排除したりする、体を守る仕組みがあります。これを担っているのが「免疫系」です。

まずはこれだけ！
- 免疫とは、細菌やウイルスなどの異物が体内へ侵入するのを防いだり、侵入した異物を排除したりする、体を守る仕組みをいう。
- 体を守る仕組みの違いにより、免疫は体液性免疫と細胞性免疫に分かれる。

免疫

免疫に関する用語には、次のものがあります。

抗原と抗体

- **抗原**：免疫に関係する細胞によって**異物として認定される物質**(蛋白質や糖質等)。
- **抗体**：体液性免疫において作られる免疫グロブリンと呼ばれる蛋白質。**体内に入ってきた抗原の働きを抑えて体を守る働き**をもつ。

2種類の免疫

- **体液性免疫**：**Bリンパ球**が抗原から体を守る仕組み。体内に侵入した病原体等の異物を、リンパ球が抗原と認識し、その抗原に対してだけ反応する抗体を血漿中に放出する。この抗体が抗原に対して特異的に結合して抗原の働きを抑制する。
- **細胞性免疫**：**Tリンパ球**が抗原から体を守る仕組み。リンパ球が**直接、病原体等の異物を攻撃する**免疫反応。

アレルギー

抗体が特定の抗原に対して過剰に反応し、人体に傷害を与えてしまうことを**アレルギー**といいます。アレルギーの原因となる抗原（アレルゲン）には、食物、薬剤、金属のほか、気管支ぜんそく等を引き起こすハウスダスト（埃）などがあります。

ココが出る！

① 体液性免疫に関する穴埋め問題が出題される。

② **B リンパ球**は**抗体を産生**し、**T リンパ球**は**細菌等を直接攻撃**する。

私は、"Bリは交代（抗体）！！"って語呂合わせで覚えたよ。

過去問にチャレンジ！

問 免疫に関する次の文中の□□内に入れる A〜E の語句の組合せとして、正しいものは (1)〜(5) のうちどれか。

「体内に侵入した病原体等の異物を A が B と認識し、その B に対してだけ反応する C を血漿中に放出する。この、 C が B に対して特異的に結合して B のはたらきを抑制し、体を防御するしくみを D と呼ぶ。これに対して A が直接、病原体等の異物を攻撃する免疫反応もあり、これを E と呼ぶ。」

	A	B	C	D	E
(1)	リンパ球	抗原	抗体	細胞性免疫	体液性免疫
(2)	リンパ球	抗原	抗体	体液性免疫	細胞性免疫
(3)	リンパ球	抗体	抗原	体液性免疫	細胞性免疫
(4)	血小板	抗原	抗体	細胞性免疫	体液性免疫
(5)	血小板	抗体	抗原	細胞性免疫	体液性免疫

▼ 解答・解説

解答の通り。

正解　**(2)**

労働による人体の機能の変化　　　優先度 まれに出る ★ ★ ★

11 ストレス

ストレスは身体に悪い影響を与えるイメージがありますが、実は良い影響も与えてくれることがあります。ストレスによって、身体内にどのような変化が起きるかを見ていきましょう。

まずはこれだけ！

- 昇進や昇格のような仕事で遭遇しうる状況や、騒音や気温といった物理的な環境はストレスの原因となりうる。
- ストレス反応により副腎皮質ホルモンが増加すると、高血圧症等が起こりうる。

ストレス

環境からの刺激に対して**心身ともに順応しようとする反応**を**ストレス**といいます。**ストレスの原因となる刺激が**ストレッサーです。主な特徴は次の通りです。

▼ストレス反応やストレッサーの特徴

- ストレッサーの強弱や質により、人間の身体や精神に与える**影響の度合いは異なる**。
- ストレス反応は個人差が大きい。
- **昇進や昇格**などの心理社会的要因、**騒音や気温**等の物理的要因がストレッサーとなりうる。
- 典型的なストレス反応として、ノルアドレナリン、アドレナリン等のカテコールアミンや**副腎皮質ホルモンの分泌**の著しい増加がみられる。
- 高血圧症、狭心症、十二指腸潰瘍等の疾患が生じることがある。

例えば『人前でプレゼンをする』といった行為においても、聞き手が上司か同僚という違いによる緊張や、聞き手の人数によってもプレッシャーのかかり方が違います。これが、ストレッサーの"強弱や質"の違いです。また、同じ条件下での『プレゼン』であっても、期待に応えようとやる気になる人もいれば、緊張で委縮してしまう人もいるというように、個人差が大きいのもストレスの特徴ですね。

労働による人体の機能の変化　　優先度 そこそこ出る ★★★

12 体温

近年、夏場の平均気温は上昇し続けていますが、人間の平均体温が上昇することはありませんね。これは私たちの体の中の恒常性（ホメオスタシス）が深く関わっています。

まずはこれだけ！
- 人間は、周囲の環境が変化しても、身体の状態を一定に保とうとする。
- 血管の収縮・拡張運動によって血流量をコントロールすることで、身体からの放熱を促進・抑制し、体温を一定に保っている。

恒常性（ホメオスタシス）

外気温に関わらず、人の平熱は36℃前後で一定に保たれています。このように身体の内部環境を常に一定状態に保とうとする生体特有の働きを**恒常性**（**ホメオスタシス**）といいます。

体温調節の仕組み

人体における体温調節は、次の流れで行われます。

■ 体温調節中枢の働き

人間の身体の各機能をコントロールしている部位を中枢といいます。体温のコントロールをしているのが、**間脳**の**視床下部**にある**体温調節中枢**です。体温調節中枢が血管を収縮又は拡張させることで皮膚等の血流量を調整し、皮膚の表面温度を上下させることで体内に溜まった熱を外気に放出したり、熱の放出を抑えて体内に溜め込もうとします。

▼ 体温放熱の仕組み

外界が高温になると…

皮膚の**血管**が**拡張**することで**皮膚**の血流量が**増加**して、皮膚の表面温度が**上昇**するため、放熱が**促進**されます。

外界が低温になると…

皮膚の**血管**が**収縮**することで**皮膚**の血流量が**減少**して皮膚の表面温度が**低下**するため、放熱が**抑制**されます。

■ 発汗による放熱

皮膚表面から水 1g が蒸発すると、0.58kcal の気化熱が奪われます。また、人体の比熱は約 0.83kcal/kg・℃です。計算上、**100g** の汗が**体重 70kg**の人の体表面から蒸発すると、気化熱が奪われ、体温を約 **1℃下げる**ことができます。

■ 発汗を伴わない放熱

不感蒸泄とは、**発汗が行われていない状態**で、皮膚や呼気から常時水分が蒸発する状態をいいます。不感蒸泄により、1日に約 850g の水分が蒸発しています。

ココが出る!

外界が**高温**のとき、皮膚の**血管**が**拡張**することで**皮膚**の血流量が**増加**して、皮膚の表面温度が**上昇**するため、放熱が**促進**される。

外気と接している皮膚の温度を上げることで熱を空気へ逃がすんだね。

注意 "拡張""促進"という言葉を"収縮""抑制"といった反対の意味の言葉に置き換えたり、"皮膚"を"内臓"と言い換えた誤りの選択肢が出題されます。

過去問にチャレンジ！

問 体温調節に関する次の記述のうち、正しいものはどれか。

(1) 体温調節中枢は、脳幹の延髄にある。

(2) 暑熱な環境においては、内臓の血流量が増加し体内の代謝活動が亢進することにより、人体からの熱の放散が促進される。

(3) 体温調節のように、外部環境が変化しても身体内部の状態を一定に保つ仕組みを同調性といい、筋肉と神経系により調整されている。

(4) 計算上、体重70kgの人の体表面から10gの汗が蒸発すると、体温が約1℃下がる。

(5) 発汗のほかに、皮膚及び呼気から水分を蒸発させている現象を不感蒸泄という。

▼解答・解説 --

(1) 体温調節中枢は、間脳の視床下部にある。

(2) 高温にさらされると内臓ではなく、皮膚の血管が拡張し血流量を増やし皮膚の表面温度を上げ、放熱を促進する。

(3) 体温調節のように、外部環境が変化しても身体内部の状態を一定に保つ生体の仕組みを恒常性（ホメオスタシス）といい、主に神経系と内分泌系により調整されている。

(4) 70kgの人の体温を1℃下げるためには、最低でも約100gの水分の蒸発が必要となる。

正解 **(5)**

3
労働生理

12
体温

労働による人体の機能の変化　　　優先度 そこそこ出る ★★★

13 睡眠

睡眠は、私たちの身体の疲労を取るうえで欠かせない存在です。

まずはこれだけ！
- 睡眠は、眼球の動きによって「レム睡眠」と「ノンレム睡眠」に分けられる。
- 睡眠には、「コルチゾール」と「メラトニン」というホルモンが関与している。

睡眠

睡眠中は、**副交感神経の働きが活発**となり、心臓の働きを抑制するため、体温の低下、呼吸数の減少がみられます。

人間の**体内時計**の周期は約25時間であり、地球の1日の周期である24時間とは約1時間のズレがあります。日常生活における日光や社会的な生活による刺激により、体内時計のズレは外界の周期に同調して修正されています。体内時計の周期を外界の24時間周期に適切に同調させることができないために生じる睡眠の障害を、**概日リズム睡眠障害**といいます。一般に、夜間働いた後の昼間に睡眠する場合は、就寝から入眠までの時間が長くなり、睡眠時間が短縮し、睡眠の質も低下します。また、睡眠と食事は深く関係しているため、就寝直前の過食は、肥満のほか不眠を招きます。このような夜勤や不規則な生活は、概日リズム睡眠障害の要因となりうるといわれています。

睡眠の種類
- レム睡眠（浅い眠り）：急速眼球運動が特徴で主に体を休める。
- ノンレム睡眠（深い眠り）：急速眼球運動のない安らかな眠りで、主に脳を休める。入眠の直後に生じ、ノンレム睡眠が不足すると日中に眠気を催しやすくなる。

睡眠に関する主なホルモン

- **コルチゾール**：血糖値に関するホルモンで、通常明け方から分泌量が増加し始め、**起床前後に最高値**となる。
- **メラトニン**：夜間に分泌が上昇するホルモンで、睡眠と覚醒のリズムに関与する。

ココが出る！

① **レム睡眠**は**浅い眠り**であり、**ノンレム睡眠**は**深い眠り**である。

> レム睡眠の"レム"は、"Rapid Eye Movements（急速眼球運動）"、の頭文字をとって"REM"だよ。"眼が急速に動いているからレム睡眠は浅い眠り"と覚えるとわかりやすいよ。

② 睡眠に関するホルモンは**コルチゾール**と**メラトニン**である。

× 「注意 **セクレチンが睡眠に関係している**」という誤りが出題される。

過去問にチャレンジ！

問 睡眠に関する次の記述のうち、誤っているものはどれか。

(1) 入眠の直後にはノンレム睡眠が生じ、これが不十分な時には、日中に眠気を催しやすい。
(2) 副交感神経系は、身体の機能の回復に向けて働く神経系で、休息や睡眠状態で活動が高まり、心拍数を減少し、消化管の運動を亢進する。
(3) 睡眠と覚醒のリズムは、体内時計により約1日の周期に調節されており、体内時計の周期を外界の24時間周期に適切に同調させることができないために生じる睡眠の障害を、概日リズム睡眠障害という。
(4) 睡眠と食事は深く関係しているため、就寝直前の過食は、肥満のほか不眠を招くことになる。
(5) 脳下垂体から分泌されるセクレチンは、夜間に分泌が上昇するホルモンで、睡眠と覚醒のリズムの調節に関与している。

▼ 解答・解説

夜間に分泌が上昇し、睡眠と覚醒のリズムの調節に関与しているのは、メラトニンである。セクレチンは十二指腸粘膜から分泌される消化に関するホルモンであり、膵液の分泌を促進する。

正解 **(5)**

よく出る！
頻出過去問 & 完全解説

解答・解説はp.171参照

問1 呼吸に関する次の記述のうち、誤っているものはどれか。
(1) 呼吸運動は、気管と胸膜の協調運動によって、胸郭内容積を周期的に増減させて行われる。
(2) 胸郭内容積が増し、その内圧が低くなるにつれ、鼻腔、気管等の気道を経て肺内へ流れ込む空気が吸気である。
(3) 肺胞内の空気と肺胞を取り巻く毛細血管中の血液との間で行われる酸素と二酸化炭素のガス交換を、肺呼吸または外呼吸という。
(4) 全身の毛細血管中の血液が各組織細胞に酸素を渡して二酸化炭素を受け取るガス交換を、組織呼吸または内呼吸という。
(5) 血液中の二酸化炭素濃度が増加すると、呼吸中枢が刺激され、肺でのガス交換の量が多くなる。

問2 心臓及び血液循環に関する次の記述のうち、誤っているものはどれか。
(1) 心拍数は、左心房に存在する洞結節からの電気刺激によってコントロールされている。
(2) 心臓の拍動による動脈圧の変動を末梢の動脈で触知したものを脈拍といい、一般に手首の橈骨動脈で触知する。
(3) 心臓自体は、大動脈の起始部から出る冠動脈によって酸素や栄養分の供給を受けている。
(4) 肺循環により左心房に戻ってきた血液は、左心室を経て大動脈に入る。
(5) 大動脈を流れる血液は動脈血であるが、肺動脈を流れる血液は静脈血である。

問3 下の図は、脳などの正中縦断面であるが、図中に示すAからEの部位に関する次の記述のうち、誤っているものはどれか。

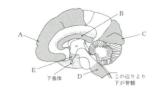

| 問1 | (1) | 問2 | (1) | 問3 | (2) |

(1) A は、大脳皮質の前頭葉で、運動機能中枢、運動性言語中枢及び精神機能中枢がある。

(2) B は、小脳で、体の平衡を保つ中枢がある。

(3) C は、大脳皮質の後頭葉で、視覚中枢がある。

(4) D は、延髄で、呼吸運動、循環器官・消化器官の働きなど、生命維持に重要な機能の中枢がある。

(5) E は、間脳の視床下部で、自律神経系の中枢がある。

問4 摂取した食物中の炭水化物（糖質）、脂質及び蛋白質を分解する消化酵素の組合せとして、正しいものは次のうちどれか。

	炭水化物（糖質）	脂質	蛋白質
(1)	マルターゼ	リパーゼ	トリプシン
(2)	トリプシン	アミラーゼ	ペプシン
(3)	ペプシン	マルターゼ	トリプシン
(4)	ペプシン	リパーゼ	マルターゼ
(5)	アミラーゼ	トリプシン	リパーゼ

問5 腎臓・泌尿器系に関する次の記述のうち、誤っているものはどれか。

(1) 糸球体では、血液中の蛋白質以外の血漿成分がボウマン嚢に濾し出され、原尿が生成される。

(2) 尿細管では、原尿に含まれる大部分の水分、電解質、栄養分などが血液中に再吸収される。

(3) 尿の生成・排出により、体内の水分の量やナトリウムなどの電解質の濃度を調節するとともに、生命活動によって生じた不要な物質を排出する。

(4) 尿の約 95% は水分で、約 5% が固形物であるが、その成分は全身の健康状態をよく反映するので、尿検査は健康診断などで広く行われている。

(5) 血液中の尿素窒素（BUN）の値が低くなる場合は、腎臓の機能の低下が考えられる。

問6 血液に関する次の記述のうち、誤っているものはどれか。

(1) 血液は、血漿と有形成分から成り、有形成分は赤血球、白血球及び血小板から成る。

問4 (1)　問5 (5)　問6 (2)

(2) 血漿中の蛋白質のうち、グロブリンは血液浸透圧の維持に関与し、アルブミンは免疫物質の抗体を含む。

(3) 血液中に占める血球（主に赤血球）の容積の割合をヘマトクリットといい、男性で約 45%、女性で約 40% である。

(4) 血液の凝固は、血漿中のフィブリノーゲンがフィブリンに変化し、赤血球などが絡みついて固まる現象である。

(5) ABO 式血液型は、赤血球による血液型分類の一つで、A 型の血清は抗 B 抗体を持つ。

問7 感覚又は感覚器に関する次の記述のうち、誤っているものはどれか。

(1) 眼軸が短過ぎるために、平行光線が網膜の後方で像を結ぶものを遠視という。

(2) 嗅覚と味覚は化学感覚ともいわれ、物質の化学的性質を認知する感覚である。

(3) 温度感覚は、皮膚のほか口腔などの粘膜にも存在し、一般に温覚の方が冷覚よりも鋭敏である。

(4) 深部感覚は、筋肉や腱にある受容器から得られる身体各部の位置、運動などを認識する感覚である。

(5) 中耳にある鼓室は、耳管によって咽頭に通じており、その内圧は外気圧と等しく保たれている。

問8 免疫に関する次の記述のうち、誤っているものはどれか。

(1) 抗原とは、免疫に関係する細胞によって異物として認識される物質のことである。

(2) 抗原となる物質には、蛋白質や糖質などがある。

(3) 抗原に対する免疫が、逆に、人体の組織や細胞に傷害を与えてしまうことをアレルギーといい、主なアレルギー性疾患としては、気管支ぜんそく、アトピー性皮膚炎などがある。

(4) 免疫の機能が失われたり低下したりすることを免疫不全といい、免疫不全になると、感染症にかかりやすくなったり、がんに罹患しやすくなったりする。

(5) 免疫には、リンパ球が産生する抗体によって病原体を攻撃する細胞性免疫と、リンパ球などが直接に病原体などを取り込んで排除する体液性免疫の 2 つがある。

問7 (3)　　問8 (5)

問9 筋肉に関する次の記述のうち、正しいものはどれか。

(1) 横紋筋は、骨に付着して身体の運動の原動力となる筋肉で意志によって動かすことができるが、平滑筋は、心筋などの内臓に存在する筋肉で意志によって動かすことができない。

(2) 筋肉は神経からの刺激によって収縮するが、神経より疲労しにくい。

(3) 荷物を持ち上げたり、屈伸運動を行うときは、筋肉が長さを変えずに外力に抵抗して筋力を発生させる等尺性収縮が生じている。

(4) 強い力を必要とする運動を続けていると、筋肉を構成する個々の筋線維の太さは変わらないが、その数が増えることによって筋肉が太くなり筋力が増強する。

(5) 筋肉自体が収縮して出す最大筋力は、筋肉の断面積 $1cm^2$ 当たりの平均値でみると、性差、年齢差がほとんどない。

問10 睡眠に関する次の記述のうち、誤っているものはどれか。

(1) 睡眠と覚醒のリズムのように、約1日の周期で繰り返される生物学的リズムをサーカディアンリズムといい、このリズムの乱れは、疲労や睡眠障害の原因となる。

(2) 睡眠は、睡眠中の目の動き等によって、レム睡眠とノンレム睡眠に分類される。

(3) コルチゾールは、血糖値の調節等の働きをするホルモンで、通常、その分泌量は明け方から増加し始め、起床前後で最大となる。

(4) レム睡眠は、安らかな眠りで、この間に脳は休んだ状態になっている。

(5) メラトニンは、睡眠に関与しているホルモンである。

解答・解説

問1 (1)

呼吸運動は、主として呼吸筋（肋間筋と横隔膜）の協調運動によって胸郭内容積を周期的に増減させて行われる。

問2 (1)

心拍数は、左心房ではなく、右心房に存在する洞結節からの電気刺激によってコントロールされている。

問9 (5)　問10 (4)

| 問3 | (2) |

Bは、脳梁である。小脳は、設問の正中縦断面でいうと次の通り。

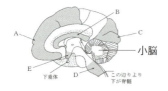

※問題と解説ともに、脳などの正中断面図は、令和5年度4月の公表問題より引用。

| 問4 | (1) |

マルターゼとアミラーゼは炭水化物（糖質）の分解酵素、リパーゼは脂質の分解酵素、トリプシンとペプシンは蛋白質の分解酵素である。よって、正しい組み合わせは (1) である。

| 問5 | (5) |

血液中の尿素窒素 (BUN) の値が高くなると、腎臓の機能の低下が考えられる。

| 問6 | (2) |

血漿中の蛋白質のうち、グロブリンは免疫物質の抗体を含み、アルブミンは血液浸透圧の維持に関与している。

| 問7 | (3) |

温度感覚は、一般に冷覚のほうが温覚よりも鋭敏である。

| 問8 | (5) |

リンパ球等が直接に病原体等を取り込んで排除するのが、細胞性免疫で、リンパ球が産生する抗体によって病原体を攻撃するのが、体液性免疫である。

| 問9 | (5) |

(1) 心筋は平滑筋ではなく、横紋筋である。
(2) 筋肉は、神経に比べて疲労しやすい。
(3) 荷物を持ち上げたり、屈伸運動のような動的作業は等尺性収縮ではなく、等張性収縮である。
(4) 強い力を必要とする運動を続けていると、筋肉を構成する個々の筋線維が太くなり筋力が増強する。筋線維の数が増えるわけではない。

| 問10 | (4) |

レム睡眠は眼球運動を伴う浅い眠りである。大脳を休息、回復させる深い眠りはノンレム睡眠である。

第 **4** 章

関係法令
（有害業務に係るもの）

この章では、労働者が健康障害を起こしやすい有害業務に従事する際の法律上の規制を学びます。労働安全衛生法の関係省令として「有機溶剤中毒予防規則」や「酸素欠乏症等防止規則」がよく出題されます。

本章に関する試験情報

試験での出題数	**10** 問 /44 問
	労働安全衛生法：9 問　労働基準法：1 問
合格に必要な正答数	最低 **4** 問

●キーワード

・安全衛生管理体制　・作業主任者　・絵表示（ピクトグラム）

・安全衛生教育　・定期自主検査　・作業環境測定

・特殊健康診断　・有機溶剤中毒予防規則

・酸素欠乏症等防止規則　・女性の就業制限

安全衛生管理体制　　　　　　　　優先度 **よく出る** ★★★

01 安全衛生管理体制

労働者の健康や安全に悪影響を及ぼすおそれがある業務を有害業務といいます。有害業務に応じて、安全衛生管理体制の整備や特殊健康診断の実施などが必要です。

> **まずはこれだけ！**
> ✓ 有害業務を行う事業場では、衛生工学衛生管理者、専任の衛生管理者、産業医の選任が必要になるケースがある。

有害業務とは

有害業務とは、作業方法や作業環境の管理が適切に行われないと労働者の健康に影響を与えるおそれのある業務や、有害な物質により健康障害を引き起こすおそれのある業務をいいます。

▼ 有害業務一覧

- 多量の**高熱物体**を取り扱う業務及び著しく**暑熱**な場所における業務
    （例）ガラス製品を成形する工場での業務等

- 多量の**低温物体**を取り扱う業務及び著しく**寒冷**な場所における業務
    （例）ドライアイスを大量に扱う業務や、冷凍庫の庫内業務等

- ラジウム放射線、エックス線その他**有害放射線**にさらされる業務
    （例）エックス線や放射線を用いる医療の業務や検査の業務等

- 土石、獣毛等の塵埃又は粉末を著しく飛散する場所における業務（**粉じん作業**）
    （例）土石・鉱物の掘削、金属の溶接・研磨等の粉じんやヒュームが発生する作業等

- **異常気圧**下における業務
    （例）潜水士の業務等

- 削岩機、鋲打機等の使用によって身体に著しい**振動**を与える業務

  (例)チェンソー、削岩機、エンジンカッター等の振動工具を取り扱う業務等

- **重量物**の取り扱い等重激な業務

  (例)おおむね30kg以上の物を取り扱う(人力により、持ち上げ、運び又は下におろす)業務等

- ボイラー製造等強烈な**騒音**を発する場所における業務

  (例)チッパーにより木材をチップする業務を行う屋内作業場や鋲打機等を取り扱う業務

- 鉛、水銀、クロム、砒素、黄りん、弗素、塩素、塩酸、硝酸、亜硫酸、硫酸、一酸化炭素、二硫化炭素、青酸、ベンゼン、アニリンその他これに準ずる**有害物の粉じん、蒸気又はガス**を発散する場所における業務

- その他厚生労働大臣の指定する業務

衛生管理者の専任

　次の条件のいずれかに該当する場合、**複数いる衛生管理者のうち少なくとも1人は専任の衛生管理者としなければなりません**。**専任**とは、他の業務を兼務しないことを指します。一般に、衛生管理者が総務や人事など他の業務を兼務しているケースが多く見られますが、事業場の規模が大きく有害業務等に一定人数以上従事している場合、健康障害の発生リスクが高いことから、専任の衛生管理者を選任し、より厳格な衛生管理を行うことが求められます。

専任の衛生管理者が必要な場合

①有害業務の有無にかかわらず、常時使用する労働者数が1000人を超える場合
②常時使用する労働者数が 500人を超え、かつ有害業務又は坑内労働に常時 30人以上の労働者が従事している場合

衛生工学衛生管理者の選任

　常時使用する労働者数が 500人を超え、かつ坑内労働や**一部の有害業務**に 30人以上が従事している場合、**複数いる衛生管理者のうち少なくとも1人は衛生工学衛生管理者免許を有している者から選任します**。

　衛生工学衛生管理者免許が必要な一部の有害業務とは、多量の高熱物体を取り扱う業務及び著しく暑熱な場所における業務、ラジウム放射線、エックス線その他有害放射線にさらされる業務、鉛や水銀等の有害物の粉じん、蒸気又はガスを発散する場所における業務等が該当します。

▼衛生管理者の選任まとめ

常時使用する 労働者数	衛生管理者数	次の業務に30人以上従事する事業場		左記に該当しない 事業場
		寒冷、振動、 重激、騒音	坑内、暑熱、 放射線、粉じん、 異常気圧、ガス	
50人～ 200人	1人以上			
201人～ 500人	2人以上			
501人～1000人	3人以上		・少なくとも1人は **専任**	
1001人～2000人	4人以上	・少なくとも1人は **専任**	・少なくとも1人は **衛生工学衛生管理 者**免許保有者	少なくとも1人 は専任
2001人～3000人	5人以上			
3001人～	6人以上			

衛生工学衛生管理者が不要な有害業務は4つだけ！
「寒冷・振動・重激・騒音は工学いらない！」って覚えると楽だよ。

労働衛生コンサルタントの選任

労働衛生コンサルタントは労働安全衛生法に基づく国家資格の一つであり、企業や事業場に対して労働環境や労働者の健康管理に関する助言や指導を行う専門家です。

通常、衛生管理者等は事業場に専属の者から選任しますが、**労働衛生コンサルタントの資格を持つ者であれば専属でない者（外部の者）を選任することも可能**です。このとき、**専属でない労働衛生コンサルタントは1人まで**としなければなりません。

事業者は社外の労働衛生コンサルタント（個人事業主等）と委任契約等を締結し、衛生管理業務の一部を行ってもらうことが可能です。ただし、外部の労働衛生コンサルタントを自社の衛生管理者として選任できるのは1人までです。

産業医の専属

次の条件のいずれかに該当する場合、**産業医はその事業場に専属の者を選任しなければなりません**。**専属**とは、その事業場に所属・常駐することを指します。一般に、産業医は複数の事業場や企業と契約を結び、必要に応じて事業場を訪問し、契約に応じた業務を行うため、非専属のケースがほとんどです。一方で、事業場の規模が大きく有害業務等に一定人数以上従事している場合、健康に関する問題が複雑になるため、当該事業場における健康管理業務に専念することが求められます。

専属の産業医が必要な場合

① 有害業務の有無にかかわらず、常時使用する労働者数が1000人以上の場合
② **深夜業**、坑内労働、有害業務、病原体によって汚染のおそれが著しい業務に **500人以上** が従事する場合

▼ 産業医の専属まとめ

常時使用する 労働者数	産業医数	次の業務に500人以上従事する事業場 **深夜、坑内、有害、病原体※等**	左記に該当しない 事業場
50人〜 499人	1人以上		
500人〜 999人	1人以上		
1000人〜3000人	1人以上	**専属**の者	専属の者
3001人〜	2人以上		

※病原体によって汚染のおそれが著しい業務

ココが出る！

「常時使用する労働者数」「有害業務等の従事人数」が示され、専任の衛生管理者や専属の産業医についての事例問題が出題される。

〈専任の衛生管理者が必要な場合〉
① 有害業務の有無にかかわらず、常時使用する労働者数が **1000人を超える** 場合
② 常時使用する労働者数が **500人を超え**、かつ **有害業務** 又は坑内労働に常時 **30人以上** の労働者が従事していた場合

〈専属の産業医が必要な場合〉
① 有害業務の有無にかかわらず、常時使用する労働者数が **1000人以上の場合**
② **深夜業**、坑内労働、有害業務、病原体によって汚染のおそれが著しい業務に **500人以上** が従事する場合

常時使用する労働者数が500人以下であれば、「専任の衛生管理者」「衛生工学衛生管理者」は不要です。業務の種類にも注意しましょう。

::::::::::::::::::::: **過去問にチャレンジ！** :::::::::::::::::::::

問 常時 600 人の労働者を使用する製造業の事業場における衛生管理体制に関する (1) 〜 (5) の記述のうち、法令上、誤っているものはどれか。ただし 600 人中には、製造工程において次の業務に常時従事する者がそれぞれ示す人数含まれているが、試験研究の業務はなく、他の有害業務はないものとし、衛生管理者および産業医の選任の特例はないものとする。

深夜業を含む業務……………………………………… 300 人
多量の低温物体を取り扱う業務……………………… 100 人
特定化学物質のうち第三類物質を製造する業務……… 20 人

(1) 総括安全衛生管理者を選任しなければならない。
(2) 衛生管理者のうち 1 人を、衛生工学衛生管理者免許を受けた者のうちから選任しなければならない。
(3) 衛生管理者のうち少なくとも 1 人を、専任の衛生管理者としなければならない。
(4) 産業医として、法定の要件を満たしている医師で、この事業場に専属でないものを産業医として選任することができる。
(5) 特定化学物質作業主任者を選任しなければならない。

▼ 解答・解説 --

多量の低温物体を取り扱う業務等においては、衛生工学衛生管理者免許を受けた者のうちから衛生管理者を選任する必要はない。

正解 **(2)**

"深夜業務" に従事する人数は産業医の専属制の基準には影響しますが、衛生管理者の専任制や衛生工学衛生管理者の要否には影響しない、ということも覚えておきましょう。

安全衛生管理体制　　　　　　　　　　優先度 **よく出る** ★★★

02 作業主任者等

労働災害が起こりやすい作業では、労働者の安全と健康を確保するためにその作業を監督する者が必要です。この担当者を作業主任者といいます。

まずはこれだけ！

- 作業主任者は、作業の指揮や使用する機械の点検、機械等に異常を認めたときの必要な措置、安全装置等の使用状況の監視等を行う。

作業主任者の選任

次の業務を行う場合、**作業主任者**を選任しなければなりません。作業主任者は、都道府県労働局長の免許を受けた者、または都道府県労働局長の登録を受けた者が行う技能講習を修了をした者から選任します。

▼作業主任者の選任が必要な作業

- **特定化学物質**を用いて行う洗浄作業
    （例）硫酸、硝酸 等
- **有機溶剤**を用いて行う洗浄作業
    （例）トルエン、ベンゼン 等
- **酸素欠乏危険場所**における作業
    （例）石炭を入れてあるホッパーの内部における作業、飼料の貯蔵のために使用しているサイロ内の作業、ドライアイスを使用して冷蔵を行っている冷蔵庫の内部における作業 等
- **高圧室内**作業
    （例）圧気工法により大気圧を超える気圧下 の作業室において行う作業 等
- **鉛業務に係る一部の作業**
    （例）鉛蓄電池を解体する工程において、人力で鉛等を運搬する業務に係る作業 等

- 放射線を取り扱う作業
    - (例) ガンマ線透過写真の撮影の作業、エックス線業務に係る作業等
- 石綿等を取り扱う作業
    - (例) 石綿等が使用されている建築物の解体の作業等

免許

　一部の危険・有害な業務については、作業主任者になることや、その業務自体を行うために免許を要するものがあります。労働安全衛生法令に定められている免許には、次のようなものがあります。

労働安全衛生法令に定められている免許の例
- 潜水士免許
- 高圧室内作業主任者免許
- ガンマ線透過写真撮影作業主任者免許
- エックス線作業主任者免許

ココが出る！

① 硫酸や硝酸を用いて行う洗浄作業は作業主任者が必要である。
特定化学物質や有機溶剤は、「硫酸」や「硝酸」など具体的な物質名で出題されるので、注意する。

② 硝酸等の特定化学物質や、トルエン等の有機溶剤を使用していても**「試験研究のために取り扱う業務」は作業主任者が不要**である。

③「特定化学物質作業主任者」と「石綿作業主任者」は免許制ではない！
特定化学物質作業主任者と石綿作業主任者は、**技能講習**を受けた者から選任する。

作業主任者の選任に関する問題においては、**"試験研究""騒音""潜水""レーザー""セメント"といった業務では作業主任者不要！**」と覚えておくといいよ。作業主任者が必要な業務を全部覚えないで、不要な業務としてよく出題される選択肢を覚える戦略だよ。

過去問にチャレンジ！

問1 次の作業を行うとき、法令上、作業主任者の選任が義務付けられているものはどれか。

(1) セメント製造工程においてセメントを袋詰めする作業
(2) 製造工程において硝酸を用いて行う洗浄の作業
(3) レーザー光線による金属加工の作業
(4) 試験研究業務として塩素を取り扱う作業
(5) 潜水器を用いボンベからの給気を受けて行う潜水作業

問2 次のAからDの作業について法令上、作業主任者の選任が義務付けられているものの組合せは(1)～(5)のうちどれか。

A　石炭を入れてあるホッパーの内部における作業
B　セメント製造工程においてセメントを袋詰めする作業
C　水深10m以上の場所における潜水の作業
D　圧気工法により、大気圧を超える気圧下の作業室の内部において行う作業

(1) A、B　(2) A、C　(3) A、D　(4) B、C　(5) C、D

▼解答・解説

問1　硝酸は特定化学物質に該当するため、製造工程において硝酸を用いて行う洗浄の作業は、作業主任者を選任しなければならない。

正解　**(2)**

問2　作業主任者の選任が義務付けられているのは、第一種酸素欠乏場所での作業に該当する「A 石炭を入れてあるホッパーの内部における作業」と高圧室内作業に該当する「D 圧気工法により大気圧を超える気圧下の作業室において行う作業」である。

正解　**(3)**

4

関係法令 有害

02 作業主任者等

有害物に関する規制等

03 譲渡等の制限がかかる機械や労働衛生保護具

優先度 そこそこ出る ★★★

有害な作業環境や化学物質を取り扱う作業において使用する防毒マスク等、一部の機械や保護具は一定の条件を満たしていなければ譲渡や設置ができません。

まずはこれだけ！

✓ 一部の機械設備や労働衛生保護具は、厚生労働大臣が定める規格又は安全装置を具備しなければ、譲渡し、貸与し、又は設置してはならない。

譲渡・貸与・設置の制限

　厚生労働大臣が定める規格又は安全装置を具備しなければ、譲渡し、貸与し、又は設置してはならない機械及び労働衛生保護具には、次のようなものがあります。

▼制限がある労働衛生保護具等の例

- 波高値による定格管電圧が10kV以上のエックス線装置（特定の医療機器のもの等を除く）
- 再圧室
- 潜水器
- ガンマ線照射装置（特定の医療機器のものを除く）
- チェーンソー（内燃機関を内蔵するものであって、排気量が40cm³以上のものに限る）
- 電動ファン付き呼吸用保護具
- 防じんマスク（ろ過材又は面体を有していないものを除く）
- 防毒マスク（ハロゲンガス用・有機ガス用・一酸化炭素用・アンモニア用・亜硫酸ガス用に限る）

防毒マスクは、対象となる有毒ガスに対応するマスクを使用します。譲渡等に制限がかかるものは**ハロゲンガス**用・有機ガス用・**一酸化炭素**用・**アンモニア**用・亜硫酸ガス用だけです。

ちなみに"譲渡"は売り渡すこと、"設置"は使用することも含むよ。

ココが出る!

労働衛生保護具の中から譲渡等の制限があるもの・ないものを選ぶ問題が出題される。
特に「**電動ファン付き呼吸用保護具**」と「**ハロゲンガス用防毒マスク**」はよく出題される。

過去問にチャレンジ！

問 次のAからDの機械等について、法令上、厚生労働大臣が定める規格を具備しなければ、譲渡し、貸与し、又は設置してはならないものの組合せは(1)〜(5)のうちどれか。

A 放射線測定器
B 聴覚保護具
C ハロゲンガス用防毒マスク
D 電動ファン付き呼吸用保護具

(1) A, B　(2) A, C　(3) A, D　(4) B, D　(5) C, D

▼解答・解説
ハロゲンガス用防毒マスクと電動ファン付き呼吸用保護具は、厚生労働大臣が定める規格を具備しなければ、譲渡し、貸与し、又は設置してはならない機械等に該当する。

正解　**(5)**

有害物に関する規制等

優先度 そこそこ出る

04 製造禁止物質・製造許可物質

人体に深刻な健康被害をもたらすおそれがある物質は、労働者が健康被害を受けないようにするため、製造、輸入、使用の段階で厳格に規制されています。

まずはこれだけ！

- 発がん性の高い化学物質など、一部の化学物質は重度の健康障害を起こす可能性があるため、日本国内に持ち込むことや、日本国内で製造すること等が制限されている。

製造等の禁止・許可

発がん性や強い毒性が確認されている一部の化学物質は、試験研究を目的とする場合を除き、**製造や輸入、譲渡、提供、使用が禁止**されています（**製造禁止物質**）。また、**重度の健康障害のおそれがある化学物質は国内での製造に厚生労働大臣の許可が必要**です（**製造許可物質**）。

▼製造等の禁止物質・許可物質

製造等の禁止	製造の許可
ベータ‐ナフチルアミン及びその塩 黄りんマッチ 四‐アミノジフェニル及びその塩 四‐ニトロジフェニル及びその塩 ビス（クロロメチル）エーテル ベンジジン及びその塩 ベンゼンを含有するゴムのり （ベンゼンの容量が5％を超えるもの） 石綿	ジクロルベンジジン及びその塩 アルファ‐ナフチルアミン及びその塩 塩素化ビフェニル（PCB） オルト‐トリジン及びその塩 ジアニシジン及びその塩 ベリリウム及びその化合物 ベンゾトリクロリド

製造許可物質は、後ほど学習する特定化学物質の第1類物質（p.228）に該当します。

ココが出る！

① 製造禁止物質・製造許可物質のいずれに該当するかが問われる。製造許可物質として「**ベンゾトリクロリド**」「**ジアニシジン**」がよく出題される。

② **製造禁止物質・製造許可物質のいずれにも該当しないものとして、「エチレンオキシド」「オルト‐フタロジニトリル」「オルト‐トルイジン」**がよく出題される。

> 化学物質の名前がたくさん出てきたけど、記述式の試験ではないから一字一句暗記しなくても大丈夫。「ベータ〜」だったら製造禁止物質、「アルファ〜」だったら製造許可物質、というように、ざっくり判断できるようにしておこう。

過去問にチャレンジ！

問 次の特定化学物質を製造しようとするとき、労働安全衛生法に基づく厚生労働大臣の許可を必要としないものはどれか。

(1) ベンゾトリクロリド
(2) ベリリウム
(3) オルト‐フタロジニトリル
(4) ジアニシジン
(5) アルファ‐ナフチルアミン

▼ 解答・解説
オルト‐フタロジニトリルは、製造等の許可物質に該当しない。

正解 **(3)**

有害物に関する規制等　　　　　　　優先度 まれに出る ★ ☆ ☆

05 表示対象物質・通知対象物質

危険性・有害性の高い一部の化学物質については、事業者が適切に取扱えるように、容器への表記や文書で正しい情報を提供することが義務付けられています。

まずはこれだけ！
- 表示対象物質とは、譲渡・提供時に、容器に特定の表示が必要な化学物質をいう。
- 通知対象物質とは、譲渡・提供時に、特定の事項を文書で相手に通知しなければならない化学物質をいう。

表示対象物質

　労働者に危険もしくは健康障害を生ずるおそれのある**一定の化学物質を入れた容器や包装には、法令で定められた内容を表示しなければなりません**。容器等に表示すべき事項は次の通りです。

容器等に表示すべき事項
- 名称
- 人体に及ぼす作用
- 貯蔵又は取扱い上の注意
- 表示をする者の氏名（法人にあっては、その名称）、住所及び電話番号
- 注意喚起語
- 安定性及び反応性

別容器等で小分けして保管する際にも、「名称」と「人体に及ぼす作用」は文書の交付等により明示しなければなりません。

通知対象物質

労働者に危険もしくは健康障害を生ずるおそれのある一定の化学物質を譲渡・提供する者は、文書の交付等により一定の事項を相手方に通知しなければなりません。この文書の交付には、通常、**安全データシート（Safety Data Sheet：SDS）**が用いられ、「化学品の分類および表示に関する世界調和システム（**GHS**）」に基づき危険性や有害性の分類が示されています。

文書等の交付により通知すべき事項は、次のような項目があります。

文書等の交付により通知すべき事項の一部
- 化学品及び会社情報
- 危険有害性の要約
- 組成及び成分情報
- ばく露防止及び保護措置
- 適用法令

難しく感じるけど、"SDSは化学物質の説明書"、"GHSは化学物質の有害性などを示す国際的なルール"とイメージすれば十分だよ。

SDS・GHS
- 安全データシート（SDS：Safety Data Sheet）とは、化学物質の性状及び取扱いに関する情報を記載した文書のことである。GHS分類に基づく化学物質の有害性等の情報が掲載されている。
- 化学品の分類及び表示に関する世界調和システム（GHS）とは、化学品の危険有害性を世界的に統一された一定の基準に従って分類したもの。

危険有害性を表す絵表示

GHSでは、危険性や有害性を「皮膚腐食性・刺激性」「発がん性」「急性毒性」のように分類し、それぞれの分類ごとに危険・有害性のレベルを区分1・2・3・・・又は区分A・B・・・のように数字やアルファベットで表しています。数字の場合は小さいほうが、アルファベットの場合はAに近いほど有害性が高くなります。また、危険性や有害性を示すために次のような**絵表示（ピクトグラム）**が用いられます。

▼危険有害性を表す絵表示

絵表示	⚠	☠	🧪	🔬	🌳
概要	急性毒性(区分4)、皮膚腐食性・刺激性(区分2)、眼に対する重篤な損傷・眼刺激性(区分2A)、**皮膚感作性**、特定標的臓器・全身毒性(単回ばく露)(区分3)	急性毒性(区分1-3)	金属腐食性物質 **皮膚腐食性・刺激性**(区分1A-C)、**眼に対する重篤な損傷・眼刺激性**(区分1)	呼吸器感作性、生殖細胞変異原性、**発がん性**、生殖毒性、特定標的臓器・全身毒性(単回ばく露)(区分1-2)、特定標的臓器・全身毒性(反復ばく露)、吸引性呼吸器有害性	水性環境有害性

絵表示	💥	🔥	🔥○	⬜
概要	火薬類 自己反応性化学品 有機過酸化物	可燃性・引火性ガス 可燃性・引火性エアゾール 引火性液体、可燃性固体 自己反応性化学品 自然発火性液体、自然発火性固体、自己発熱性化学品、水反応可燃性化学品、有機過酸化物	支燃性・酸化性ガス 酸化性液体 酸化性固体	高圧ガス

全て丸暗記する必要はありませんが、比較的有害性が低いものは「！」マークということは覚えておくとよいでしょう。

ココが出る！

容器等への表示をしなければならない事項に"該当しないもの"が出題される。

「適用される法令」と「危険物及び有害物の含有量を測定した者の氏名もしくは法人名」は容器等への表示をしなければならない事項ではない。

06 安全衛生教育

安全衛生教育 | 優先度 そこそこ出る ★★★

不慣れな作業では労働災害が起こりやすいため、雇入時・作業内容変更時は安全衛生教育が義務付けられています。特に危険な業務を行わせる際は、特別教育の実施が必要です。

まずはこれだけ！

- 危険性及び有害性の高い一定の業務に従事する場合、特別教育を実施する。
- 特別教育は業務で生じるリスクのほか、作業手順や保護具の正しい使用方法等の法令等により定められた内容を実施する。

雇入時・作業内容変更時の安全衛生教育

雇入時・作業内容変更時の安全衛生教育は、業種、雇用期間、規模に関わらず実施しなければなりません。

雇入時等の安全衛生教育の主な項目は、次の通りです。

雇入時等の安全衛生教育の主な項目

- 機械等の危険性又は有害性及び取り扱い方法に関すること
- 安全装置、保護具等の性能及び取り扱い方法に関すること
- 作業手順に関すること
- 作業開始時の点検に関すること
- 疾病の原因及び予防に関すること
- 整理、整頓、清潔の保持に関すること
- 応急措置、退避に関すること

特別教育（安全又は衛生のための特別の教育）が必要な主な業務

　事業者は労働災害を防止するため、危険又は有害な業務に労働者を就かせるときは、その業務に関する安全又は衛生のための特別の教育（特別教育）を行わなければなりません。**事業者は、特別教育の実施内容を記録し、その記録を3年間保存しなければなりません**。特別教育が必要な主な業務には、次のものがあります。

▼特別教育が必要な主な業務

- **チェーンソー**を用いて行う立木の伐木、かかり木の処理又は造材の業務
- **ガンマ線照射装置**を用いた透過写真の撮影の業務
- **エックス線照射装置**を用いた透過写真の撮影の業務
- **酸素欠乏危険場所**における作業に係る業務
- **特定粉じん作業**に係る業務
- **廃棄物**の焼却施設のばいじん及び焼却灰その他の燃え殻を取り扱う業務
- **高圧室内**作業に係る業務
- **石綿**等が使用されている建築物等の解体作業・石綿等の封じ込め又は囲い込みの作業に係る業務
- 潜水作業者への送気の調節を行うための**バルブ又はコック**操作業務

特別教育の記録は事業者自身が保存すればよく、**所轄労働基準監督署長へ提出する必要はありません**。

ココが出る！

特別教育が必要な業務・不要な業務を選ぶ問題が出題される。
"「特定化学物質」や「有機溶剤」を用いた業務"は特別教育不要！

特定化学物質の具体例として「塩酸や硫酸を取り扱う業務」と出題されることもあるよ！

過去問にチャレンジ！

問 次の業務に労働者を就かせるとき、法令に基づく安全又は衛生のための特別の教育を行わなければならないものに該当しないものはどれか。

(1) 石綿等が使用されている建築物の解体等の作業に係る業務
(2) 潜水作業者への送気の調節を行うためのバルブ又はコックを操作する業務
(3) 特定化学物質のうち第二類物質を取り扱う作業に係る業務
(4) 廃棄物の焼却施設において焼却灰を取り扱う業務
(5) エックス線装置を用いて行う透過写真の撮影の業務

▼ 解答・解説

特定化学物質を取り扱う作業に係る業務は第一類～第三類物質といった類に関わらず、特別教育実施の対象外である。

正解 **(3)**

定期自主検査・作業環境測定　　　優先度 **そこそこ出る** ★ ★ ★

07 定期自主検査

労働災害を防ぐためには機械や設備の適切な整備が必要です。事業者は一部の機械や設備を一定の期間ごとに自分で検査をしなければいけません。これを定期自主検査といいます。

まずはこれだけ！
- 事業者は労働安全衛生法令で定められた設備や装置について、定期的に自主検査を行わなければならない。
- 定期自主検査では、設備の外観や異常の有無、動作、安全装置等を確認する。

定期自主検査

　有機溶剤中毒予防規則や特定化学物質障害予防規則などにおいて、**化学物質の区分に応じて局所排気装置等の設置が義務付けられています**。局所排気装置等の設置をした場合、**設備の種類に応じた頻度で定期自主検査を実施しなければなりません**。
　例えば、アンモニア等の第3類特定化学物質を扱う作業場では、特定化学設備の設置が必要であり、第1種有機溶剤等や第2種有機溶剤等を取り扱う作業場では、局所排気装置やプッシュプル型換気装置の設置が必要です。定期自主検査を行った後は、その記録を3年間保存しなければなりません。

定期自主検査の記録は事業者が保存すればよく、**所轄労働基準監督署長へ提出する必要はありません**。

▼ 定期自主検査の要否についてよく出題されるものまとめ

区分	物質名	設備	定期自主検査実施の要否
第3類特定化学物質	フェノールアンモニア	特定化学設備	○
		排液処理装置局所排気装置プッシュプル型換気装置	×
	塩酸（塩化水素）硫酸	排液処理装置	○
		局所排気装置プッシュプル型換気装置	×
第2種有機溶剤	アセトン・トルエン・ベンゼン酢酸メチル・酢酸エチル	局所排気装置プッシュプル型換気装置	○
		排ガス処理装置	×
特定粉じん作業	フライアッシュセメント粉状の鉱石	局所排気装置プッシュプル型換気装置除じん装置	○

▼ 定期自主検査の頻度

設備	頻度
ガンマ線照射装置	1か月以内ごとに1回
局所排気装置プッシュプル型換気装置除じん装置排液処理装置排ガス処理装置	1年以内ごとに1回
特定化学設備	2年以内ごとに1回

■ 定期自主検査を行う装置等の例

全体換気装置

- 窓を開けたり、換気扇を回すことによって新鮮な空気を取り込むことで汚染された空気を希釈する設備や装置

局所排気装置

- フードと呼ばれる吸い込み口から汚れた空気を吸気し、空気清浄装置を通して外へと排気する設備や装置

プッシュプル型換気装置

- 空気の吹き出し口と吸い込み口を設けることで、室内に一定の風の流れを作る設備や装置。空気の流れる向きが決まっているため、風上に立つことで有害な空気を吸い込まずに作業することが可能となる

4 関係法令 有害 07 定期自主検査

▼ 換気設備のイメージ

全体換気装置 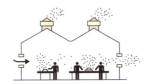　　局所排気装置 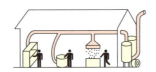　　プッシュプル型換気装置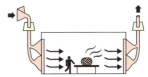

 それぞれの設備のイメージを掴んでおけば十分です。局所排気装置は、後ほど第5章労働衛生（有害業務に係るもの）で改めて説明します。

 全体換気装置は窓を開けて自然換気する、局所排気装置は焼肉屋さんの七輪の上についている煙を吸う装置のようなイメージで覚えたよ！

ココが出る！

① 定期自主検査の要否
- 「**全体換気装置**」は**定期自主検査を実施する必要はない**。
- 「**木材・エタノール**」の作業をする際の設備・装置は**定期自主検査を実施する必要はない**。

② 定期自主検査の頻度
設備や装置ごとの定期自主検査の頻度について、"**1年以内ではないもの**"が出題される。

 "1年以内ではないもの"は「特定化学設備」と「ガンマ線照射装置」の2つだけです！

過去問にチャレンジ！

問 次の設備又は装置のうち、法令に基づく定期自主検査の実施頻度が1年以内ごとに1回とされていないものはどれか。

(1) 鉛化合物を製造する工程において鉛等の溶融を行う屋内の作業場所に設置した局所排気装置

(2) トルエンを用いて洗浄を行う屋内の作業場所に設置したプッシュプル型換気装置

(3) 塩化水素を取り扱う特定化学設備

(4) 弗化水素を含有する気体を排出する製造設備の排気筒に設置した排ガス処理装置

(5) セメントを袋詰めする屋内の作業箇所に設置した局所排気装置に設けた除じん装置

▼ 解答・解説

特定化学設備は2年以内ごとに1回自主検査を行う。

正解　(3)

定期自主検査・作業環境測定　　　優先度 そこそこ出る ★★★

08 作業環境測定

作環境測定は、その作業場の有害因子の状況を把握するものです。ここでは、環境測定が義務付けられている作業場を確認しましょう。

まずはこれだけ！
- 作業環境測定における測定対象や頻度等は、作業場の種類に応じて決まる。
- 一部の作業場（指定作業場）では、作業環境測定士又は作業環境測定機関が測定する必要がある。

作業環境測定が必要な作業場

作業環境測定における測定対象や測定頻度等は、次の表の通り定められています。

▼作業環境測定のまとめ

作業場		測定対象	測定頻度	記録の保存
酸素欠乏危険場所		酸素と硫化水素濃度	作業開始前ごと	3年間
暑熱・寒冷又は多湿		気温・湿度・輻射熱	半月以内ごとに1回	3年間
坑内	28度を超える	気温	半月以内ごとに1回	3年間
	通気設備のある	通気量		
	炭酸ガス停滞	炭酸ガス濃度	1か月以内ごとに1回	
放射線業務	管理区域	外部放射線による線量率	1か月以内ごとに1回	5年間
	取り扱い	空気中の放射線濃度		
空気調和設備		$CO \cdot CO_2$濃度・室温・外気温・相対湿度	2か月以内ごとに1回	3年間
粉じん		粉じん濃度	6か月以内ごとに1回	7年間
騒音		等価騒音レベル		3年間
特定化学物質（除く第3類）		空気中濃度		3年間※
有機溶剤（除く第3種）		有機溶剤濃度		3年間
石綿等		空気中石綿濃度		40年間
一定の鉛業務		空気中鉛濃度	1年以内ごとに1回	3年間

※一定の特別管理物質については、30年間保存しなければならない。
※オレンジ色の網掛けの作業場は、「指定作業場」である。

指定作業場

「作業環境測定のまとめ」の表の内、オレンジ色の網掛けの作業場は、**作業環境測定士**または**作業環境測定機関**に委託して測定を行わなければなりません。このような作業場を、**指定作業場**と呼びます。

> 指定作業場

- 放射線物質取り扱い（放射性物質取扱作業室及び事故由来廃棄物等取扱施設）
- 土石、岩石、鉱物、金属または炭素の粉じんが著しく発散する屋内作業場
- 特定化学物質（除く第3類）を製造し、または取り扱う一定の業務を行う屋内作業場等
- 有機溶剤（除く第3種）を製造し、または取り扱う一定の業務を行う屋内作業場
- 石綿等を取り扱いまたは試験研究のため、もしくは石綿分析用試料等を製造する屋内作業場
- 一定の鉛業務を行う屋内作業場

ココが出る！

① 「溶融ガラスからガラス製品を成型する業務を行う屋内作業場」「多量のドライアイスを取り扱う業務を行う屋内作業場」は、**気温・湿度・輻射熱**の測定が必要である。

> ガラス製品を成型する作業場では高温の炉を使用するため、暑熱な作業場に該当します。また、ドライアイスを大量に取り扱う業務は、寒冷な作業場に該当します。

② 測定頻度は、**6か月以内ごとに1回**測定する場所がよく出題される。

> 「粉じん」「騒音」「特定化学物質」「有機溶剤」「石綿」の5つは確実に覚えましょう。

③ 指定作業場に該当するもの・該当しないものが出題される。
特に「**セメントを袋詰めする箇所での作業（特定粉じん作業）**」と「**有機溶剤等を製造する作業**」は指定作業場である点が頻出である。

過去問にチャレンジ！

問1 法令に基づき定期に行う作業環境測定とその測定頻度との組合せとして、誤っているものは次のうちどれか。

(1) 非密封の放射性物質を取り扱う作業室における空気中の放射性物質の濃度の測定……1か月以内ごとに1回

(2) チッパーによりチップする業務を行う屋内作業場における等価騒音レベルの測定……6か月以内ごとに1回

(3) 通気設備が設けられている坑内の作業場における通気量の測定……半月以内ごとに1回

(4) 鉛ライニングの業務を行う屋内作業場における空気中の鉛の濃度の測定……1年以内ごとに1回

(5) 多量のドライアイスを取り扱う業務を行う屋内作業場における気温及び湿度の測定……1か月以内ごとに1回

問2 次の法定の作業環境測定を行うとき、作業環境測定士に測定を実施させなければならないものはどれか。

(1) チッパーによりチップする業務を行い著しい騒音を発する屋内作業場における等価騒音レベルの測定

(2) パルプ液を入れてある槽の内部における空気中の酸素及び硫化水素の濃度の測定

(3) 常時セメントを袋詰めする作業を行う屋内作業場における空中の粉じん濃度

(4) 溶融ガラスからガラス製品を成型する業務を行う屋内作業場における気温、湿度及びふく射熱の測定

(5) 通気設備が設けられている坑内の作業場における通気量の測定

▼ 解答・解説

問1 多量のドライアイスを取り扱う業務を行う屋内作業場は寒冷な作業場に該当し、気温及び湿度の測定を半月以内ごとに1回行わなければならない。

正解 **(5)**

問2 屋内作業場において常時セメントを袋詰めする作業は、特定粉じん作業にあたるため、作業環境測定士に測定を実施させなければならない。

正解 **(3)**

09 特殊健康診断

優先度 そこそこ出る ★★★

有害物質や有害エネルギーにばく露する業務では、通常の健康診断の項目では見つけられない健康障害が起こる可能性があるため、特殊健康診断を行います。

まずはこれだけ！

✓ 特殊健康診断とは、有害業務ごとに定められた特別な項目の健康診断である。

特殊健康診断を行う主な業務

一部の有害業務に従事する労働者に対しては、特別な項目の健康診断をしなければなりません。原則として、雇入時、配置替えの際及び **6か月**以内ごとに1回実施します。定期的（**6か月**以内ごとに1回）に行う特殊健康診断は、**事業場の人数に関わらず所轄労働基準監督署長に報告しなければなりません**。

▼特殊健康診断が必要な業務

- 高圧室内作業及び潜水業務
- 放射線業務
- 特定化学物質等（第1類物質及び第2類物質、但しエチレンオキシド等を除く）の製造・取扱う業務
- 製造を禁止されている物質（石綿等を除く）を試験研究のため製造・使用する業務
- 石綿等の取り扱い、試験研究のための製造に伴い石綿の粉じんを発散する場所における業務
- 鉛業務
- 四アルキル鉛等業務
- 有機溶剤業務（屋内作業場、タンク、船倉等の内部等の場所での一定の業務）
- 東日本大震災により生じた放射性物質により汚染された土壌等を除染するための業務
- じん肺法上の粉じん作業に係る業務

特殊健康診断が必要な業務のうち一部の業務については、**現在その業務に従事していなくても過去に従事したことがあれば特殊健康診断を引き続き実施する必要があります。**

過去に従事したことがあれば特殊健康診断を引き続き実施する必要がある業務
- 特定化学物質等を製造・取扱う業務（第1類物質及び第2類物質）
- 製造禁止物質を試験研究のため製造・使用する業務
- 石綿等の取り扱い等に関する業務

第1類特定化学物質や製造禁止物質などで発症するおそれのある健康障害は、がんなど晩発性のものであり、時間が経ってから発生するものです。そのため、既にその仕事に従事していなくても、過去に従事したことがあるなら特殊健康診断は引き続き行わなければなりません。

一般健康診断では事業場の労働者が50人以上の場合だけだったけど、特殊健康診断は人数規模に関わらず労働基準監督署長への報告が必要なんだね。

特殊健康診断の項目と結果の保管年数

特殊健康診断が必要になる有害な業務では、扱っている化学物質の種類や行う作業内容によってどのような健康障害のおそれがあるかが変わります。そのため業務ごとに**特殊健康診断の項目**が定められており、次のものがあります。

▼特殊健康診断の項目と結果の保管年数まとめ

業務	主な健診項目	検査方法	保管年数
有機溶剤業務	尿中の有機溶剤代謝物の量の検査、眼底検査　等	尿検査等	5年間
鉛業務	尿中のデルタアミノレブリン酸の量の検査　等		5年間
四アルキル鉛業務			5年間
電離放射線業務	白血球数及び白血球百分率の検査、皮膚の検査　等	血液検査等	30年間[※1]
放射性物質関連の除染等業務			30年間
特定化学物質業務	皮膚所見の有無の検査　等	皮膚の検査等	5年間[※2]
高気圧業務 潜水業務	四肢の運動機能の検査、鼓膜及び聴力の検査、肺活量の測定　等	手足の検査等	5年間
石綿等業務	胸部エックス線直接撮影による検査　等	胸のレントゲン撮影等	40年間
じん肺法上の粉じん作業に係る業務	直接撮影による胸部全域のエックス線写真による検査　等		7年間

※1　ただし、当該記録を5年間保存した後に厚生労働省の指定する機関に引き渡すときはこの限りではない。
※2　特定化学物質のうち、特別管理物質の特殊健康診断結果の記録の保管は30年間である。

労働安全衛生法で定められた体に関する記録の保管は 5 年間のものが多いです。石綿の 40 年間やじん肺の 7 年間のような例外を優先して覚えましょう。

歯科医師による健康診断

特定の化学物質（**塩酸・硝酸・硫酸・亜硫酸・弗化水素・黄りん**等）を取り扱う業務等では歯や口腔に有害な健康障害を起こすおそれがあるため、従事する労働者には**歯科医師による健康診断**が必要です。雇入れ時、配置替えの際及び 6 か月以内ごとに 1 回実施します。定期的（6 か月以内ごとに 1 回）に行う特殊健康診断は、**事業場の人数に関わらず所轄労働基準監督署長に報告しなければなりません**。また、記録の保存は 5 年間です。

ココが出る！

①"特殊健康診断を行わなくてよい業務"が出題される。
特に「**酸素欠乏危険作業**」「**特定化学物質第 3 類**」「**第 3 種有機溶剤**」の 3 つは**特殊健康診断が不要**である。

「酸素」「第 3 類」「第 3 種」、サンがつく業務の診断はやらなくていいって覚えたよ！

②業務ごとの健診項目の組合せが出題される。次の 2 つが頻出である。
・潜水業務の健診項目は**四肢の運動機能**である。
・鉛業務の健診項目は**尿中**の**デルタアミノレブリン酸**の量である。

有機溶剤や鉛の尿中代謝物は、p.287 で説明します。

過去問にチャレンジ！

問 有害業務とそれに従事する労働者に対して特別の項目について行う健康診断の項目の一部との組合せとして、法令上、正しいものは次のうちどれか。

(1) 高圧室内業務……………………尿中のウロビリノーゲンの検査

(2) 有機溶剤業務………………………赤血球中のプロトポルフィリンの量の検査

(3) 放射線業務…………………………尿中の潜血の有無の検査

(4) 潜水業務………………………………血液中の尿酸の量の検査

(5) 鉛業務…………………………………尿中のデルタアミノレブリン酸の量の検査

▼解答・解説

(1) 高圧室内業務に常時従事する労働者に対する健康診断の項目は、肺活量の測定や四肢の運動機能の検査等である。

(2) 有機溶剤業務に常時従事する労働者に対する健康診断の項目は、尿中の有機溶剤代謝物の量の検査等である。

(3) 放射線業務に常時従事する労働者に対する健康診断の項目は、白血球数および白血球百分率の検査等である。

(4) 潜水業務の健康診断の項目は、肺活量の測定や四肢の運動機能の検査等である。

正解 **(5)**

特殊健康診断等

優先度 まれに出る ★ ★ ★

10 健康管理手帳

がんなどの重篤な健康障害の中には時間が経ってから発生するものもあります。定年などで労働者が離職した後に、自身で健康管理ができるように作られた制度が健康管理手帳です。

まずはこれだけ！

- 将来重篤な健康障害が生じるおそれがある業務に従事していた労働者が、都道府県労働局に申請することで、健康管理手帳が交付される。
- 手帳保持者は、無料で特殊健康診断を受けることができる。

健康管理手帳の交付

労働者の離職の際には、事業場の所在地の都道府県労働局長に、離職の後には居住地の都道府県労働局長に申請することで**健康管理手帳**が交付されます。誰でも交付されるわけではなく、**定められた化学物質を使用する業務に一定年数以上従事していることや、すでに健康障害に関する所見が見られることが交付の条件**となっています。

▼健康管理手帳の交付の流れ

①離職する際に交付要件を満たしている場合

②離職後に交付要件を満たした場合

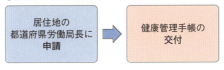

203

▼健康管理手帳の交付対象

年数による条件	3か月以上従事	ベンジジン製造等
		ベータ-ナフチルアミン製造等
		ジアニシジン製造等
	2年以上従事	1,2-ジクロロプロパンを取り扱う業務
		3.3'-ジクロロ-4.4'-ジアミノジフェニルメタン（MOCA）製造等
	3年以上従事	**ビス（クロロメチル）エーテル等**
		ベンゾトリクロリド製造等
	4年以上従事	塩化ビニル重合等
	5年以上従事	オルト-トルイジン製造等
	1年以上従事し、ばく露した日から10年以上経過	石綿製造等
健康障害による条件	不整形陰影・胸膜肥厚	
	結節性陰影	ベリリウム製造等
	管理区分2 **管理区分3**	**粉じん作業**

粉じん作業の管理区分2、管理区分3とは、じん肺健康診断において"経過観察"とされた区分です。後ほど「16 じん肺法」で出てきます。

📍ココが出る！

①健康管理手帳の交付対象について出題される。次の2つが頻出である。
・ビス（クロロメチル）エーテルを取り扱う業務に **3年以上** 従事した者
・粉じん作業に従事した者で、じん肺管理区分が **管理区分2もしくは3** の者

②健康管理手帳の**交付対象ではないもの**がよく出題される。
「鉛」「水銀」「硝酸」「シアン化水素」は交付対象ではない！

「水銀」や「硝酸」は、何年従事していたとしても、手帳は交付されないよ！

過去問にチャレンジ！

問 次の有害業務に従事した者のうち、離職の際に又は離職の後に、法令に基づく健康管理手帳の交付対象となるものはどれか。

(1) ビス（クロロメチル）エーテルを取り扱う業務に 3 年以上従事した者

(2) 硝酸を取り扱う業務に 5 年以上従事した者

(3) 鉛化合物を製造する業務に 7 年以上従事した者

(4) ベンゼンを取り扱う業務に 10 年以上従事した者

(5) 粉じん作業に従事した者で、じん肺管理区分が管理一の者

▼ 解答・解説

ビス（クロロメチル）エーテルを取り扱う業務に 3 年以上従事した者は、健康管理手帳の交付対象となる。

正解 **(1)**

4

関係法令

有害

10

健康管理手帳

労働安全衛生規則　　　　　　　優先度 そこそこ出る ★★★

11 労働安全衛生規則

労働安全衛生規則は第1章関係法令（有害業務に係るもの以外のもの）でも学習しましたが、ここでは有害業務に関する内容を確認しましょう。

まずはこれだけ！
- 労働安全衛生規則は、有害作業場の休憩設備や、立入禁止場所に関して規定している。
- 自律的な化学物質管理のため、化学物質管理者や保護具着用管理責任者の選任が必要である。

有害作業場の休憩設備

著しく暑熱、寒冷又は多湿の作業場等の有害な作業場においては、坑内等特殊な作業場でやむを得ない事由がある場合を除き、**休憩の設備**を**作業場外**に設けなければなりません。

立入禁止場所

次の作業場所は、関係者以外の者が**立ち入ることを禁止**し、かつ、その旨を見やすい箇所に表示しなければなりません。

立入禁止場所
- 多量の高熱物体又は低温物体を取り扱う場所及び著しく暑熱又は寒冷な場所
- 有害光線・超音波にさらされる場所
- 炭酸ガス濃度が **1.5%を超える**場所、酸素濃度が18%に満たない場所、硫化水素濃度が **100万分の10（10ppm）** を超える場所
- ガス、蒸気、又は粉じんを発する有害な場所
- 有害物を取り扱う場所
- 病原体による汚染のおそれの著しい場所

自律的な管理を基軸とした化学物質管理

自律的な化学物質管理のため、次のような対応が求められます。

■ ばく露の程度の低減等

事業者は、リスクアセスメント (p.289) の結果等に基づきリスク低減措置を講じ、**労働者が化学物質にばく露する程度を最小限度にしなければなりません**。また、厚生労働省大臣の定める濃度基準値設定物質の製造又は取り扱う屋内事業場においては、労働者が化学物質にばく露する程度を濃度基準値以下としなければなりません。

ばく露の程度を最小限度にするための措置等については、関係労働者の意見を聞く機会を設け、当該内容を労働者に周知しなければならず、その記録を作成し3年間保存する必要があります。

■ 皮膚等障害化学物質への直接接触の防止

皮膚等に障害を与えるおそれのある化学物質を製造又は取り扱う事業者は、**労働者に保護手袋等の保護具を使用させなければなりません**。具体的には、SDS に記載された GHS 分類において、「皮膚腐食性・刺激性」「眼に対する重篤な損傷性・眼刺激性」及び「呼吸器感作性又は皮膚感作性」のいずれかが区分1に分類されている物質が対象です。

"SDS は化学物質の説明書"、"GHS は化学物質の有害性などを示す国際的なルール"でしたね。

■ 化学物質管理者・保護具着用管理責任者の選任

一定の危険性・有害性が確認されている化学物質(リスクアセスメント対象物)を製造又は取り扱う事業場において、**化学物質管理者**を選任する必要があります。また、化学物質管理者を選任した事業場において、リスクアセスメントの結果に基づく措置として労働者に保護具を使用させるときは、**保護具着用管理責任者**を選任しなければなりません。化学物質管理者・保護具着用管理責任者は選任の事由が発生した日から14日以内に選任し、氏名掲示等により労働者に周知する必要があります。

化学物質管理者は、事業場における化学物質の管理に係る技術的事項を管理します。

化学物質管理者の職務

- ラベル表示、SDS 交付等に関すること
- リスクアセスメントの実施に関すること
- ばく露の程度の低減措置、リスクアセスメントの結果に基づく、措置の内容及びその実施に関すること
- リスクアセスメント対象物を原因とする労働災害が発生した場合の対応に関すること
- 上記 4 つの事項の管理に当たっての労働者に対する必要な教育に関すること
- リスクアセスメント結果の記録の作成・保存・周知に関すること
- リスクアセスメント対象物の作業の記録の作成・保存・周知に関すること

保護具着用管理責任者の職務

- 保護具の適正な選択に関すること
- 労働者の保護具の適正な使用に関すること
- 保護具の保守管理に関すること

> **Column　保護具着用管理責任者の選任要件**
>
> 　保護具着用管理責任者は、「保護具に関する知識及び経験を有すると認められるもの」のうちから選任しなければなりません。この「保護具に関する知識及び経験を有すると認められるもの」とは次の者を指します。
>
> 【保護具着用管理責任者の選任要件】
> ①化学物質管理専門家の要件に該当する者
> ②作業環境管理専門家の要件に該当する者
> ③労働衛生コンサルタント試験に合格した者
> ④**第 1 種衛生管理者免許**又は衛生工学衛生管理者免許を受けた者
> ⑤作業主任者
> ⑥安全衛生推進者等講習を受講した者
>
> 　　　　　　　　　　　　　　　　　　　　　　　　　　　　　　　　　　　　等
>
>
> 　第 1 種衛生管理者であれば保護具着用管理責任者になれますが、「保護具着用管理責任者教育」を受講することが推奨されています。

有機則・酸欠則

優先度 **よく出る** ★★★

12 有機溶剤中毒予防規則

有機溶剤とは他の物質を溶かす性質を持った、炭素を含む化学物質をいいます。塗料や洗剤、接着剤などの溶剤として様々なところで使われています。

まずはこれだけ！

- 有機溶剤は吸入や皮膚接触によって人体に吸収されやすく、高濃度のばく露による急性中毒や、長期間のばく露による慢性障害が現れることがある。
- 有機溶剤の種類に応じて、局所排気装置を設置するなどの対策を講じる。

有機溶剤の種類と対象範囲

　有機溶剤は、その有害性によって第1種から第3種まで3種類に分類されます。**一番有害性が高いものが第1種有機溶剤、次に有害性が高いものが第2種有機溶剤、大量にばく露した場合等に健康障害が起こりやすいものが第3種有機溶剤です。**なお、有機溶剤が含まれているものがすべて規則の対象になるわけではなく、**有機溶剤を一定量以上含むもののみが規則の対象です。**

有機溶剤等の区分

- 有機溶剤含有物：有機溶剤を重量の **5%を超えて含有するもの**
- 第1種有機溶剤等：第1種有機溶剤等を重量の **5%を超えて含有するもの**（a）
- 第2種有機溶剤等：第2種有機溶剤等を重量の **5%を超えて含有するもの**
  　　　　　　　　　（ただしaを除く）
- 第3種有機溶剤等：第1種有機溶剤等と第2種有機溶剤等に区分されない
  　　　　　　　　　有機溶剤等

■ **有機溶剤の区分の考え方**

　有機溶剤が含有された塗料や洗浄剤は一般に流通しているため、有機溶剤をわずかにしか含んでいないものまでを全て規則の対象とすると事業者の負担が膨大なものになってしまいます。そのため、有機溶剤を 5％ 以上含有しているものを "有機溶剤含有物" と呼んでこの規則の対象にしています。複数の有機溶剤を含有していて "有機溶剤含有物" に該当した場合、それを第 1 種〜第 3 種のいずれとして取り扱うかの判断基準が「有機溶剤等の区分」となります。

例えば、第 1 種有機溶剤等を 6％ 含み、第 2 種有機溶剤等を 60％ 含んでいるような有機溶剤は第 1 種有機溶剤等に分類されます。

表示

　有機溶剤の取扱作業においては、有機溶剤の区分に応じた表示が必要です。
　作業場では、どの種類の有機溶剤を使用しているかが一目でわかるように、有機溶剤等の区分を色分け及び色分け以外の方法により、見やすい場所に表示しなければなりません。具体的には、有機溶剤等を取り扱う作業場等に色分けした看板を掲示したり、扱う有機溶剤の容器等にそれぞれの区分ごとの色の表示をしたりします。

有機溶剤の区分と色

- 第 1 種有機溶剤等：赤色
- 第 2 種有機溶剤等：黄色
- 第 3 種有機溶剤等：青色

作業主任者

　有機溶剤等を扱う作業場では、**有機溶剤の区分に関わらず作業主任者**の選任が必要です。**有機溶剤作業主任者技能講習**を修了した者のうちから「有機溶剤作業主任者」を選任します。ただし、**作業の目的が試験や研究**のためであれば、作業主任者の選任は不要です。

有機溶剤作業主任者の職務

- 有機溶剤等をタンクから排出し、かつタンクに接続するすべての配管から有機溶剤等がタンク内部へ流入しないようにすること
- 局所排気装置、プッシュプル型換気装置又は全体換気装置を1か月を超えない期間ごとに点検すること
- タンクの内部において有機溶剤業務に労働者が従事するときは、事故が発生したときにタンクの内部の労働者を直ちに退避させることができる設備又は器具等が整備してあるかを確認すること
- 保護具の使用状況の監視をすること

掲示事項

作業場には「疾病の種類およびその症状」「取り扱い上の注意事項」「中毒発生時の応急措置」「有効な保護具を使用しなければならない旨および使用すべき保護具（保護具の使用義務作業場所に限る）」の4つの項目を掲示しなければなりません。

▼有機溶剤の種類とまとめ

種類	第1種有機溶剤等	第2種有機溶剤等	第3種有機溶剤等
物質例	二硫化炭素　等	アセトン、キシレン、酢酸メチル、トルエン、ノルマルヘキサン　等	石油ベンジン、テレビン油、ミネラルスピリット　等
表示	赤色	黄色	青色
作業主任者	○[※1]		
作業環境測定	○	○	×
特殊健康診断	○	○	×[※2]
掲示事項	疾病の種類およびその症状、取り扱い上の注意事項、中毒発生時の応急措置、有効な保護具を使用しなければならない旨および使用すべき保護具（保護具の使用義務作業場所に限る）		

※1　**試験・研究の業務は不要である**
※2　タンク等の内部の作業に従事する労働者にのみ実施する

作業環境測定や特殊健康診断については、前のカテゴリ「定期自主検査・作業環境測定」や「特殊健康診断等」でも学習した内容の振り返りですね。

発散源対策

屋内作業場等で有機溶剤業務に従事させるときは、取り扱うそれぞれの有機溶剤の種類ごとに**発散源対策（発散源の密閉、局所排気装置の設置、プッシュプル型換**

気装置の設置）を行わなければなりません。**第 1 種有機溶剤等業務・第 2 種有機溶剤等業務では必ず発散源対策を行います**。

▼発散源対策まとめ

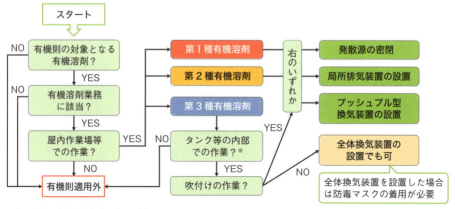

※タンク等の内部に該当するものの例
①地下室の内部その他通風が不十分な屋内作業場
②船倉の内部その他通風が不十分な船舶の内部
③タンク、ピット、坑、ずい道、暗きょ、マンホール、箱桁、ダクトまたは水管のそれぞれの内部

送気マスクや防毒マスクの着用を求められるのは、第 3 種有機溶剤を全体換気装置の設置のみで取り扱う場合です。第 1 種有機溶剤・第 2 種有機溶剤の取扱作業で、**発散源対策（発散源の密閉、局所排気装置の設置、プッシュプル型換気装置の設置）のいずれかを行っていれば、送気マスクや防毒マスクの着用に関する定めはありません**。

設備の性能等

　作業場に局所排気装置を設置する場合、発散する有害物を確実に吸引するため、設備の基準が定められています。局所排気装置はフード（吸い込み口）の形状等で種類や性能が異なり、次の決まりがあります。

局所排気装置の基準

- 局所排気装置の囲い式フードの制御風速は、**0.4m/ 秒以上**、外付け式（上方吸引型を除く）は **0.5m/ 秒以上**としなければならない。
- 局所排気装置の排気口の高さは屋根から 1.5m 以上とする。

memo　制御風速…発散する有害物をフードで完全に捕捉吸引するのに必要な気流の速度。

ココが出る!

①局所排気装置の設置やプッシュプル型換気装置の設置を行った場合、送気マスクや防毒マスクの着用義務はない。全体換気装置のみの場合、送気マスクや防毒マスクの着用が**必須**である。

②第2種有機溶剤等を取り扱う作業場において、**外付け式**フードの局所排気装置を設ける場合、制御風速が最大 **0.5m/秒以上**のものとしなければならない。

4 関係法令
有害

12 有機溶剤中毒予防規則

過去問にチャレンジ！

問 有機溶剤等を取り扱う場合の措置について、有機溶剤中毒予防規則に違反しているものは次のうちどれか。ただし、同規則に定める適用除外及び設備の特例はないものとする。

(1) 屋内作業場で、第二種有機溶剤等が付着している物の乾燥の業務に労働者を従事させるとき、その作業場所の空気清浄装置を設けていない局所排気装置の排気口で、厚生労働大臣が定める濃度以上の有機溶剤を排出するものの高さを、屋根から2mとしている。

(2) 第三種有機溶剤等を用いて払しょくの業務を行う屋内作業場について、定期に、当該有機溶剤の濃度を測定していない。

(3) 屋内作業場で、第二種有機溶剤等が付着している物の乾燥の業務に労働者を従事させるとき、その作業場所に最大0.4m/sの制御風速を出し得る能力を有する側方吸引型外付け式フードの局所排気装置を設け、かつ、作業に従事する労働者に有機ガス用防毒マスクを使用させている。

(4) 屋内作業場で、第二種有機溶剤等を用いる試験の業務に労働者を従事させるとき、有機溶剤作業主任者を選任していない。

(5) 有機溶剤等を入れてあった空容器で有機溶剤の蒸気が発散するおそれのあるものを、屋外の一定の場所に集積している。

▼ 解答・解説

外付け式フードの局所排気装置の制御風速は、0.5m/秒以上とする必要がある。なお、屋内作業場において第二種有機溶剤を取り扱う業務に従事する場合、労働者に防毒マスクを使用させる義務まではないが、使用させていること自体は違反ではない。

正解 **(3)**

有機則・酸欠則　　　　　　　　優先度 よく出る ★★★

13 酸素欠乏症等防止規則

空気中の酸素濃度が低くなると酸素欠乏症（酸欠）のおそれがあります。酸素欠乏環境では、一瞬で酸素欠乏症が起こりうるため、酸素濃度を管理し、安全対策を講じる必要があります。

まずはこれだけ！

☑ 酸素欠乏症等防止規則は、酸素欠乏症が発生しうる「第1種酸素欠乏危険作業」と、酸素欠乏に加え硫化水素中毒も発生しうる「第2種酸素欠乏危険作業」を定めている。

種類と作業例

酸素欠乏のおそれがある作業は、次の2種類に分類されます。

1 第1種酸素欠乏危険作業

酸素欠乏症にかかるおそれのある場所（酸素濃度 **18% 未満**になるおそれのある場所）での作業です。

作業例

- ドライアイスを使用している冷蔵庫、冷凍庫、船倉の内部における作業
- 石炭を入れてある**ホッパー**の内部における作業
- 穀物や飼料の貯蔵、果菜の熟成等のために使用しているサイロ、むろ、倉庫、船倉又はピット内部における作業
- 石炭、乾性油、魚油等を入れてあるタンク、船倉等の内部における作業
- 醤油、酒類等を入れてあるタンク、醸造槽の内部における作業

▼ホッパーとサイロにおける酸欠例

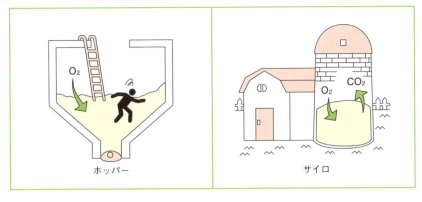

2 第2種酸素欠乏危険作業

酸素欠乏症と硫化水素中毒にかかるおそれのある場所（酸素濃度 **18% 未満**かつ硫化水素濃度 **100万分の10（10ppm）超**となるおそれのある場所）での作業です。

作業例

- **海水**が滞留している暗きょ、マンホール、溝等の内部における作業
- **し尿**、**腐泥**、**汚水**、**パルプ液**等を入れてあるタンク、槽、暗きょ、マンホール等の内部における作業

試験では、第1種・第2種酸素欠乏危険作業の具体的な内容を覚えていないと解けない問題が頻出です。「海水」「し尿、腐泥、汚水、パルプ液」は第2種酸素欠乏危険作業、それ以外は第1種酸素欠乏危険作業と覚えましょう。

換気

酸素濃度18%以上を保つように**換気**します。**第2種酸素欠乏危険作業**では、酸素濃度と共に硫化水素濃度を **100万分の10（10ppm）以下**に保たなければなりません。なお、**換気にあたり純酸素（酸素濃度が非常に高い酸素ガス）は使用できません。**

硫化水素濃度10ppm超になるおそれがある場所での作業が第2種酸素欠乏危険作業だから、10ppm以下になるように管理するんだね。

> memo　**ホッパー**…穀物や燃料などを一時的に蓄え、目的の場所へ流し込む（落とす）じょうご型の容器や設備。
> **サイロ**…刈り取った作物や穀物等を貯蔵するタンクや倉庫。

作業主任者

　第1種酸素欠乏危険作業・第2種酸素欠乏危険作業のいずれも**作業主任者**の選任が必要です。ただし、作業主任者となるための技能講習が異なります。
　第1種酸素欠乏危険作業では「酸素欠乏危険作業主任者技能講習」もしくは「酸素欠乏・硫化水素危険作業主任者技能講習」を修了した者を作業主任者として選任します。一方、**第2種酸素欠乏危険作業では**「酸素欠乏・硫化水素危険作業主任者技能講習」**を修了した者でなければ作業主任者として選任できません。**

特別教育

　第1種酸素欠乏危険作業・第2種酸素欠乏危険作業のいずれも、作業に従事する労働者に対し、**特別教育**を実施しなければなりません。ただし、作業主任者の技能講習と同様に、特別教育の範囲が異なります。
　第1種酸素欠乏危険作業では「第1種酸素欠乏危険作業に係る特別教育（酸素欠乏危険作業特別教育）」もしくは「第2種酸素欠乏危険作業に係る特別教育（酸素欠乏・硫化水素危険作業特別教育）」の実施が必要です。一方、**第2種酸素欠乏危険作業では**「第2種酸素欠乏危険作業に係る**特別教育（酸素欠乏・硫化水素危険作業特別教育）」の実施が必要**です。

▼作業主任者と特別教育のまとめ

	第1種酸素欠乏危険作業	第2種酸素欠乏危険作業
作業主任者	酸素欠乏危険作業主任者技能講習もしくは 酸素欠乏・硫化水素危険作業主任者技能講習	酸素欠乏・ 硫化水素危険作業主任者**技能講習**
特別教育	酸素欠乏危険作業特別教育もしくは 酸素欠乏・硫化水素危険作業特別教育	酸素欠乏・ 硫化水素危険作業**特別教育**

第2種酸素欠乏危険作業では酸素欠乏だけでなく、硫化水素中毒の危険性があるため、酸素欠乏と硫化水素中毒の両方の内容が含まれた技能講習・特別教育が必要です。

作業環境測定

第 1 種酸素欠乏危険作業及び第 2 種酸素欠乏危険作業の両方で、**作業開始前**に作業環境測定が必要です。**第 1 種酸素欠乏危険作業では酸素濃度を測定**し、第 2 種酸素欠乏危険作業では**酸素濃度**と**硫化水素**濃度を測定します。

酸素濃度が著しく低い場合、ひと呼吸で死亡等の危険があるため、足を踏み入れる前に測定します。第 2 種酸素欠乏危険作業では硫化水素中毒のおそれもあるので、酸素濃度だけでなく、硫化水素濃度の測定も必要です。

保護具

酸素欠乏のおそれがある場所において、換気できない場合は空気ボンベや酸素ボンベを使用する空気呼吸器や酸素呼吸器、もしくはホース等で空気を給気する送気マスクを使用します。**防毒マスク・防じんマスク・電動ファン付き呼吸用保護具は使用できません**。

電動ファン付き呼吸用保護具は、ファンを使ってフィルターを通して綺麗にした空気を口元に運ぶ呼吸用保護具です。息苦しさを軽減するために電動ファンを用いて吸気の補助をします。防毒マスク・防じんマスク・電動ファン付き呼吸用保護具は、フィルターを通して有毒ガスや粉じんを取り除くだけで、新鮮な空気や酸素は送らないので、酸欠場所では使えません。

その他

その他、次のような作業管理が求められています。

その他の規定

- 酸素欠乏のおそれがある場所は、関係者以外立ち入り禁止にする。
- 作業を行う場所に労働者を入場させ、および退場させるときに、人員を点検しなければならない。
- 労働者が酸素欠乏症等にかかったときは、当該作業を行う場所を管轄する労働基準監督署長に遅滞なく報告しなければならない。
- 酸素欠乏等のおそれが生じたときは、直ちに作業を中止し、作業に従事する者をその場所から退避させなければならない。

ココが出る!

①第1種・第2種酸素欠乏危険作業それぞれに必要な技能講習や特別教育について、次のような誤りが出題される。

〈誤りのパターン〉

×海水が滞留したことのあるピットの内部における作業については、<注意>酸素欠乏危険作業主任者技能講習を修了した者のうちから、酸素欠乏危険作業主任者を選任する。

正しくは→**海水が滞留したことのあるピットの内部における作業は第2種酸素欠乏危険作業に該当する**ため、酸素欠乏・硫化水素危険作業主任者技能講習を修了した者から作業主任者を選任する。

×汚水を入れたことのあるピットの内部における業務では、労働者に<注意>第1種酸素欠乏危険作業に係る特別の教育を行わなければならない。

正しくは→**汚水を入れたことのあるピットの内部における業務は第2種酸素欠乏危険作業に該当する**ため、第2種酸素欠乏危険作業に係る特別の教育が必要である。

> 第1種・第2種酸素欠乏危険作業は、具体例で出題されます。どのような作業が第1種または第2種であるのかを判断する必要があります。

②酸素欠乏のおそれがある作業場では、**防毒マスク・防じんマスク・電動ファン付き呼吸用保護具は使用できない。**

③酸素欠乏危険場所における作業環境測定においては、第1種酸素欠乏危険作業では**酸素濃度**を測定し、**第2種酸素欠乏危険作業**では**酸素濃度と硫化水素濃度**を測定する。

過去問にチャレンジ！

問 酸素欠乏症等防止規則等に基づく措置に関する次の記述のうち、誤っているものはどれか。

(1) 汚水を入れたことのあるポンプを修理する場合で、これを分解する作業に労働者を従事させるときは、硫化水素中毒の防止について必要な知識を有する者のうちから指揮者を選任し、作業を指揮させなければならない。

(2) 酒類を入れたことのある醸造槽の内部における清掃作業の業務に労働者を就かせるときは、酸素欠乏危険作業に係る特別の教育を行わなければならない。

(3) 酸素欠乏危険作業を行う場所において、爆発、酸化等を防止するため換気を行うことができない場合には、送気マスク又は防毒マスクを備え、労働者に使用させなければならない。

(4) 酸素欠乏危険作業に労働者を従事させるときは、常時作業の状況を監視し、異常があったときに直ちに酸素欠乏危険作業主任者及びその他の関係者に通報する者を置く等異常を早期に把握するために必要な措置を講じなければならない。

(5) 第一鉄塩類を含有している地層に接する地下室の内部における作業に労働者を従事させるときは、酸素欠乏の空気が漏出するおそれのある箇所を閉そくし、酸素欠乏の空気を直接外部へ放出することができる設備を設ける等酸素欠乏の空気の流入を防止するための措置を講じなければならない。

▼解答・解説 -

酸素欠乏危険作業を行う場所では、送気マスクを使用することはできるが、防毒マスクは使用できない。

正解 **(3)**

粉じん則・石綿則・じん肺法　　優先度 そこそこ出る ★★★

14 粉じん障害防止規則

粉じんは呼吸器に悪影響を及ぼし、じん肺と呼ばれる障害を引き起こすことがあります。治療法が確立されていないため、粉じんへのばく露を減らし、健康障害を防ぐことが大切です。

まずはこれだけ！
- 粉じん作業は、「粉じん作業」と「特定粉じん作業」に分類される。
- 粉じんの発生源対策として、密閉設備・局所排気装置・プッシュプル型換気装置、湿潤な状態に保つための設備がある。

粉じん作業の種類

粉じん作業は、粉じん障害防止規則の中で定められており、粉じん発生源によって2種類に分かれます。

1 粉じん作業

粉じんが発生する作業であって、じん肺にかかるおそれがあるものです。

具体例
- 屋内において耐火物を用いた炉を解体する作業
- 屋内のガラスを製造する工程において原料を溶解炉に投げ入れる作業
- 屋内において研磨材を用いて手持式動力工具により金属を研磨する作業　等

2 特定粉じん作業

粉じん作業のうち、**粉じん発生源が特定粉じん発生源である作業**です。

具体例
- 屋内のセメントを袋詰めする箇所における作業
- 屋内の粉状の炭素製品を袋詰めする箇所における作業
- 屋内の固定の溶射機により金属を溶射する箇所における吹き付けの作業　等

設備

　特定粉じん作業は、一般の粉じん作業より厳しい規制が設けられています。**屋内の特定粉じん作業では、密閉する設備や局所排気装置等の措置を講じなければなりません**。また、すべての粉じん作業を行う作業場では、労働者が健康被害を受けないよう、**発生した粉じんを作業場内に拡散させず、適切に除去するための除じん装置を設置することが義務付けられています**。特に粉じんの種類にヒュームがある場合、ヒュームに適した除じん装置を設けなければなりません。

▼粉じん作業の種類による設備の措置

粉じん作業の種類	必要な措置
屋内の特定粉じん作業	管理区分に応じて密閉する設備、局所排気装置、プッシュプル型換気装置もしくは湿潤な状態に保つための設備の設置又はこれらと同等以上の措置
特定粉じん作業以外の屋内の粉じん作業	**全体換気装置**による換気の実施またはこれと同等以上の措置

▼粉じんの種類による除じん装置

粉じんの種類	除じん方式
ヒューム	ろ過除じん方式、電気除じん方式
ヒューム以外の粉じん	**サイクロン**による方式、**スクラバ**による方式、ろ過除じん方式、電気除じん方式

その他

　その他の決まりとして、次のものがあります。

- **特定粉じん作業であるかを問わず、**粉じん作業を行う屋内作業場では、**毎日 1 回以上、清掃を実施しなければならない。**
- 作業環境測定は 6 か月以内ごとに 1 回実施し、その記録を 7 年間保存しなければならない。

memo　**ヒューム**…金属が高温で加熱された際に発生する非常に細かい微粒子のこと。溶接などの金属加工時に金属が高温により気体となり、空気中で冷やされ、固体の微粒子に凝縮されることでできる。
サイクロンによる方式…空気の渦流を利用して、粉じんを遠心力で分離・収集する方法。
スクラバによる方式…粉じんや微細な粒子に水の霧（ミスト）を噴霧して捕集する方法。
ろ過除じん方式…フィルターなどを通して空気中の粉じんや粒子を捕集する方法。
電気除じん方式…粉じんを帯電させ、電極に引き寄せて捕集する方法。

4 関係法令
有害

14 粉じん障害防止規則

ココが出る！

①粉じん作業のうち、特定粉じん作業に該当するものを問われる。

「**袋詰めする**箇所における作業」「**固定の溶射機**」が特定粉じん作業だよ！

②粉じん作業の作業環境測定は **6か月**以内ごとに1回行い、記録の保存は **7年間**である。

③ヒュームの除じん装置は、ろ過除じん方式もしくは電気除じん方式である。**ヒュームには、サイクロンやスクラバによる除じん方式は適さない。**

過去問にチャレンジ！

問 粉じん作業に係る次の粉じん発生源のうち、法令上、特定粉じん発生源に該当するものはどれか。

(1) 屋内の、ガラスを製造する工程において、原料を溶解炉に投げ入れる箇所
(2) 屋内の、耐火物を用いた炉を解体する箇所
(3) 屋内の、研磨材を用いて手持式動力工具により金属を研磨する箇所
(4) 屋内の、粉状のアルミニウムを袋詰めする箇所
(5) 屋内の、金属をアーク溶接する箇所

▼ 解答・解説

屋内の、粉状のアルミニウムを袋詰めする箇所は特定粉じん発生源に該当する。

正解　**(4)**

粉じん則・石綿則・じん肺法　　優先度 そこそこ出る ★★★

15 石綿障害予防規則

石綿障害予防規則は、石綿（アスベスト）による健康被害を防ぐための規則です。以前は建材などに使われていましたが、重篤な病気を引き起こしうることがわかり、厳しく規制されました。

まずはこれだけ！

- 石綿等の除去作業では、電動ファン付き呼吸用保護具、又はこれと同等以上の性能を有する空気呼吸器、酸素呼吸器、送気マスクを使用する。

記録の保存

石綿の粉じんを発散する場所において、常時石綿等を取り扱う作業に従事する労働者については、「労働者の氏名」「従事した作業の概要及び期間」「作業の事前調査の記録」等の作業の記録を 40 年間保存します。また、事業者が行った作業環境測定の記録や特定化学物質健康診断個人票も 40 年間保存します。

掃除

石綿等を常時取り扱い又は試験研究のため製造する作業場等の床等は、水洗する等粉じんの飛散しない方法によって、**毎日 1 回以上、掃除**を行わなければなりません。

事業廃止時の提出書類

石綿等を取り扱い又は試験研究のため製造する事業者が事業を廃止する際には、次の書類を所轄労働基準監督署長に提出しなければなりません。

提出書類
- 石綿関係記録等報告書　・石綿健康診断個人票　・作業環境測定の記録
- 作業の記録（労働者の氏名、従事した作業の概要及び期間、作業の事前調査の記録等）

ココが出る！

①石綿を取り扱う作業場では**毎日掃除**する。

注意 「**毎週1回以上**」という誤りが出題される。

②「**定期自主検査の記録、作業主任者の選任届、特別教育の記録**」は事業廃止時に所轄労働基準監督署長に提出する書類に**含まれない**。

過去問にチャレンジ！

問 石綿障害予防規則に基づく措置に関する次の記述のうち、誤っているものはどれか。

(1) 石綿等を取り扱う屋内作業場については、6か月以内ごとに1回、定期に、空気中の石綿の濃度を測定するとともに、測定結果等を記録し、これを40年間保存しなければならない。

(2) 石綿等の粉じんが発散する屋内作業場に設けられた局所排気装置については、原則として、1年以内ごとに1回、定期に、自主検査を行うとともに、検査の結果等を記録し、これを3年間保存しなければならない。

(3) 石綿等の取扱いに伴い石綿の粉じんを発散する場所における業務に常時従事する労働者に対し、雇入れ又は当該業務への配置替えの際及びその後6か月以内ごとに1回、定期に、特別の項目について医師による健康診断を行い、その結果に基づき、石綿健康診断個人票を作成し、これを当該労働者が当該事業場において常時当該業務に従事しないこととなった日から40年間保存しなければならない。

(4) 石綿等の取扱いに伴い石綿の粉じんを発散する場所において、常時石綿等を取り扱う作業に従事する労働者については、1か月を超えない期間ごとに、作業の概要、従事した期間等を記録し、これを当該労働者が当該事業場において常時当該作業に従事しないこととなった日から40年間保存するものとする。

(5) 石綿等を取り扱う事業者が事業を廃止しようとするときは、石綿関係記録等報告書に、石綿等に係る作業の記録及び局所排気装置、除じん装置等の定期自主検査の記録を添えて所轄労働基準監督署長に提出しなければならない。

▼ 解答・解説

石綿等を取り扱う事業者が事業を廃止しようとするとき、定期自主検査の記録は所轄労働基準監督署長に提出しなくてよい。

正解 **(5)**

粉じん則・石綿則・じん肺法　　優先度 そこそこ出る ★★★

16 じん肺法

粉じん障害防止規則は、作業環境管理や作業管理の規定だったのに対し、じん肺法は、じん肺にかかった労働者の健康管理・治療の規定が主となった法律です。

まずはこれだけ！

- じん肺とは、金属等の粉じんを吸入することによって肺が繊維化する健康障害をいう。
- じん肺の特殊健康診断結果は、都道府県労働局長に報告する。

じん肺管理区分

　じん肺管理区分とは、粉じん作業従事者の健康管理のため、じん肺健康診断の結果に基づいて労働者ごとに決定される区分をいいます。

　事業者は労働者にじん肺の所見があると診断された場合、**都道府県労働局長へじん肺管理区分の決定申請**をします。申請が受け付けられると、じん肺健康診断の結果等を踏まえた地方じん肺診査医の意見を踏まえ、**都道府県労働局長がじん肺管理区分を決定**し、事業者に通知します。都道府県労働局長から通知を受けた事業者は、その決定されたじん肺管理区分等を労働者に通知しなければなりません。

　じん肺の管理区分ごとに行う措置が異なり、**管理区分1は所見なし（異常なし）、管理区分2もしくは3は経過観察、管理区分4では療養が必要です。ただし、管理区分2、管理区分3であっても、同時に合併症を罹患している場合は、療養が必要です。**

▼ じん肺管理区分

じん肺管理区分	健康診断結果	措置
管理区分1	所見なし	なし
管理区分2	エックス線写真の像が第1型で、肺機能に著しい障害なし	経過観察
管理区分3イ	エックス線写真の像が第2型で、肺機能に著しい障害なし	
管理区分3ロ	エックス線写真の像が第3型又は第4型(大陰影あり)で、肺機能に著しい障害なし	
管理区分4	・エックス線写真の像が第4型(大陰影あり) ・エックス線写真の像が第1～第4型のいずれかであり、肺機能に著しい障害がある	療養

地方じん肺診査医とは、じん肺法に基づいてじん肺の診断や審査、関連業務を行う者を指します。じん肺の専門家だとイメージしましょう。

特殊健康診断

じん肺はある程度進行すると、粉じんへのばく露を中止しても肺に生じた変化は治らず、更に進行する性質があるため、常時粉じん作業に従事する労働者のほか、過去に粉じん作業に従事したことがある労働者に対しても特殊健康診断が必要です。**じん肺の特殊健康診断の実施頻度**は、管理区分と業務への従事状況を踏まえ、次のように定められています。なお、特殊健康診断の記録は管理区分に関わらず、**7年間**保存しなければなりません。

▼ じん肺健康診断の頻度

粉じん作業従事者	じん肺管理区分	頻度
常時粉じん作業に従事	1	3年以内ごと
	2, 3	1年以内ごと
過去に常時粉じん作業に従事したことがあり、現在は粉じん作業に従事していない	2	3年以内ごと
	3	1年以内ごと

ココが出る!

①じん肺管理区分

管理区分2、管理区分3であり、**かつ**合併症に罹患している場合は、療養が必要である。

②記録の保存

じん肺の記録の保存年数は**7年間**である。

---

4 関係法令 有害

16 じん肺法

過去問にチャレンジ!

問 じん肺法に関する次の記述のうち、法令上、誤っているものはどれか。

(1) 都道府県労働局長は、事業者等からじん肺健康診断の結果を証明する書面等が提出された労働者について、地方じん肺診査医の診断又は審査によりじん肺管理区分を決定する。

(2) 事業者は、常時粉じん作業に従事する労働者で、じん肺管理区分が管理一であるものについては、3年以内ごとに1回、定期的に、じん肺健康診断を行わなければならない。

(3) 事業者は、常時粉じん作業に従事する労働者で、じん肺管理区分が管理二又は管理三であるものについては、1年以内ごとに1回、定期的に、じん肺健康診断を行わなければならない。

(4) じん肺管理区分が管理四と決定された者は、療養を要する。

(5) 事業者は、じん肺健康診断に関する記録及びエックス線写真を5年間保存しなければならない。

▼解答・解説 --

じん肺健康診断に関する記録及びエックス線写真は7年間保存しなければならない。

正解 **(5)**

その他の労働安全衛生法関係省令　　　　優先度 まれに出る ★ ★ ★

17 特定化学物質障害予防規則

特定化学物質とは、化学物質の中でも特に有害性が高く発がん性も高い物質や、大量にばく露すると中毒を引き起こす物質のことです。

まずはこれだけ！
- 特定化学物質は、有害性等により、第1類、第2類、第3類に分類される。
- 有機溶剤のうち、発がん性が高いものは特別有機溶剤として区分され、特定化学物質障害予防規則の対象となっているものがある。

特定化学物質の種類

特定化学物質は、有害性によって第1類、第2類、第3類の大きく3種類に分類されています。さらに、第1類物質全てと、特別有機溶剤など第2類物質の中でも**特に発がん性が高い物質をまとめて特別管理物質**と呼びます。

1 第1類物質

がん等の慢性障害を引き起こす物質のうち、特に有害性が高く、製造にあたって厚生労働大臣の許可が必要な物質。**製造の許可は、物質ごと、かつ、製造するプラント（複数の設備まとまり）ごとに受ける**必要がある。

2 第2類物質

がん等の慢性障害を引き起こす物質のうち、第1類物質に該当しないもの。第2類物質の中で、有害性や求められる管理の方法の違いにより、特定第2類物質や管理第2類物質などに区分されている。有機溶剤のうち、エチルベンゼン、1,2-ジクロロプロパン、クロロホルムなど、**特に発がん性が認められた有機溶剤を特別有機溶剤**と呼び、第2類物質の中に区分されている。

3 第3類物質

大量漏えいにより急性中毒を引き起こす物質。

第1類物質は、「有害物に関する規制等」で学んだ製造許可物質のことです (p.184)。

労働衛生管理

健康障害を防ぐため、次のような管理が定められています。

■ 作業主任者

特定化学物質を取り扱う作業場では、すべての種類の特定化学物質について、**作業主任者**の選任が必要です。特定化学物質及び四アルキル鉛等作業主任者技能講習を修了した者のうちから、特定化学物質作業主任者を選任します。なお、特別有機溶剤を取り扱う作業では、有機溶剤作業主任者技能講習を修了した者を特定化学物質作業主任者として選任します。

■ 特別管理物質

第1類及び第2類物質のうち、特に、がん原性のある物質（疑いのあるものを含む）を特別管理物質と呼びます。特に厳格な管理が求められ、**特別管理物質**を製造又は取り扱う作業においては、次の記録を **30年間**保存する必要があります。

> 記録内容
> - 作業環境測定の記録
> - 作業の記録（労働者の氏名、従事した作業の概要及び期間、汚染される事態が生じたときの概要等）
> - 特定化学物質健康診断個人票

▼ 特定化学物質の管理まとめ

種類	第1類物質	第2類物質	第3類物質
物質例	ジクロルベンジジン、アルファーナフチルアミン、塩素化ビフェニル、オルトートリジン、ジアニシジン、ベリリウム、ベンゾトリクロリド	エチレンオキシド、アクリルアミド、塩化ビニル、塩素、ベンゼン、ホルムアルデヒド、クロム酸、クロロホルム 等	アンモニア、一酸化炭素、硝酸、硫酸 等
作業主任者	○※1		
作業環境測定	○	○	×
特殊健康診断	○	○※2	×
設備	発散源を密閉する設備、囲い式フードの局所排気装置又はプッシュプル型換気装置	原則、発散源を密閉する設備。密閉することが著しく困難な場合等は局所排気装置又はプッシュプル型換気装置※3※4	法的義務なし
留意点	製造する場合は厚生労働大臣の許可が必要	―	

※1 試験・研究の業務は不要である。
※2 エチレンオキシドとホルムアルデヒドは対象外。
※3 溶接ヒュームは全体換気装置。
※4 特別有機溶剤等は有機溶剤中毒予防規則に準じる。

事業廃止の報告

特別管理物質を製造・取り扱う事業者が**事業を廃止する**際は、次の書類を所轄労働基準監督署長へ提出しなければなりません。

提出書類

- 特別管理物質等関係記録等報告書
- 作業環境測定の記録
- 作業の記録（労働者の氏名、従事した作業の概要及び期間、汚染される事態が生じたときの概要等）
- 特定化学物質健康診断個人票

がんは晩発性の健康障害であることから、発がん性の高い特別管理物質を取り扱う作業等に従事していた労働者は、事業が廃止された数年後にもがんを発症する可能性があります。事業廃止後にも労働災害の認定が行えるよう、労災認定に必要な書類は事業廃止時に労働基準監督署長に提出が必要です。

用後処理

用後処理とは、化学物質の後始末をいいます。特定化学物質の中には用後処理まで定められているものがあり、除じん、排ガス処理、排液処理、残さい物処理及びぼろ等の処理の規定があります。

> **ココが出る！**
>
> ①第1類物質を製造するには厚生労働大臣の許可が必要である。
>
> ②特別管理物質を製造・取り扱う事業を廃止する際、**定期自主検査の記録、作業主任者の選任届、特別教育の記録は提出しなくてよい**。
>
> ③シアン化ナトリウムの用後処理に関する穴埋め問題
> シアン化ナトリウムの用後処理は、**酸化・還元方式**もしくは**活性汚泥方式**による**排液処理**装置又はこれらと同等以上の性能を有する**排液処理**装置を設けなければならない。

> 特定化学物質によって用後処理の方法は異なりますが、試験によく出題されるのはシアン化ナトリウムです。穴埋め問題のパターンは決まっているので赤字のキーワードをしっかり覚えましょう。

過去問にチャレンジ！

問 特定化学物質障害予防規則に関する次の記述のうち、正しいものはどれか。

(1) 第一類物質は、「クロム酸及びその塩」をはじめとする7種の発がん性の認められた化学物質並びにそれらを一定量以上含有する混合物である。

(2) 第一類物質または第二類物質を製造しようとする者は、あらかじめ所轄都道府県労働局長の許可を受けなければならない。

(3) 第一類物質を容器に入れ、容器から取り出し、又は反応槽等へ投入する作業を行うときは、発散源を密閉する設備、外付け式フードの局所排気装置又はプッシュプル型換気装置を設けなければならない。

(4) シアン化ナトリウムを含む排液については、所定の性能を有する排液処理装置により処理しなければならない。

(5) 第一類物質または第二類物質を製造し、または取り扱う業務に常時従事する労働者に対しては、1年以内ごとに1回、定期に、特別の項目による健康診断を行わなければならない。

▼解答・解説

(1) 第一類物質は、「ジクロルベンジジン及びその塩」をはじめとする7種類の発がん性の認められた化学物質である。クロム酸及びその塩は第二類物質である。

(2) 第一類物質を製造しようとする者には、厚生労働大臣の許可が必要であるが、第二類物質には許可不要である。

(3) 第一類物質を容器に入れ、容器から取り出し、または反応槽等へ投入する作業を行うときは、当該作業場所に、第一類物質のガス、蒸気、もしくは粉じんの発散源を密閉する設備、囲い式フードの局所排気装置またはプッシュプル型換気装置を設けなければならない。

(5) 第一類物質または第二類物質を製造し、または取り扱う業務に常時従事する労働者に対しては、1年以内ごとに1回ではなく、6か月ごとに1回、定期に、特別の項目による健康診断を行わなければならない。

正解 **(4)**

その他の労働安全衛生法関係省令　　　優先度 まれに出る ★ ★ ★

18 電離放射線障害防止規則

医療現場や原子力施設、研究機関など、放射線を使用・発生する作業場では労働者を被ばくから守らなくてはいけません。試験では、管理区域と被ばく線量の上限について出題されます。

まずはこれだけ！

✓ 放射線が扱われる場所のうち、一定の基準を超える放射線量があり、特に被ばくリスクが高くなる可能性がある区域を管理区域という。

管理区域

管理区域は、作業場の放射線の量や被ばくした際の体内での影響を考慮し、次のように定義されています。

管理区域の定義

- 管理区域とは、外部放射線による実効線量と空気中の放射性物質による実効線量との合計が **3か月** 間につき **1.3mSv** を超えるおそれのある区域、または、放射性物質の表面密度が厚生労働大臣の定める限度の **10分の1** を超えるおそれのある区域をいう。
- 管理区域における外部放射線による実効線量の算定は **1cm** 線量当量によって行う。

memo **mSv**（ミリシーベルト）…放射線が人体に与える影響の大きさを表す単位。
実効線量…体内に取り込まれた放射性物質による内部被ばくも考慮して、放射線が人体全体に与える影響を評価する指標。
1cm 線量当量…皮膚から1cmの深さで受ける放射線量。

実効線量の被ばく限度

放射線業務に従事する労働者に対して、被ばく量の限度が次のように定められています。

被ばく量の限度

- 男性又は妊娠の可能性のない女性は **5 年間**につき **100mSv**、かつ、**1 年間**につき **50mSv**。
- 妊娠が可能な女性（妊娠中の女性は除く）は 3 か月間につき 5mSv とする。

ココが 出る!

管理区域の定義と実効線量の限度について、穴埋め問題が出題される。

過去問にチャレンジ！

問　電離放射線障害防止規則に基づく管理区域に関する次の文中の [ ] 内に入れる A から C の語句又は数値の組合せとして、正しいものは (1) ～ (5) のうちどれか。

① 管理区域とは、外部放射線による実効線量と空気中の放射性物質による実効線量との合計が [A] 間につき [B] を超えるおそれのある区域又は放射性物質の表面密度が法令に定める表面汚染に関する限度の 10 分の 1 を超えるおそれのある区域をいう。

② ① の外部放射線による実効線量の算定は、[C] 線量当量によって行う。

	A	B	C
(1)	1 か月	1.3mSv	70 μm
(2)	1 か月	5mSv	1cm
(3)	3 か月	1.3mSv	70 μm
(4)	3 か月	1.3mSv	1cm
(5)	3 か月	5mSv	70 μm

▼ 解答・解説

正解　(4)

労働基準法　優先度 そこそこ出る ★★★

19 労働時間の延長制限

第1章関係法令（有害業務に係るもの以外のもの）では、基本的な労働時間などを学びました。ここでは「有害業務」等から労働者の健康や安全を守るための決まりについて学びましょう。

まずはこれだけ！

- 時間外労働に関する協定（36協定）によって、労働時間を延長できる。
- 労働時間が長時間に及ぶことにより、職業性疾病のリスクが高まる可能性がある有害業務について、労働時間の延長の制限を設けている。

労働時間の延長制限業務

次の業務について労働時間を延長する場合、**1日の延長時間が2時間を超えてはいけません**。

▼労働時間の延長制限業務

① 多量の高熱物体を取り扱う業務及び著しく暑熱な場所における業務
② 多量の低温物体を取り扱う業務及び著しく寒冷な場所における業務
③ ラジウム放射線、エックス線その他有害放射線にさらされる業務
④ 土石、獣毛等のじんあい又は粉末を著しく飛散する場所における業務
⑤ 異常気圧下における業務
⑥ 削岩機、鋲打機等の使用によって身体に著しい振動を与える業務
⑦ 重量物の取り扱い等重激な業務
⑧ ボイラー製造等強烈な騒音を発する場所における業務
⑨ 鉛、水銀、クロム、砒素、黄りん、弗素、塩素、塩酸、硝酸、亜硫酸、硫酸、一酸化炭素、二硫化炭素、青酸、ベンゼン、アニリンその他これに準ずる有害物の粉じん、蒸気又はガスを発散する場所における業務

①〜⑨は、**有害**業務

⑩ 坑内労働 ———— **坑内**
⑪ その他厚生労働大臣の指定する業務

ココが出る!

1日の延長時間が2時間を超えてはならない業務は、「**有害**業務」と「**坑内労働**」である。
「**病原体によって汚染された物を取り扱う業務**」や「**腰部に負担のかかる立ち作業の業務**」等は、有害業務や坑内労働に該当しない。

過去問にチャレンジ！

問 次のAからDの業務について、労働基準法に基づく時間外労働に関する協定を締結し、これを所轄労働基準監督署長に届け出た場合においても、労働時間の延長が1日2時間を超えてはならないものの組み合わせは、(1)～(5)のうちどれか。

A 病原体によって汚染された物を取り扱う業務
B 腰部に負担のかかる立ち作業の業務
C 多量の低温物体を取り扱う業務
D 鉛の粉じんを発散する場所における業務

(1) A、B　(2) A、C　(3) B、C　(4) B、D　(5) C、D

▼ 解答・解説

A 病原体によって汚染された物を取り扱う業務は、労働時間の延長制限業務に該当しない。
B 腰部に負担のかかる立ち作業の業務は、労働時間の延長制限業務に該当しない。
C 多量の低温物体を取り扱う業務は、労働時間の延長制限業務に該当する。
D 鉛の粉じんを発散する場所における業務は、労働時間の延長制限業務に該当する。

正解　**(5)**

労働基準法　　　　　　　　　　　　　優先度 そこそこ出る ★★★

20 年少者

年少者は満18歳未満の者を指します。年少者を過労や危険から守り、健康で安全に成長できるようにするために、労働基準法で就業制限等を設けています。

まずはこれだけ！
- 健康障害のリスクが高い業務から年少者を守り、教育や健全な発育の機会を確保する。

年少者の主な就業制限業務

身体的に成長段階にある年少者は、労働が健康や発育に悪影響を与えないよう就業制限がされています。次の業務は年少者について、就業が制限される業務の一例です。

▼ 年少者の就業制限業務（一部）

① 多量の高熱物体を取り扱う業務及び著しく暑熱な場所における業務
② 多量の低温物体を取り扱う業務及び著しく寒冷な場所における業務
③ ラジウム放射線、エックス線その他有害放射線にさらされる業務
④ 土石、獣毛等のじんあい又は粉末を著しく飛散する場所における業務
⑤ 異常気圧下における業務
⑥ 削岩機、鋲打機等の使用によって身体に著しい振動を与える業務
⑦ 一定の重量以上の重量物を取り扱う業務
⑧ 水銀、砒素、黄りん、弗化水素酸、塩酸、硝酸、シアン化水素、水酸化ナトリウム、水酸化カリウム、石炭酸その他これらに準ずる有害物を取り扱う業務
⑨ 鉛、水銀、クロム、砒素、黄りん、弗素、塩素、シアン化水素、アニリンその他これらに準ずる有害物のガス、蒸気又は粉じんを発散する場所における業務
⑩ 強烈な騒音を発する場所における業務

①〜⑩は、**有害**業務

⑪ 坑内労働 ────────────────── **坑内**
⑫ 病原体によって著しく汚染のおそれのある業務 ── **病原体**
⑬ 焼却、清掃又はと殺の業務 ──────────── **と殺**

ココが出る！

「満18歳に満たない者を就かせてはならない業務に**該当しないもの**」を問う問題が出題される。

「**給湿を行う紡績又は織布の業務**」「**超音波にさらされる業務**」「**紫外線にさらされる業務**」「**赤外線にさらされる業務**」は、年少者の就業制限業務に該当しない。

試験対策上は「該当しないもの」を覚えてしまったほうが楽です！

過去問にチャレンジ！

問 労働基準法に基づき、満18歳に満たない者を就かせてはならない業務に該当しないものは次のうちどれか。
(1) 病原体によって著しく汚染のおそれのある業務
(2) 超音波にさらされる業務
(3) 多量の高熱物体の取り扱う業務
(4) 著しく寒冷な場所における業務
(5) 強烈な騒音を発する場所における業務

▼解答・解説
超音波にさらされる業務は、満18歳に満たない者を就かせてはならない業務に該当しない。

正解　**(2)**

労働基準法　　　　　　　　　優先度 **よく出る** ★★★

21 女性

通常、性別によって職業の制限を設けることは不適切ですが、有害業務等には出産・胎児に悪影響を及ぼすものがあります。母体保護の観点から、女性に就業制限が設けられています。

まずはこれだけ！

- 労働基準法・女性労働基準規則で、女性の就業禁止業務が定められている。
- 妊娠中や出産後の女性（妊産婦）は、特に健康に配慮するため、危険・有害な作業や深夜業について制限されている。

女性の就業制限

次の業務については、女性の体への負担が大きいため、就業を制限しています。

就業制限業務

- **鉛**、水銀、砒素化合物、二硫化炭素、エチルベンゼンその他これらに準ずる有害物のガス、蒸気または粉じんを発散する場所における業務
- **坑内**で行われる業務のうち人力により行われる掘削の業務等
- 次に掲げる重量以上の**重量物**を取り扱う業務

▼ **女性の重量物取扱の制限**

年齢	断続作業	継続作業
満16歳未満	12	8
満16歳以上満18歳未満	25	15
満18歳以上	30	20

※単位はkg

断続作業と継続作業

- **断続作業**：作業と作業の間に他の作業を行うもの。
  具体例：運送業で、荷物を届ける（重い荷物を持つ）という作業のほかに届け先に向かうため車の運転をする場合。

- 継続作業：同じ作業をずっと行うこと。
    具体例：倉庫の荷物整理などで、台車に荷物を積み込み、棚まで荷物を運んで、また台車へと同じ作業を繰り返す場合。

一般的に断続作業に比べ、継続作業の方が体への負担が大きいため、取り扱える重量も継続作業の方が厳しく定められています。

妊産婦の主な就業禁止業務

妊産婦とは、妊娠中の女性及び産後1年を経過しない女性を指します。妊産婦は女性の就業制限に加えて、妊娠、出産、授乳などに影響を及ぼすおそれのある次の業務についても就業禁止としています。

▼妊産婦の就業禁止業務

業務	妊娠中の女性	産後1年を経過しない女性
①鉛、水銀、砒素化合物、二硫化炭素、エチルベンゼンその他これらに準ずる有害物のガス、蒸気または粉じんを発散する場所における業務	**申出がなくとも**就業禁止（絶対就業禁止）	**申出がなくとも**就業禁止（絶対就業禁止）
②坑内で行われる業務のうち人力により行われる掘削の業務等	^	^
③一定以上の重量物を取り扱う業務	^	^
④削岩機、鋲打機等身体に著しい振動を与える機械器具を用いて行う業務	^	^
⑤坑内で行われるすべての業務（上記②を除く）	^	**申し出た場合**、就業禁止
⑥多量の高熱物体を取り扱う業務	^	^
⑦著しく暑熱な場所における業務	^	^
⑧多量の低温物体を取り扱う業務	^	^
⑨著しく寒冷な場所における業務	^	^
⑩異常気圧下における業務	^	^

「申出がなくとも」というのは、"**その業務に従事しない（させないでほしい）**"という労働者からの申出がなくても、使用者が就業させることができない業務です。仮に妊娠中の女性や産後1年を経過しない女性が該当の業務に「従事したい」と申し出たとしても就業させることができません。

ココが出る!

産後1年を経過しない女性の就業禁止業務について、次のような誤りの選択肢が出題される。

＜誤りのパターン＞

× **注意** 「満18歳以上で産後8週間を経過したが1年を経過しない女性から、削岩機、鋲打機等身体に著しい振動を与える機械器具を用いて行う業務に従事しない旨の申し出がない場合には、当該業務に就かせることができる。」

正しくは→削岩機、鋲打機等身体に著しい振動を与える機械器具を用いて行う業務は、産後絶対就業不可の業務のため、**産後1年を経過しない女性からの申出がなくても**就業させることはできない。

4
関係法令 [有害]
21 女性

過去問にチャレンジ！

問 労働基準法に基づく有害業務への就業制限に関する次の記述のうち、誤っているものはどれか。

(1) 満18歳未満の者は、土石、獣毛等のじんあいまたは粉末を著しく飛散する場所における業務に就かせてはならない。

(2) 満18歳未満の者は、強烈な騒音を発する場所における業務に就かせてはならない。

(3) 妊娠中の女性は、著しく暑熱な場所における業務に就かせてはならない。

(4) 満18歳以上で産後8週間を経過したが1年を経過しない女性から、著しく寒冷な場所における業務に従事しない旨の申し出があった場合には、当該業務に就かせてはならない。

(5) 満18歳以上で産後8週間を経過したが1年を経過しない女性から、削岩機、鋲打機等身体に著しい振動を与える機械器具を用いて行う業務に従事しない旨の申し出がない場合には、当該業務に就かせることができる。

▼ 解答・解説

産後1年を経過しない女性から、削岩機、鋲打機等身体に著しい振動を与える機械器具を用いて行う業務に従事しない旨の申し出がなかった場合でも、使用者は当該業務にその女性を就業させてはならない。

正解 **(5)**

よく出る！頻出過去問 & 完全解説

> 解答・解説はp.246参照

問1 常時400人の労働者を使用する製造業の事業場における衛生管理体制に関する(1)～(5)の記述のうち、法令上、誤っているものはどれか。ただし、400人中には、屋内作業場において次の業務に常時従事する者が含まれているが、その他の有害業務はないものとし、衛生管理者及び産業医の選任の特例はないものとする。

深夜業を含む業務	200人
多量の高熱物体を取り扱う業務	50人
塩素を試験研究のために取り扱う作業を行う業務	30人

(1) 総括安全衛生管理者を選任しなければならない。
(2) 衛生管理者のうち少なくとも1人を専任の衛生管理者としなければならない。
(3) 衛生管理者は、全て第一種衛生管理者免許を有する者のうちから選任することができる。
(4) 産業医はこの事業場に専属でない者を選任することができる。
(5) 特定化学物質作業主任者を選任しなくてよい。

問2 次のAからDの作業について、法令上、作業主任者の選任が義務付けられているものの組合せは(1)～(5)のうちどれか。

A 水深10m以上の場所における潜水の作業
B セメント製造工程においてセメントを袋詰めする作業
C 製造工程において硫酸を用いて行う洗浄の作業
D 石炭を入れてあるホッパーの内部における作業

(1) A、B (2) A、C (3) A、D (4) B、C (5) C、D

問3 次の業務に労働者を就かせるとき、法令に基づく安全または衛生のための特別の教育を行わなければならないものに該当しないものはどれか。

(1) 石綿等が使用されている建築物の解体等の作業に係る業務
(2) 高圧室内作業に係る業務
(3) 有機溶剤等を用いて行う接着の業務

(4) 廃棄物の焼却施設において焼却灰を取り扱う業務

(5) エックス線装置を用いて行う透過写真の撮影の業務

問4 次の装置のうち、法令上、定期自主検査の実施義務が規定されているものはどれか。

(1) 塩化水素を重量の20%含有する塩酸を使用する屋内の作業場所に設けた局所排気装置

(2) アーク溶接を行う屋内の作業場所に設けた全体換気装置

(3) エタノールを使用する作業場所に設けた局所排気装置

(4) アンモニアを使用する屋内の作業場所に設けたプッシュプル型換気装置

(5) トルエンを重量の10%含有する塗料を用いて塗装する屋内の作業場所に設けた局所排気装置

問5 屋内作業場において、第二種有機溶剤等を使用して常時洗浄作業を行う場合の措置として、法令上、誤っているものは次のうちどれか。ただし、有機溶剤中毒予防規則に定める適用除外および設備の特例はないものとする。

(1) 作業場所に設けた局所排気装置について、囲い式フードの場合は0.4m/sの制御風速を出し得る能力を有するものにする。

(2) 有機溶剤等の区分の色分けによる表示を黄色で行う。

(3) 作業場における空気中の有機溶剤の濃度を、6か月以内ごとに1回、定期に測定し、その測定結果等の記録を3年間保存する。

(4) 作業に常時従事する労働者に対し、6か月以内ごとに1回、定期に、特別の項目について医師による健康診断を行い、その結果に基づき作成した有機溶剤等健康診断個人票を3年間保存する。

(5) 労働者が有機溶剤を多量に吸入した場合は、速やかに、当該労働者に医師による診察または処置を受けさせる。

問6 酸素欠乏症等防止規則に関する次の記述のうち、法令上、誤っているものはどれか。

(1) 酸素欠乏とは、空気中の酸素の濃度が18%未満である状態をいう。

(2) 海水が滞留したことのあるピットの内部における作業については、酸素欠乏危険作業主任者技能講習を修了した者のうちから、酸素欠乏危険作業主任者を選任しなければならない。

問4 **(5)**　問5 **(4)**　問6 **(2)**

(3) 第一種酸素欠乏危険作業を行う作業場については、その日の作業を開始する前に、当該作業場における空気中の酸素の濃度を測定しなければならない。

(4) 酸素または硫化水素の濃度が法定の基準を満たすようにするために酸素欠乏危険作業を行う場所を換気するときは、純酸素を使用してはならない。

(5) し尿を入れたことのあるポンプを修理する場合で、これを分解する作業に労働者を従事させるときは、指揮者を選任し、作業を指揮させなければならない。

問7 厚生労働大臣が定める規格を具備しなければ、譲渡し、貸与し、または設置してはならない機械等に該当するものは次のうちどれか。

(1) 送気マスク　(2) 酸素呼吸器　(3) 放射線測定器

(4) アンモニア用防毒マスク　　(5) 検知管方式による一酸化炭素検定器

問8 労働安全衛生規則の衛生基準について、誤っているものは次のうちどれか。

(1) 硫化水素濃度が5ppmを超える場所には、関係者以外が立ち入ることを禁止し、かつ、その旨を見やすい箇所に表示しなければならない。

(2) 強烈な騒音を発生する屋内作業場においては、その伝ぱを防ぐため、隔壁を設ける等必要な措置を講じなければならない。

(3) 屋内作業場に多量の熱を放散する溶融炉があるときは、加熱された空気を直接屋外に排出し、又はその放射するふく射熱から労働者を保護する措置を講じなければならない。

(4) 病原体により汚染された排気、排液または廃棄物については、消毒、殺菌等適切な処理をした後に、排出し、又は廃棄しなければならない。

(5) 著しく暑熱又は多湿の作業場においては、坑内等特殊な作業場でやむを得ない事由がある場合を除き、休憩の設備を作業場外に設けなければならない。

問7 **(4)**　　問8 **(1)**

問9 法令に基づき定期に行う作業環境測定とその測定頻度との組合せとして、誤っているものは次のうちどれか。

(1) 鉛ライニングの業務を行う屋内作業場における空気中の鉛の濃度の測定 ……………………………………………… 6か月以内ごとに1回

(2) 動力により駆動されるハンマーを用いる金属の成型の業務を行う屋内作業場における等価騒音レベルの測定 ………… 6か月以内ごとに1回

(3) 第二種有機溶剤等を用いて塗装の業務を行う屋内作業場における空気中の有機溶剤の濃度の測定 ………………… 6か月以内ごとに1回

(4) 通気設備が設けられている坑内の作業場における通気量の測定 ……………………………………………… 半月以内ごとに1回

(5) 溶融ガラスからガラス製品を成型する業務を行う屋内作業場における気温、湿度およびふく射熱の測定 ………… 半月以内ごとに1回

問10 女性については、労働基準法に基づく危険有害業務の就業制限により次の表の左欄の年齢に応じ右欄の重量以上の重量物を取り扱う業務に就かせてはならないとされているが、同表に入れるAからCの数値の組合せとして正しいものは(1)〜(5)のうちどれか。

年齢	重量（単位　kg）	
	断続作業	継続作業
満16歳未満	A	8
満16歳以上満18歳未満	B	15
満18歳以上	30	C

	A	B	C
(1)	10	20	20
(2)	10	20	25
(3)	10	25	20
(4)	12	20	25
(5)	12	25	20

問9 (1)　問10 (5)

解答・解説

問1 (2)

本問の事業場は、「製造業」であるので、屋内産業的業種に該当する。よって、常時使用する労働者数が 400 人であるため、総括安全衛生管理者を選任しなければならない。

常時使用する労働者数が 400 人であるため、衛生管理者は 2 人以上選任しなければならない。また、常時使用する労働者数が 500 人を超えていないので、専任の衛生管理者も衛生工学衛生管理者の免許を有する者からも選任しなくてもよい。産業医についても、常時使用する労働者数が 500 人以下なので、専属の産業医でなくてよい。

また、特定化学物質である塩素を取り扱っているが、「試験研究のため」であるので、特定化学物質作業主任者は選任しなくてよい。

(1) (3) (4) (5) 上記の通り、正しい選択肢である。
(2) 上記の通り、専任の衛生管理者は選任しなくてよいので、誤りの選択肢である。よって、(2) が解答となる。

問2 (5)

作業主任者の選任が義務付けられているのは、特定化学物質を取り扱う作業に該当する「C 製造工程において硫酸を用いて行う洗浄の作業」と第一種酸素欠乏場所での作業に該当する「D 石炭を入れてあるホッパーの内部における作業」である。

問3 (3)

有機溶剤等を用いて行う接着の業務は、特別教育を行わなければならない業務ではない。

問4 (5)

(1) 塩化水素は特定化学物質の第 3 類物質にあたり、局所排気装置の設置義務が元々ないため、定期自主検査の対象にならない。
(2) 全体換気装置は、定期自主検査の対象にならない。
(3) エタノールを使用する作業場所は、局所排気装置の設置義務が元々ないため、定期自主検査の対象にならない。
(4) アンモニアは特定化学物質の第 3 類物質にあたり、プッシュプル型換気装置の設置義務が元々ないため、定期自主検査の対象にならない。
(5) トルエンを重量の 10% 含有する塗料は有機溶剤等含有物として有機溶剤中毒予防規則が適用され、当該塗料を扱う作業場所に設けた局所排気装置は 1 年以内ごとに 1 回の定期自主検査の実施義務がある。

問 5 (4)

作業に常時従事する労働者に対し、6 か月以内ごとに 1 回、定期に、特別の項目について医師による健康診断を行い、その結果に基づき作成した有機溶剤等健康診断個人票を 3 年間ではなく、5 年間保存する。

問 6 (2)

海水が滞留したことのあるピットの内部における作業は、第二種酸素欠乏危険作業に該当するため、酸素欠乏・硫化水素危険作業主任者技能講習を修了した者のうちから酸素欠乏危険作業主任者を選任しなければならない。

問 7 (4)

アンモニア用防毒マスクは、厚生労働大臣が定める規格を具備しなければ、譲渡し、貸与し、又は設置してはならない機械等に該当する。

問 8 (1)

硫化水素濃度が「10ppm」を超える場所には、関係者以外の者が立ち入ることを禁止し、かつ、その旨を見やすい箇所に表示しなければならない。

問 9 (1)

鉛ライニングの業務を行う屋内作業場における空気中の鉛濃度の測定は、6 か月以内ごとに 1 回ではなく、1 年以内ごとに 1 回行わなければならない。

問 10 (5)

解答の通り。

memo

第 **5** 章

労働衛生
（有害業務に係るもの）

この章では、様々な化学物質や作業環境が人体に及ぼす影響について学びます。具体的な化学物質の名称や特徴が必ず出題されています。化学物質は正しい名称を一度に暗記しようとするよりも、問題演習を行いながら少しずつ覚えていきましょう。

本章に関する試験情報

試験での出題数　**10** 問 /44 問

合格に必要な正答数　最低 **4** 問

● キーワード
・職業性疾病　・有機溶剤　・熱中症　・電離放射線　・職業がん
・じん肺　・管理濃度　・A 測定／B 測定　・局所排気装置
・防毒マスク／防じんマスク　・リスクアセスメント

労働衛生管理　　　　　　　　優先度 そこそこ出る ★★★

01 労働衛生管理

衛生管理者が行う「衛生管理」は、作業環境管理・作業管理・健康管理の3つの領域に分けられます。これらを「衛生管理の3管理」といいます。

まずはこれだけ！
- 衛生管理とは、労働者が仕事によって疾病にかからないようにする活動や労働者が生産性を十分に発揮できる健康状態を整える活動をいう。
- 衛生管理は、作業環境管理・作業管理・健康管理に分けられる。

衛生管理

衛生管理とは、**作業環境管理、作業管理、健康管理**を行うことにより、有害因子を除去・低減させ、労働者の健康の保持と増進を図ることをいいます。作業環境管理、作業管理、健康管理における措置の具体例は次の通りです。

1 作業環境管理
測定・評価・改善という3つのステップで、**設備的な改善（衛生工学的対策）により有害因子を取り除く**。使用している化学物質を有害性の低い物質に置き換える本質安全化対策も含まれる。

2 作業管理
作業方法等の見直し、改善といった**仕事のやり方を変える**ことで有害因子による負担を低減させる。

3 健康管理
健康診断等によって労働者の健康状態を把握し、**就業可否の判断・適正配置を行う**。また、**健康保持増進対策**による労働者の健康状態の維持向上を図る。

"有害因子"とは、作業環境上の温度条件や人体に有害な物質、作業によって生じる身体への負担など、健康障害の原因となるものです。

具体的には、暑すぎる・寒すぎるといった環境や有機溶剤など化学物質の蒸気・粉じん、重たい物を持つときの腰への負担などですね。

▼衛生管理の3管理の具体例

3つの管理	具体例
作業環境管理	・有害な化学物質を取り扱う設備を**密閉化**する。 ・粉じん作業を行う場所に設置した局所排気装置のフード付近の気流の**風速を測定**する。 ・ずい道建設工事の掘削作業において、土石または岩石を湿潤な状態に保つための**設備を設置**し、稼働する。 ・有機溶剤を使用する塗装方法を、有害性の低い水性塗料の塗装に変更する。
作業管理	・放射線業務において、管理区域を設定し、必要のある者以外の者を**立入禁止**にする。 ・情報機器作業に関して、椅子の座面の高さ、**キーボード、マウス等の位置を総合的に調整**させる。 ・防じんマスクなどの**保護具を使用**させることによって、有害物質に対するばく露量を低減する。 ・放射線業務に関して、個人被ばく線量測定器具により**労働者の被ばく線量を測定**する。 ・潜水業務において、水深、潜水時間、回数に応じた浮上**方法を遵守**する。 ・振動工具を用いる業務において、振動**ばく露時間を制限**する。
健康管理	・鉛**健康診断**の結果、従事することが適当でないと認めた者を配置転換する。 ・腰部に著しい負担を与える作業に従事する労働者に対し、**腰痛予防体操**を実施する。

ココが出る!

上表の各"具体例"が、作業環境管理・作業管理・健康管理のいずれに該当するのかが出題される。表内の赤字箇所をキーワードとして覚えよう。

作業環境管理は『**設備**』に関する内容、作業管理は『**作業方法や保護具、作業時間**』に関すること、健康管理は『**健康診断や体操**』がキーワードって覚えると覚えやすいよ!

5 労働衛生 有害
01 労働衛生管理

251

:::::::::::::::::: **過去問にチャレンジ！** ::::::::::::::::::

問 労働衛生対策を進めるに当たっては、作業管理、作業環境管理及び健康管理が必要であるが、次のAからEの対策例について、作業管理に該当するものの組合せは(1)～(5)のうちどれか。

A 振動工具の取扱い業務において、その振動工具の周波数補正振動加速度実効値の3軸合成値に応じた振動ばく露時間の制限を行う。

B 有機溶剤業務を行う作業場所に設置した局所排気装置のフード付近の吸い込み気流の風速を測定する。

C 強烈な騒音を発する場所における作業において、その作業の性質や騒音の性状に応じた耳栓や耳覆いを使用させる。

D 有害な化学物質を取り扱う設備を密閉化する。

E 鉛健康診断の結果、鉛業務に従事することが健康の保持のために適当でないと医師が認めた者を配置転換する。

(1) A, B　(2) A, C　(3) B, C　(4) C, D　(5) D, E

▼ 解答・解説 --

Aは、作業管理に該当する。

Bは、作業環境管理に該当する。

Cは、作業管理に該当する。

Dは、作業環境管理に該当する。

Eは、健康管理に該当する。

よって作業管理に該当するのはA、Cであり、(2) が該当する。

正解　(2)

職業性疾病 ①　　　　　　　　　優先度 **よく出る** ★★★

02 有害化学物質

有害化学物質が体内に取り込まれると、中毒症状や皮膚症状、呼吸器系症状等の健康障害を起こすことがあります。労働者の健康と安全を守るために、化学物質の特性を覚えましょう。

まずはこれだけ！

- 化学物質は、その性状（ガス、粉じん等）によりばく露経路（体内に入る経路）が変わる。
- 化学物質は、化学的・物理的特性で金属、有機溶剤、ガス等に分類される。

化学物質とその性状

化学物質は、常温・常圧（25℃、1気圧）のときに、気体状の物質である**ガス**と**蒸気**、粒子状の物質である**ミスト**、**粉じん**、**ヒューム**に分かれます。また加熱等により複数の状態にまたがる物質も存在します。

▼化学物質の状態と物質例

物質	状態	具体例
ガス	気体	一酸化炭素、塩化ビニル、臭化メチル、硫化水素、塩素、アンモニア、ホルムアルデヒド、二酸化硫黄　等
蒸気	気体	塩素化ビフェニル、アセトン、硫酸ジメチル、二硫化炭素、水銀、トリクロロエチレン（トリクロルエチレン）、ニッケルカルボニル、ノルマルヘキサン、アクリロニトリル　等
ミスト	液体	硫酸ジメチル、硫酸、塩素化ビフェニル、硝酸、トリクロロエチレン、ニッケルカルボニル、クロム酸、シアン化物、ニトログリコール　等
粉じん（ダスト）	固体	石綿、ジクロルベンジジン、アクリルアミド、無水クロム酸、二酸化マンガン、オルトトリジン　等
ヒューム	固体	酸化鉛、酸化カドミウム、酸化ベリリウム　等

※トリクロロエチレンやニッケルカルボニルは、蒸気としてもミストとしても存在しうる。

> memo
> **ガス**…常温・常圧で必ず気体として存在する物質。
> **蒸気**…常温・常圧で液体や固体であるものが、揮発して気体となった状態。
> **ヒューム**…非常に小さな金属粉じん。金属が加熱により気体へと変わった後、空気中の酸素と結合して固体に戻ったもの。

金属による職業性疾病

　金属は通常、固体として存在し、熱や電気をよく導く性質を持ちます。体内に入った際の**金属中毒の症状**は原因となっている物質によってそれぞれ異なります。主なものとしては消化器系、血液系、呼吸器系（肺、気管支）、神経系の症状、腎機能障害などがあり、次の表のような症状が現れます。

▼金属による職業性疾病

物質名			特徴・疾病・症状等
金属	鉛		貧血、末梢神経障害、伸筋麻痺、**腹部の疝痛**　等
	マンガン		パーキンソン病に似た症状（筋のこわばり、**ふるえ**、歩行困難）　等
	水銀	金属水銀	手指の震え、**感情不安定**、精神障害　等
		無機水銀	腎障害　等
		有機水銀	手指の震え、視野狭窄、運動失調　等
	カドミウム		急性中毒　～　上気道炎、肺炎　等
			慢性中毒　～　肺気腫、**腎障害**、門歯・犬歯の黄色環　等
	ベリリウム		**ベリリウム肺**（肺肉芽腫）　等
	砒素		急性中毒　～　嘔吐、呼吸障害、意識障害　等
			慢性中毒　～　角化症、**黒皮症**、皮膚がん、鼻中隔穿孔、末梢神経障害　等
	（六価）クロム		**鼻中隔穿孔**、肺がん、皮膚障害　等
	各種金属のヒューム		金属熱

亜鉛や銅などの金属のヒュームを吸入することで起こる高熱、悪寒、関節痛などの症状を**金属熱**といいます。

有機溶剤による職業性疾病

　有機溶剤とは、他の物質を溶かす性質を持った炭素を含む化学物質をいいます。主に液体として使用されることが多く、次の特徴を持ちます。

有機溶剤の特徴

- 引火性であるものが多い（ただし、トリクロロエチレン等のハロゲン化炭化水素は難燃性である）。
- **揮発性である**（＝蒸発しやすい）ものが多いため、呼吸による鼻や口からの吸入が多い。

 急性中毒…短期間に大量の有害物質に暴露されることで発生し、比較的すぐに症状が現れる。
　　　　　慢性中毒…長期間にわたり少量の有害物質に繰り返し暴露されることで発生し、徐々に症状が現れる。

- すべて脂溶性である（＝脂肪に溶けやすい）ため、脂肪の多い脳等に入りやすい。
- 粘膜への刺激作用があり、皮膚からも吸収される。
- 蒸気は一般に空気よりも重い。

　有機溶剤は脂溶性であることから、体内に入ると脳などの中枢神経系に入りやすく、**中枢神経系の症状（頭痛やめまい、失神、意識障害等）を起こしやすい**ことが特徴です。高濃度ばく露による急性中毒では、中枢神経系抑制作用により酩酊状態をきたし、重篤な場合は死に至ることもあります。一方、**低濃度の有機溶剤に繰り返しばく露すると、頭痛、めまい、記憶力の減退、不眠、不定愁訴**がみられます。有機溶剤ごとの特有の症状として、次の表のものがあります。

▼有機溶剤による職業性疾病

	物質名	特徴・疾病・症状等
有機溶剤	ノルマルヘキサン	末梢神経障害（多発性神経炎）等
	酢酸メチル	視神経障害 等
	メタノール	
	トルエン	中枢神経障害、精神障害 等
	キシレン	
	ベンゼン	造血器障害（再生不良性貧血）、白血病 等
	二硫化炭素	**精神障害、血管障害（網膜細動脈瘤）** 等
	N,N-ジメチルホルムアミド	頭痛、めまい、**肝機能障害** 等
	1,2-ジクロロプロパン	溶血性貧血、肝障害、腎障害、胆管がん 等
	トリクロロエチレン	頭痛、錯乱、肝障害、腎障害 等

酢酸メチルもメタノールも「メ」がつくから目（視神経）の病気って覚えたよ！

刺激性ガス、窒息性ガスによる職業性疾病

　刺激性ガスとは刺激臭があり、吸入すると気道の粘膜に溶け込み、炎症を引き起こすガスです。咳やのどの痛み、気管支炎などが代表例です。**窒息性ガス**とは、体内に吸引されると呼吸を困難にするものです。代表的なガス中毒は次の表の通りです。

▼ ガスによる職業性疾病

	物質名	特徴・疾病・症状等
ガス	一酸化炭素	酸欠症状（息切れ、頭痛、虚脱、意識混濁、健忘） ・不完全燃焼で発生、水に溶けにくい。 ・空気よりやや軽い（ほぼ同じ）。無色、無臭、刺激性がない。 ・ヘモグロビンと強く結合する。 ・後遺症として、健忘やパーキンソン症状がみられることがある。
	硫化水素	呼吸麻痺、意識消失 等
	シアン化水素	呼吸困難、痙攣、意識消失 等
	塩素	咽頭痛、咳、胸苦しさ、肺水腫 等
	二酸化窒素	慢性気管支炎、胃腸障害、歯牙酸蝕症 等
	二酸化硫黄	慢性気管支炎、歯牙酸蝕症 等
	塩化ビニル	レイノー症状、皮膚の硬化、肝血管肉腫 等
	弗化水素	骨の硬化、斑状歯 等

📍ココが出る！

化学物質ごとの健康障害について出題される。頻出のものから覚えよう。

① クロムによる中毒では鼻中隔穿孔、肺がん、皮膚障害がみられる。
② 二硫化炭素による中毒では精神障害、血管障害（網膜細動脈瘤）がみられる。
③ 塩化ビニルによる慢性中毒ではレイノー症状、皮膚の硬化、肝血管肉腫
がみられる。

過去問にチャレンジ！

問　化学物質による健康障害に関する次の記述のうち、誤っているものはどれか。

(1) 一酸化炭素は、赤血球中のヘモグロビンと強く結合し、体内組織の酸素欠
乏状態を起こす。
(2) シアン化水素による中毒では、細胞内での酸素利用の障害による呼吸困難、
けいれんなどがみられる。
(3) 硫化水素による中毒では、意識消失、呼吸麻痺などがみられる。
(4) 塩化ビニルによる慢性中毒では、慢性気管支炎、歯牙酸蝕症などがみられる。
(5) 弗化水素による慢性中毒では、骨の硬化、斑状歯などがみられる。

▼ 解答・解説
塩化ビニルによる慢性中毒ではレイノー症状、皮膚の硬化、肝血管肉腫等がみられる。

正解　(4)

職業性疾病②

03 有害エネルギー等とそれによる職業性疾病

優先度 よく出る ★★★

低温環境や高温環境、騒音等の有害エネルギーによっても健康障害は起こります。この単元では、有害エネルギーごとの特徴や健康障害について学習しましょう。

まずはこれだけ！

- 労働環境や業務に起因する病気や健康障害のことを職業性疾病という。
- 職業性疾病を引き起こす有害エネルギーとして、低温、高温、有害光線、騒音、振動、放射線などがある。

低温環境における障害

低温の環境は、低温倉庫内作業や冷蔵庫内の作業、冬季の林業作業等が該当します。低温障害には次のものがあります。

低温障害

- **凍傷**：0度以下の寒冷による組織の凍結壊死
- **凍瘡**：**0度以上（5度前後）の寒冷による皮膚の炎症（しもやけ）**
- 低体温症：体内温度が **35度** 以下になり発症。意識消失、筋の硬直等の症状

高温環境における障害

高温で多湿な環境下で発生する代表的な職業性疾病として、熱中症があります。

■ 温熱環境

暑さや寒さの熱的な感覚（温熱感覚）や快適感に関連する環境を温熱環境といいます。温熱環境を左右しているのは**気温、湿度、気流および輻射（放射）熱**の4つの要素（温熱環境要素）です。

memo　輻射（放射）熱…ストーブから広がる熱のような、温度が高い物体が電磁波を出して周りに伝える熱のこと。

■ WBGT（湿球黒球温度）

　WBGT とは、**気温、湿度、気流および輻射（放射）熱**の4つの要素を総合した、温熱環境の評価指標の一つです。**熱中症へのなりやすさを表した指標**であり、熱中症指数や暑さ指数といわれることもあります。単位は気温と同じ摂氏度（℃）で示されますが、その値は気温とは異なります。WBGT は、次の式により算出します。

日射のある場合

WBGT ＝（0.7× 自然湿球温度）＋（0.2× 黒球温度）＋（0.1× 乾球温度）

日射のない場合

WBGT ＝（0.7× 自然湿球温度）＋（0.3× 黒球温度）

■ 熱中症

　高温環境下で体内の水分や塩分（ナトリウム等）のバランスが崩れ、体内の調整機能が破綻することで発症する急性障害を熱中症といいます。**熱中症は重症度によってⅠ度からⅢ度に分類**されます。**Ⅰ度が軽い熱中症で、Ⅲ度が重い熱中症**です。

　高温環境下では、高くなった体温を下げるために血液を皮膚へと流すことで、皮膚の表面温度を上げて放熱を促進します。**皮膚への血流量が増加し脳血流が足りなくなった状態を**熱失神（熱虚脱）と呼びます。また、体温を下げるためには汗をかきます。汗により塩分と水分が排出され、塩分不足によって筋肉の痙攣などが起こる状態を熱痙攣といいます。

---

memo

自然湿球温度…通風がない場所で、水で湿らせたガーゼを温度計の球部に巻いて観測したもの。温度計の表面にある水分が蒸発したときの冷却熱の温度であり、皮膚の汗が蒸発するときに感じる涼しさ度合いを表す。

黒球温度…黒色に塗装された薄い銅板の球の中心に温度計を入れて観測した温度。直射日光にさらされた状態での球の中の温度を観測しており、弱風時に日なたにおける体感温度と関係する。

乾球温度…通常の温度計を用いて、そのまま気温を観測したもの。

▼ 熱中症の種類

種類	Ⅰ度		Ⅱ度	Ⅲ度
	熱失神（熱虚脱）	熱痙攣	熱疲労	熱射病
原因	皮膚に血がたまり、脳血流が減少	大量の発汗後に水分のみを補給し、血液中の**塩分濃度が低下**	大量の発汗により、体内の水分と塩分が減少	間脳の視床下部にある体温調節中枢の変調
症状	**めまい**、血圧低下、発熱なし、時に失神等	筋肉の痙攣、筋肉痛、発熱なし　等	ショック症状、倦怠感、発熱はほぼなし　等	発汗、脈拍頻数、顔面紅潮、呼吸促進 ⇒発汗停止、40℃以上の高熱、呼吸困難、意識障害、運動障害
処置	涼しい場所に移動させ、水分を与える。	水分と塩分を与える。	水分と塩分を与え、足を高く頭を低くし仰向けの状態にして休ませる。	氷水に入れたり、クーラーの風を当てる。意識回復後は水を与えてもよい。

※Ⅱ度の熱疲労はⅠ度の熱中症が同時に起きているような状態であり、脳血流の低下や倦怠感といった症状が現れる。
Ⅲ度の熱射病は体温の上昇により体温調節中枢をはじめとした中枢神経系の障害であり、死に至る可能性がある。

 よく出題されるものはⅠ度の熱中症です。**めまい**が現れたらⅠ度と覚えましょう。

■ 熱中症対策

① 順化

夏季の屋外作業、ガラス製品の成型を行う工場での作業や通風のない屋内作業等といった高温環境は、熱中症等の健康障害を引き起こす可能性があります。**熱に慣れていない人ほど健康障害を起こしやすいため、7日以上かけて熱へのばく露に次第に慣れさせる措置（順化）が必要**です。

② WBGT 基準値

WBGT 基準値とは、身体作業強度に応じて設定された、熱中症予防のための WBGT 値の目安をいいます。WBGT と WBGT 基準値を比較することにより熱中症のリスクを把握し、熱中症対策の実施要否を判断するためなどに用いられます。
作業場所における WBGT が WBGT 基準値を超えると、熱中症のリスクが高まります。

> WBGT の考え方
>
> WBGT ＞ WBGT 基準値 → 熱中症リスク大
> WBGT ＜ WBGT 基準値 → 熱中症リスク小

例えば、軽い手作業をしているときのWBGT基準値は29℃〜30℃と設定されています。つまり、タイピングなどの軽い手作業であっても、気温等から計算されたWBGTが29℃〜30℃を超えている場合には熱中症のリスクが高いということを示しています。一方、激しくシャベルを使ったり掘ったりするようなきつい作業では、WBGT基準値は20℃〜25℃と設定されています。このように**身体に対する負荷の大きい作業の方が**、WBGTが小さくても熱中症になるリスクが高いため、**WBGT基準値が小さく設定されています。**

気圧変化による障害

気圧変化による障害としては、次のようなものがあげられます。

減圧症

減圧又は浮上後に起こる障害です。高圧の環境下で血液や組織中に溶解した窒素が減圧の影響で気泡化し、血液循環を妨げたり組織を圧迫したりして生じます。症状はベンズ（関節痛）、チョークス（胸内苦悶）、掻痒感（かゆみ）等があります。

その他の障害

潜水および高圧下においては、圧力に応じて血液や組織中に酸素、窒素、二酸化炭素のガス（炭酸ガス）が溶解するため、**酸素中毒や炭酸ガス中毒、窒素酔い**を起こすことがあります。

騒音環境における障害

騒音とは、一般に不快に感じる音や、一定レベル以上の大きな音を指します。人が聴くことのできる周波数は**20Hz〜20,000Hz**で、会話音域は500Hz〜2,000Hzです。騒音にばく露し続けることにより聴力低下がみられるほか、ストレス要因となって自律神経系や内分泌系へ影響を与え、副腎皮質ホルモンの分泌が増加します。

騒音性難聴

90dB以上の騒音に長期間ばく露し続けることにより、内耳の蝸牛にある有毛細胞の変性と脱落が生じ発症します。**騒音性難聴**は、会話音域よりも**高い音域から聴力低下が始まる**ため初期には気付きにくく、かつ、**治りが悪い**ことが特徴です。騒音性難聴の初期には、4,000Hz付近の音から聴力低下がみられます。このように高い音から聞こえづらくなる騒音性難聴をc^5dipタイプの聴力低下といいます。

■ 等価騒音レベル

等価騒音レベルとは、ある時間範囲について変動する騒音の騒音レベルを、エネルギー的な平均値として表した量をいいます。騒音の作業環境測定では、等価騒音レベルの測定を行います。

> 等価騒音レベルは、どれくらいうるさいかという騒音の程度の指標です。騒音は常に一定の大きさではないため、**時間によって変わる音の大きさを平均値で測ったものが等価騒音レベルです。**

振動作業による障害

チェーンソーや削岩機等の振動工具によって生じる局所振動障害と、フォークリフトの運転等の全身に小さな振動をばく露し続けることにより起こる全身振動障害があります。

- **局所振動障害**：レイノー現象（白指症）等の末梢循環障害や、手指のしびれ感等の末梢神経障害、関節痛等の運動器障害を指す。**局所振動障害は冬に起こりやすい。**
- **全身振動障害**：全身の疲労感等の症状や腰痛等の脊柱障害がある。

> レイノー現象は、手足の指の血管に血液が流れにくくなり、指先が真っ白になる現象です。冬の寒さで細くなった血管は血液が流れにくく、詰まりやすくなるため、冬に起こりやすいのです。

有害光線による障害

有害光線の種類には赤外線や紫外線、マイクロ波、レーザー光線等があります。赤外線や紫外線は太陽光を構成する電磁波の一種であり、長時間ばく露することで身体に有害な影響を及ぼすことがあります。また、代表的な有害光線の一つであるマイクロ波は主に電子レンジ等に使われ、組織内の水分子を振動させる性質により健康障害を引き起こす可能性があります。これら有害光線は、種類ごとに波長（光の波の1回分の長さ）が異なります。**マイクロ波は波長が長く、電離放射線は波長が短い**といった特徴があります。

▼ 有害光線の波長の長さ

※電離放射線はエックス線やガンマ線と出題されることもある。

▼ 有害光線による健康障害

有害光線	主な症状・障害
マイクロ波	組織壊死・白内障
赤外線	白内障
紫外線	電光性眼炎・皮膚がん

レーザー光線による障害

レーザー光線は、**単一波長の、位相が揃った、強い指向性のある光線**です。主に半導体製造や金属加工等に使用されます。おおむね **180nm** から **1mm** までの波長域にあります。透過力が弱く、特定のスペクトル（赤色、緑色等）があり、**レーザー光線が目に入ると網膜を損傷する**ことがあります。

▼ レーザー光線の特徴

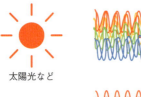

太陽光など　　　いろいろな波長と位相の光が混在

レーザー光　　　波長の形（位相）が揃っている

通常、私たちが目にする光は様々な波長の光が混ざり合っているのに対し、レーザー光線はひとつの波長からできています。レーザーは光を増幅させて放射する仕組みをしていて、放射される光は自然光と比べるとまっすぐピンポイントで照射されます。波長の形（位相）も揃っていることが特徴です。

電離放射線による障害

　電離放射線は高エネルギーの放射線であり、物質を通過する際にエネルギーを放出します。体内の細胞等に損傷を与えることがあり、がんを代表とする健康障害の原因になります。**電離放射線による健康障害は、確定的影響によるものと確率的影響によるものに分類されます。**

- 確定的影響：被ばく線量がしきい値（これ以上で影響が出る被ばく量の値）を超えると必ず障害が出現する。**その障害の程度は被ばく線量の増加の程度に対応する。**脱毛や白内障のほか、**造血器障害や中枢神経障害が現れる。**
- 確率的影響：しきい値がなく、被ばく線量がわずかであっても**被ばく線量の増加に応じて、障害の出現する確率が増加する。**発がんや遺伝的影響、白血病が現れる。

白血病や白内障は、潜伏期が長く、晩発障害に分類されます。

酸素欠乏症

　空気中の酸素濃度は通常は約21% ですが、酸素濃度が通常より低下した空気環境において呼吸すると酸素欠乏症となるおそれがあります。空気中の酸素濃度により、次のような症状が現れます。

酸素濃度と症状

- 酸素濃度16%：頭痛、吐き気等の症状
- 酸素濃度12%：めまい、判断力低下、記憶消失、チアノーゼ（皮膚や粘膜が青紫色である状態）等の症状
- 酸素濃度8%：意識不明、中枢神経障害、痙攣、チアノーゼ等の症状
- 酸素濃度6%：**瞬時に**昏倒、死亡の可能性

無酸素状態ではひと呼吸しただけで昏睡し、亡くなることもあります。

じん肺

じん肺とは有害粉じんを吸入することにより、肺に**線維増殖性変化**をもたらす疾病です。線維化した組織は肺でのガス交換に役立たないため、咳や痰、呼吸困難といった症状が現れます。吸い込んだ粉じんの種類によってじん肺の種類が異なります。じん肺はある程度進行すると、**粉じんばく露を中止しても肺に生じた変化は治らず、更に進行する**性質があります。

▼じん肺の種類と症状まとめ

じん肺の種類	原因物質	症状
けい肺	遊離けい酸	咳・痰・呼吸困難
石綿肺	石綿	肺がん・中皮腫
溶接工肺	酸化化合物(酸化鉄ヒューム等)	咳・痰・呼吸困難
炭素肺・黒鉛肺	炭素	咳・痰・呼吸困難

線維増殖性変化とは粉じんが原因で肺組織が少しずつ破壊され、その傷跡が固くなっていくことです。肺が固くなって伸び縮みしにくくなることで、呼吸に影響が表れます。

遊離けい酸の代表的なものには結晶質シリカ(石英)などがあり、けい素が酸素と化合した鉱物をいうよ。けい肺の原因は鉱物であり、金属ではないことに注意しよう！

職業がん

ある職業に従事して、その職業に特有な発がん要因にばく露して発症するがんを**職業がん**といいます。主な職業がんには次の表のものがあります。

▼科学物質による代表的な職業がん

物質名	がんの種類
ベンジジン	膀胱がん
ベンゼン	白血病
石綿	肺がん・胸膜中皮腫
ビス(クロロメチル)エーテル	肺がん
コールタール	肺がん・皮膚がん
三酸化砒素	肺がん・皮膚がん
クロム酸	肺がん・上気道がん
ベンゾトリクロリド	肺がん
塩化ビニル	肝血管肉腫[※]

※肝臓の細胞にできる悪性腫瘍。がんの一種。

ココが出る!

① 健康障害の特徴に関する出題
次のような誤りの選択肢が頻出です。

〈誤りのパターン〉

× 減圧症は、潜函作業者、潜水作業者などに発症するもので、高圧下作業からの減圧に伴い、血液中や組織中に溶け込んでいた **注意 酸素**の気泡化が関与して発生し、皮膚のかゆみ、関節痛、神経の麻痺などの症状がみられる。
正しくは→減圧症は酸素の気泡化ではなく、**窒素**の気泡化が関与して発生する。

× 金属熱は、金属の溶融作業において、**注意 高温環境により体温調節中枢が麻痺することにより発生し、長期間**にわたる発熱、関節痛などの症状がみられる。
正しくは→金属熱は、金属の溶融作業において、**ヒュームを吸入する**ことにより発生し、**1～3日間**にわたる発熱、関節痛などの症状がみられる。

× 電離放射線による **注意 中枢神経系障害**は、確率的影響に分類され、被ばく線量がしきい値を超えると発生率及び重症度が被ばく線量の増加に応じて増加する。
正しくは→電離放射線による**発がんと遺伝的影響**は確率的影響に分類される。

② 職業がんの組合せの入れ替え問題
化学物質ごとに発症するおそれのあるがんの種類が出題される。

試験で出題される物質は**ほとんどが肺がん**になります。**ベンジジン**の膀胱がん、**ベンゼン**の白血病、**塩化ビニル**の肝血管肉腫だけ覚えて、他の物質が出たら全部肺がんと覚えましょう。

:::::::::::::::::::::::::::: **過去問にチャレンジ！** ::::::::::::::::::::::::::::

問1 作業環境における有害要因による健康障害に関する次の記述のうち、正しいものはどれか。

(1) 全身振動障害では、レイノー現象などの末梢循環障害や手指のしびれ感などの末梢神経障害がみられ、局所振動障害では、関節痛などの筋骨格系障害がみられる。

(2) 減圧症は、潜函作業者、潜水作業者などに発症するもので、高圧下作業からの減圧に伴い、血液中や組織中に溶け込んでいた窒素の気泡化が関与して発生し、皮膚のかゆみ、関節痛、神経の麻痺などの症状がみられる。

(3) 凍瘡は、皮膚組織の凍結壊死を伴うしもやけのことで、0℃以下の寒冷にばく露することによって発生する。

(4) 電離放射線による中枢神経系障害は、確率的影響に分類され、被ばく線量がしきい値を超えると発生率及び重症度が線量の増加に応じて増加する。

(5) 金属熱は、金属の溶融作業において、高温環境により体温調節中枢が麻痺することにより発生し、長期間にわたる発熱、関節痛などの症状がみられる。

問2 化学物質と、それにより発症するおそれのある主たるがんとの組合せとして、正しいものは次のうちどれか。

(1) ベンゼン ………………… 白血病　　(2) ベンジジン ……… 胃がん
(3) ベンゾトリクロリド …… 膀胱がん　　(4) コールタール …… 肝血管肉腫
(5) 石綿 ………………… 皮膚がん

▼ 解答・解説 --

問1

(1) 全身振動障害では、全身の疲労感等の症状や腰痛等の脊柱障害がみられる。

(3) 凍瘡は、日常生活内での0℃以上の寒冷により発生するもので、凍結壊死は伴わない。

(4) 電離放射線による中枢神経系障害は確定的影響に分類される。確率的影響とは、しきい値がなく、被ばく線量に応じて発生率・重症度が増加する影響であり、確定的影響とはある線量を超えて被ばくした場合に必ず影響が発生するしきい値のある影響である。

(5) 金属熱は金属のヒュームを吸入することにより発熱する疾病である。

正解　**(2)**

問2

(2) ベンジジンは、胃がんではなく膀胱がんを起こすことがある。

(3) ベンゾトリクロリドは、膀胱がんではなく肺がんを起こすことがある。

(4) コールタールは、肝血管肉腫ではなく肺がんや皮膚がんを起こすことがある。

(5) 石綿は、皮膚がんではなく肺がんや胸膜中皮腫を起こすことがある。

正解　**(1)**

作業環境管理　　　　　　　　優先度 そこそこ出る ★★★

04 作業環境管理

作業環境管理は、測定・評価・改善のステップで有害因子を取り除きます (p.250)。有害な化学物質の蒸気や粉じんが舞う場合は、A 測定・B 測定によって作業環境の評価をします。

まずはこれだけ！
- 良好な作業環境をつくるため、作業環境測定によって状況を把握する。
- 作業環境における有害因子（化学物質の蒸気など）を測定した結果は、「第1管理区分」「第2管理区分」「第3管理区分」のいずれかに評価される。

作業環境の測定

代表的な**作業環境測定**の方法として、**A 測定**と **B 測定**があります。法令に基づく作業環境測定では、A 測定は必ず実施する必要があり、必要に応じて B 測定が追加で実施されます。

■ A 測定

A 測定とは、単位作業場所（作業環境測定のために必要な区域）の**有害物質の濃度の平均的な分布を知るための測定**です。平均的な濃度を求めるため、単位作業場所内の複数個所で測定を実施し、複数の測定結果から計算によって**第 1 評価値と第 2 評価値という 2 つの測定結果**を求めます。

- 第 1 評価値：単位作業場所のすべての測定点における気中有害物質濃度の測定値を母集団として分布図を描いた場合の高濃度側から面積で 5% に相当する濃度の推定値をいう。**第 1 評価値は必ず第 2 評価値よりも大きくなる。**
- 第 2 評価値：単位作業場所における気中有害物質濃度の算術平均濃度の推定値をいう。

第1評価値は、「多くの測定結果から推定された、その作業場所において有害物質濃度の高い場所の数値」、第2評価値は「その作業場所の有害物質濃度の平均値」とイメージしましょう。

■ B測定

B測定とは、単位作業場所で有害物質の**発散源に近接した作業位置での測定**です。有害物質が発散している時間に、**最高濃度での測定**を行います。A測定の結果だけでは不十分な場合（化学物質の使用が断続的・限定的な場合など）に実施します。

A測定では、作業場所内で何度も測定した上で、第1評価値と第2評価値という結果を計算して求めたけど、B測定は「最高濃度での測定」つまり有害物質の蒸気が一番発生している時間に、一番近い場所で測定した測定結果をそのまま評価に使うんだね。

▼作業環境測定のイメージ

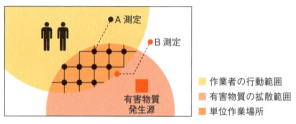

※A測定における測定点の高さの範囲は、原則床上 **50cm以上 150cm以下**（騒音の場合は120cm以上150cm以下）とする。

作業環境の評価

A測定における第1評価値・第2評価値、B測定の測定値を**管理濃度と比較**することで**作業環境の評価**を行います。作業環境の評価結果は"管理区分"によって表します。

管理濃度は、作業環境状態を作業環境測定結果から**評価するための指標**であり、これと比較することで管理区分を明らかにすることができます。管理濃度は、**個々の労働者のばく露限界として設定されたものではありません**。

■ A 測定のみを実施した場合の評価

次の表に基づき、A 測定結果である**第 1 評価値及び第 2 評価値を管理濃度と比較**して管理区分を決定します。

▼ A 測定のみを実施した場合の評価

A測定		
第 1 評価値 < 管理濃度	第 2 評価値 ≦ 管理濃度 ≦ 第 1 評価値	管理濃度 < 第 2 評価値
第 1 管理区分	第 2 管理区分	第 3 管理区分

第 2 評価値は第 1 評価値よりも必ず小さいので、表の左側の「第 1 評価値が管理濃度よりも小さい」状態では、当然第 2 評価値も管理濃度より小さくなりますよね。第 1 評価値、第 2 評価値ともに管理濃度より小さいということは、その作業場所のどこを歩いても、基準である管理濃度を下回る程度しか有害物質が拡散していない、だから"良い状態"である「第 1 管理区分」と評価されるのですね。

その通り！逆に表の右側、"その作業場所の有害物質濃度の平均値"である第 2 評価値が管理濃度よりも大きい状態というのは、当然に第 1 評価値も管理濃度を大きく超えていることになります。その作業場所のどこを歩いても基準である管理濃度を上回るような有害物質が拡散している状態なので、"かなり悪い状態であり早急な改善が求められる状態"とされる「第 3 管理区分」と評価することになります。

■ A 測定及び B 測定を実施した場合の評価

次の表に基づき、A 測定結果である**第 1 評価値及び第 2 評価値を管理濃度と比較した結果と、B 測定値と管理濃度を比較した結果を組み合わせて**管理区分を決定します。

▼ A 測定及び B 測定を実施した場合の評価

		A測定		
		第1評価値 < 管理濃度	第2評価値 ≦ 管理濃度 ≦ 第1評価値	管理濃度 < 第2評価値
B 測定	B 測定値 < 管理濃度	第 1 管理区分	第 2 管理区分	第 3 管理区分
	管理濃度 ≦ B 測定値 ≦ 管理濃度 ×1.5	第 2 管理区分	第 2 管理区分	第 3 管理区分
	管理濃度 ×1.5 < B 測定値	第 3 管理区分	第 3 管理区分	第 3 管理区分

A測定の第1評価値が管理濃度より小さい場合、A測定しか実施していなければ「第1管理区分」となりますよね。B測定も実施した場合、その結果によっては「第2管理区分」や「第3管理区分」になる場合もあるんですね。

はい、A測定の結果だけでは第1管理区分の場合でも、例えばB測定の測定値が管理濃度の1.5倍を超えているような場合には「第3管理区分」になります。逆に、A測定の結果がわからない場合でも、B測定の結果が管理濃度の1.5倍を超えることがわかっていれば、A測定の結果にかかわらず必ず「第3管理区分」になるということも読み取れますね。

作業環境の改善

事業者は、作業環境測定の結果により評価された管理区分に応じて、改善措置を講じます。

▼作業環境の改善

	作業場の状態(イメージ)	講ずべき措置
第1管理区分	作業場所のほとんどの場所で有害物質の濃度が管理濃度を超えない(良い状態)	・現状の管理の維持、継続に努める
第2管理区分	有害物質の濃度の平均値が管理濃度を超えない(一部に改善の余地がある状態)	・設備、工程、作業方法の点検及び改善に努める
第3管理区分	作業場所のほとんどの場所において有害物質の濃度が管理濃度を超える状態(相当悪い状態)	・設備、工程、作業方法の点検及び改善を行う ・保護具の着用 ・健康診断の実施 ・化学物質管理専門家からの意見聴取

ココが出る!

①A測定とB測定の意味を問う問題
　次のような誤りが出題される。

〈誤りのパターン〉

×「**A測定**は、原材料を反応槽へ投入する場合等、間欠的に大量の有害物質の発散を伴う作業における 注意 **最高濃度を知るために行う測定である。**」

×「**B測定**は、単位作業場所における気中有害物質濃度の 注意 **平均的な分布を知るために行う測定である。**」

A測定が、平均的な分布を知るために行う測定で、B測定が最高濃度を知るために行う測定だったね!

②管理濃度の定義を問う問題

注意「管理濃度は個々の労働者のばく露限界である」といった誤りが頻出。管理濃度は、作業環境状態を作業環境測定結果から評価するための指標であり、**ばく露限界ではない。**

③測定結果の評価に関する問題

測定結果の評価について、次のような誤りが出題される。

〈誤りのパターン〉

×「 注意 A測定の"第1評価値が管理濃度を超えている"単位作業場所は、B測定の結果に関係なく"第3管理区分"に区分される。」
正しくは→**第2評価値が管理濃度を超えている場合に、必ず第3管理区分**となる。

問題文中に「第1評価値が管理濃度を超えている」という情報しかないとき、「第2評価値が管理濃度を超える場合」と「第2評価値が管理濃度以下の場合」の2通りのパターンが考えられるため、管理区分の決定はできない。

一方で、第1評価値は必ず第2評価値よりも大きくなることは絶対！だから「第2評価値が管理濃度を超えている」という情報があれば、第1評価値についての記載が問題文中になくても必ず第3管理区分になると言い切れるんだね！

×「 注意 "B測定の測定値"が管理濃度を超えている単位作業場所は、A測定の結果に関係なく"第3管理区分"となる。」
正しくは→B測定の測定値が**管理濃度の1.5倍を超えている場合に、必ず第3管理区分**となる。

単に管理濃度を超えているだけでは、A測定の結果次第では第2管理区分にも第3管理区分にもなり得ます。

×「**A測定においては、**測定値の 注意 "**幾何平均値および幾何標準偏差**"を評価に用い、B測定においては、その測定値そのものを評価に用いる。」
正しくは→評価には第1評価値と第2評価値が用いられる。

過去問にチャレンジ！

問 厚生労働省の「作業環境測定基準」及び「作業環境評価基準」に基づく作業環境測定及びその結果の評価に関する次の記述のうち、正しいものはどれか。

(1) 管理濃度は、有害物質に関する作業環境の状態を単位作業場所の作業環境測定結果から評価するための指標として設定されたものである。

(2) 原材料を反応槽へ投入する場合等、間欠的に有害物質の発散を伴う作業による気中有害物質の最高濃度は、A測定の結果により評価される。

(3) 単位作業場所における気中有害物質濃度の平均的な分布は、B測定の結果により評価される。

(4) A測定の第二評価値およびB測定の測定値がいずれも管理濃度に満たない単位作業場所は、第一管理区分になる。

(5) B測定の測定値が管理濃度を超えている単位作業場所の管理区分は、A測定の結果に関係なく第三管理区分に区分される。

▼ 解答・解説

(2) B測定の結果により評価される。

(3) A測定の結果により評価される。

(4) A測定の第二評価値およびB測定の測定値がいずれも管理濃度に満たない単位作業場所は、第一管理区分または第二管理区分となる。

(5) A測定の結果に関係なく第三管理区分となるのは、B測定の測定値が管理濃度の1.5倍を超えている場合である。

正解　**(1)**

作業環境管理　　　　　　　　優先度 よく出る ★★★

05 局所排気装置

化学物質の蒸気や粉じんのばく露を防ぐために有効な対策の一つが局所排気装置の設置です。局所排気装置は、蒸気や粉じんの発生源からピンポイントで蒸気等を捕捉して排気します。

まずはこれだけ！

- 局所排気装置とは、有害物の発生源付近に吸い込み口を設けて吸引気流を発生させ、その気流に乗せて有害物質を作業場外へ排出させる装置をいう。
- 局所排気装置は、その形状により囲い式、外付け式等に分類される。

局所排気装置

局所排気装置は、次のような構造になっています。

▼ 局所排気装置のイメージ

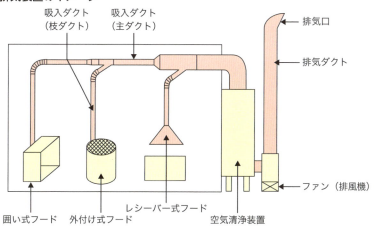

局所排気装置が捕捉した有害物質の流れ

局所排気装置が捕捉した有害物質は、**空気清浄装置を経由した後、ファン（排風機）**に至ります。

▼捕捉した有害物質の流れ

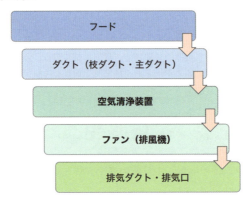

局所排気装置の設置時の留意点

- 有害物質を取り扱う装置を完全に密閉できない場合は、**装置内の圧力を外気圧よりわずかに低くする**。装置の内部の圧力を低くすることで、装置外から装置内への空気の流れを作ることができる。
- **給気量が不足すると排気効果が極端に低下する**ので、排気量に見合った給気経路を確保する。

局所排気装置の構成部位

局所排気装置は、次の部位によって構成されています。

- フード：有害物を捕捉するための吸気口。
- フランジ：フード開口部にある円盤状の部品の総称。**フランジがある場合、少ない排風量で有害物質の捕捉効果を向上させることができる。**
- ダクト：吸引した汚染空気や粉じんを運ぶ管。
- 空気清浄装置：有害物質の粉じん、ガス等を含んだ空気を清浄化する装置。

▼ フードに設けたフランジのイメージ図

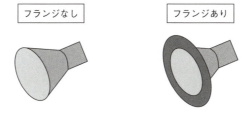

ダクトの特徴

- 主ダクトと枝ダクトとの合流角度は **45°を超えない**ようにする。
- ダクトを**細くすると圧力損失**が大きくなり、太くすると**搬送速度**が不足する。

圧力損失とは、流体が配管等を通過する際に失うエネルギー量（通気抵抗）のことです。

▼ ダクトの合流角度

主ダクトと枝ダクトの合流角度は45度を超えないようにする！

局所排気装置のフードの種別（型式）と特徴

局所排気装置には次のような種類があり、それぞれ排気効果が異なります。

▼局所排気装置の種類

フードの種類	囲い式			
フードの種類	カバー型	グローブボックス型	ドラフトチェンバー型	建築ブース型
形状				
特徴	発散源がフードにほぼ完全に囲い込まれていて、隙間程度の開口部しかないもの		発散源はフードに囲い込まれているが、作業の都合上、囲いの1面が開口しているもの	

フードの種類	外付け式			
フードの種類	スロット型	ルーバー型	グリッド型	長方形型
形状				
特徴	開口面の外にある発散源の周囲に吸込み気流をつくって、まわりの空気と一緒に有害物質を吸引する。まわりの気流の影響を受けやすい。 囲い式フードと比較して、余分な空気を吸い込まねばならず、吸引風量を大きくする必要がある。			

フードの種類	レシーバ式	
フードの種類	キャノピー型	グラインダー型
形状		
特徴	発散源からの上昇気流、回転に伴う気流があり、有害物質がその気流に乗って飛散するのを、気流の先で待ち受けて吸引するもの。	

▼排気効果の大きさ

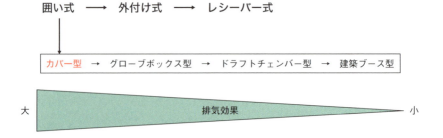

ココが出る!

①ダクトの特徴
- ダクトを**細くすると圧力損失が増大する。太くすれば、圧力損失は減少する。**
- ダクトを**太くすると搬送速度が不足する。細くすれば搬送速度は速くなる。**

有害物質を含んだ空気は重さを持った流体であるため、ダクトを太くすると空気を運ぶためにより強い力が求められます。空気を運ぶ力が不足すれば、搬送速度も不足(低下)することになります。逆に細くすれば、少ない力でも搬送速度は速くなります。バランスを考えてダクト径を決める必要があるのです。

水の流れるホースの先をギュッと摘まめば、水が勢いよく吹き出すのと同じ理屈だね!

②局所排気装置の種類と排気効果
　囲い式フードの排気効果が最も大きい。

イラストを見て何型の局所排気装置なのかを判断できるようにしておこう!

過去問にチャレンジ！

問 局所排気装置に関する次の記述のうち、正しいものはどれか。

(1) ダクトの形状には円形、角形等があり、その断面積を大きくするほど、ダクトの圧力損失が増大する。

(2) フード開口部の周囲にフランジがあると、フランジがないときに比べ、気流の整流作用が増すので、大きな排風量が必要となる。

(3) ドラフトチェンバー型フードは、発生源からの飛散速度を利用して捕捉するもので、外付け式フードに分類される。

(4) 建築ブース型フードは、作業面を除き周りが覆われているもので、外付け式フードに分類される。

(5) ダクトは、曲がり部分をできるだけ少なくするように配管し、主ダクトと枝ダクトとの合流角度は 45° を超えないようにする。

▼ 解答・解説

(1) ダクトの圧力損失は、断面積を大きくするほど減少する。

(2) フランジを設けると、フランジがないときに比べ少ない排風量で所要の効果を上げることができる。

(3) ドラフトチェンバー型フードは、外付け式ではなく、囲い式フードに分類される。

(4) 建築ブース型フードは、外付け式ではなく、囲い式フードに分類される。

正解 **(5)**

作業管理　　　　　　　　　　　　　　優先度 よく出る ★★★

06 労働衛生保護具

労働衛生保護具は、有害な物質や危険な状況を防ぐために、作業管理の一環として、使用します。

まずはこれだけ！
- 労働衛生保護具は呼吸用保護具、目や耳など顔の保護具、防護服等がある。
- 有害物質の性質や作業時間、作業環境測定の結果等の情報から適正に保護具を選択する。

呼吸用保護具

　呼吸用保護具とは、**有害な粉じん、ガス、蒸気などを吸い込まないようにするマスクや呼吸器です**。ろ過式と給気式があり、ろ過式はろ過材（フィルタ）を通して粉じんやガス等を取り除き、給気式はボンベやホース等から酸素や空気を供給するものです。**ろ過式の呼吸用保護具は酸素濃度が18%未満の場所では使用できません**。

▼呼吸用保護具の種類

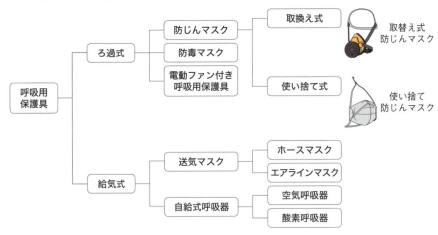

■ 防じんマスク

防じんマスクとは、粉じんやミスト、ヒューム等の粒子状物質をろ過材（フィルタ）によって取り除き、健康障害を防ぐための保護具です。**マスク本体に取り付けたフィルタの交換ができる取替え式と、マスクそのものがフィルタである使い捨て式**に分けられます。マスクの中で**顔に直接密着する部分のことを面体**と呼び、面体が顔にしっかり密着することによりマスクの内側に外気が入らないようになっています。防じんマスクの使用にあたって、次の点に留意しましょう。

▼防じんマスク使用上の留意点

- 面体ごとに型式検定合格標章の付されたものを使用する。
- 酸欠場所（酸素濃度18%未満の場所）および有害ガスが存在する場所では使用してはならない。
- 有害物質が接顔部からマスク内に漏れこむおそれがあるため、原則として面体の接顔部には接顔メリヤスやタオルを使用してはならない。
- 顔面とマスクの面体の高い密着性が要求される有害性の高い物質を取り扱う作業の場合、取替え式のものを選ぶ。
- 一部の高性能な防じんマスクはヒューム（粒径0.1〜1μm程度の金属粉じん）に対しても有効である。
- 手入れの際、ろ過材はよく乾燥させ、ろ過材等に付着した粉じんが飛散しない程度に軽くたたいて払い落とす。圧縮空気で吹き飛ばしたり、ろ過材を強くたたいて払い落としたりしてはならない。

取替え式マスクは、使い捨てのマスクに比べて、面体部分の密着性が高いものが多くあります。有害性の高い物質を扱う場合、外部の有害な物質がマスク内に漏れ込まないように、顔と面体がより密着しやすいマスクを選ばなければいけません。

memo　型式検定…機械やマスクの性能や安全性を確保するために、国や専門機関が型式ごとに行う検定のこと。
　　　接顔メリヤス…顔に直接触れる部分に使われる柔らかいカバーのこと。防じんマスクの使用により皮膚に湿疹等を起こすおそれがある場合に、面体と顔面の密着性が高いことが確認できれば使用してもよいが、原則使用してはならない。

■ 防毒マスク

防毒マスクとは、有害なガスや蒸気を吸収缶（有害物質を吸収する物体を詰めた缶）により除去し、中毒などを防ぐ保護具です。**面体と吸収缶とが離れていて連結管で接続されている隔離式**と、**吸収缶が面体に直接つながっている直結式**があります。隔離式防毒マスクは、直結式防毒マスクよりも高濃度の大気中で使用することができます。

　また、防毒マスクの使用に当たっては**有毒ガスの種類に合わせて吸収缶を選択します**。簡単に識別できるよう、**吸収缶は種類ごとに色分けがされています**。なお、**防じん機能を有する防毒マスクには、吸収缶のろ過材がある部分に白線が入れてあります**。

▼ 吸収缶の色分け

毒ガスの種類	吸収缶の色
一酸化炭素	赤
硫化水素	黄
シアン化水素（青酸）	青
アンモニア	緑
有機ガス	黒
ハロゲンガス	灰 / 黒

▼ 防毒マスク使用上の留意点

- 面体ごとに型式検定合格標章の付されたものを使用する。
- **酸欠場所（酸素濃度 18% 未満の場所）では使用してはならない。**
- 有害物質が接顔部からマスク内に漏れこむおそれがあるため、原則として面体の接顔部には**接顔メリヤスやタオルを使用してはならない。**
- 締めひもは耳にかけることなく、後頭部で固定する。
- 使用する環境の温度や湿度によって吸収缶の破過時間が短くなる場合がある。
- **2 種類以上の有害ガスが混在している場合**、当該 2 種類以上の有害物質についてそれぞれ型式検定に合格した吸収缶を使用する。
- ガスの濃度が高いと防毒マスクの吸収缶が短時間で除毒能力を失う可能性があるため、**高濃度の有害ガスが存在する場合、防毒マスクではなく、送気マスクか自給式呼吸器を使用する。**

---

memo　**破過時間**…防毒マスクの吸収缶が除毒能力を喪失するまでの時間

▼防毒マスクの種類

隔離式防毒マスク　　　直結式防毒マスク

■ 電動ファン付き呼吸用保護具

電動ファン付き呼吸用保護具とは、ろ過材を通過させることにより空気中の粉じん等の物質を取り除き、浄化した空気を電動ファンによって着用者に送風するマスクです。着用者の面体等の内部が外気圧より高く保たれるため外気の漏れが少なく防護率が高く、防じんマスクより楽に呼吸ができます。防じんマスクや防毒マスク同様、ろ過式の呼吸用保護具であるため、酸欠場所では使用できません。

▼電動ファン付き呼吸用保護具

■ 送気マスクと自給式呼吸器

送気マスクは、清浄な空気をパイプ、ホース等により作業者に給気する呼吸用保護具であり、**自給式呼吸器**は、ボンベ等を使用し装着者が自らの呼吸に必要な空気や酸素を供給する呼吸用保護具です。送気マスク(エアラインマスク)は自給式呼吸器ではありません。

▼送気マスクと自給式呼吸器

種類		空気源	特徴
送気マスク	ホースマスク	自然の大気	清浄な空気をパイプ、ホース等により作業者に給気する呼吸用保護具。
	エアラインマスク	圧縮空気	ホース等が必要であるため、行動範囲が狭い
自給式呼吸器	空気呼吸器	清浄な空気をボンベに詰めたもの	ボンベ等を使用し装着者が自らの呼吸に必要な空気や酸素を供給する呼吸用保護具。
	酸素呼吸器	酸素ボンベ等から供給される酸素	行動範囲が広いが、ボンベに充填された空気量しか行動できないため、連続使用時間は短い

呼吸用保護具の性能確認

呼吸用保護具の性能を表す指標として、**防護係数**が用いられます。防護係数が高いほど、保護具のマスク内への粉じん等の漏れ込みが少なく、作業者のばく露が少ないといえます。防護係数を算定することが難しい場合、通達等で示された指定防護係数を用いて、化学物質や作業に応じた適切な保護具を選択します。

濃度基準値設定物質を取り扱う作業等においては、実際に測定した物質の濃度を用いて要求防護係数を算出し、これを上回る防護係数の呼吸用保護具を選択しなければなりません。

▼算出式

$$防護係数 = \frac{面体等の外側の粉じん濃度}{面体等の内側の粉じん濃度} > 要求防護係数 = \frac{化学物質の濃度の測定の結果得られた値}{化学物質の濃度基準値}$$

その他の労働衛生保護具

その他の労働衛生保護具として、次のものがあります。

聴覚保護具（防音保護具）

強烈な騒音から聴覚を保護するためのものです。**耳栓とイヤーマフ**があり、それらの**併用も有効**です。100dB を超える騒音下でも適切なものを用いれば、耳栓だけでも有効です。

▼聴覚保護具

耳せん　　　イヤーマフ

> [memo] **指定防護係数**…訓練された着用者が、正常に機能する呼吸用保護具を正しく着用した場合に期待される防護係数。
> **濃度基準値設定物質**…労働者のばく露濃度を濃度基準値（厚生労働大臣が定める値）以下とすることが義務付けられている化学物質。

■ 保護クリーム

　作業中に、有害な物質が直接皮膚に付着しないようにするためのものです。作業終了とともに洗い落とすようにします。保護クリームを塗布しても、有害性の強い化学物質を直接素手で取り扱ってはなりません。

■ 保護眼鏡・遮光保護具

- 保護眼鏡：飛散粒子、薬品の飛沫等による障害を防ぐためのもの
- 遮光保護具：赤外線等の有害光線による眼の障害を防ぐためのもの。遮光保護具には、遮光度番号が定められており、溶接作業などの作業の種類に応じて適切な遮光度番号のものを使用する

▼ 保護眼鏡と遮光保護具

保護眼鏡　　　遮光保護具

■ 防熱衣・化学防護服

- 防熱衣：高温から身体を保護するためのもの。アルミナイズドクロス製のものが多く使用されている
- 化学防護服：有害物質による皮膚障害を防いだり、皮膚からの吸収を防いだりするためのもの

ココが出る！

① 防毒マスクの吸収缶の色の組み合わせが出題される。

特に "**一酸化炭素用は赤色**" で、"**有機ガス用は黒色**" であることがよく出題されるよ。

② **送気マスクは給気式の呼吸用保護具だが、自給式呼吸器ではない。**
試験では 注意 「送気マスク（エアラインマスク）は自給式呼吸器である」といった誤りが出題される。

過去問にチャレンジ！

問 労働衛生保護具に関する次の記述のうち、誤っているものはどれか。

(1) ガス又は蒸気状の有害物質が粉じんと混在している作業環境中で防毒マスクを使用するときは、防じん機能を有する防毒マスクを選択する。
(2) 防毒マスクの吸収缶の色は、一酸化炭素用は赤色で、有機ガス用は黒色である。
(3) 送気マスクは、清浄な空気をボンベに詰めたものを空気源として作業者に供給する自給式呼吸器である。
(4) 遮光保護具には、遮光度番号が定められており、溶接作業などの作業の種類に応じて適切な遮光度番号のものを使用する。
(5) 騒音作業における聴覚保護具として、耳覆い（イヤーマフ）又は耳栓のどちらを選ぶかは、作業の性質や騒音の特性で決まるが、非常に強烈な騒音に対しては両者の併用も有効である。

▼ 解答・解説

送気マスクは清浄な空気をパイプ、ホース等により作業者に給気する呼吸用保護具である。清浄な空気をボンベに詰めたものを空気源として作業者に供給する自給式呼吸器は空気呼吸器という。

正解 **(3)**

健康管理　　　　　　　　　優先度 そこそこ出る ★★★

07 特殊健康診断

健康管理では労働者の健康状態を把握し、就業可否の判断・適正配置を行うため、健康診断を実施します。定期的に特殊健康診断を行うことにより、職業性疾病を早期発見・予防します。

まずはこれだけ！

- 有害業務への配置替えの際に行う特殊健康診断には、業務適性の判断と、その後の業務の影響を調べるための基礎資料を得るという目的がある。
- 化学物質による健康障害は、晩発性で初期には自覚症状がないものが多い。

特殊健康診断の特徴

特殊健康診断では、労働者の作業内容と有害要因のばく露状況を把握し、業務上の健康リスクに基づいた健診デザイン（最適な検査項目や頻度を決定）を行います。また、特殊健康診断で発見される健康障害の症状は、鉛中毒でおこる頭痛や貧血のように、一般的な疾患と区別が難しいものもあります。職業性疾病が確認されると労災認定や補償の問題も関わってくるため、その疾病が**業務に起因するかの判断が一般健康診断よりも一層強く求められます**。

特殊健康診断の特徴

- 有害物質等による健康障害や、特殊健康診断で見つかる健康障害は、初期又は軽度の場合はほとんど無自覚であり、諸検査の結果により発見されることが多い。つまり、**他覚的所見が自覚症状に先行する**ものが多い。
- 振動工具取扱い作業者に対する特殊健康診断を1年に2回実施する場合、そのうち1回は冬季に行うとよい。

---

memo　**他覚的所見**…医師等が検査等で客観的に観察できる症状や所見のこと。

鉛健康診断と有機溶剤等健康診断

　鉛業務および有機溶剤業務は、両方とも尿検査が行われますが、尿の採取時期が異なります。

尿の採取時期

- 鉛業務：作業期間中の**任意の時期**
- 有機溶剤業務：代謝物濃度が最も高くなる時期（**作業期間中に厳重にチェック**）

　化学物質は代謝により体内で違う物質へ変わり、尿等として排出されます。このとき、**体内の化学物質の濃度が半分に減るまでの時間を生物学的半減期といいます。**
　鉛は生物学的半減期が**長い**ため、尿の採取は任意の時期でかまいませんが、**有機溶剤**は生物学的半減期が**短い**ため、採尿の時期を厳重にチェックする必要があります。

> 鉛は骨に蓄積された場合、半減期は20年といわれます。一方で有機溶剤は、種類にもよりますが数時間から10時間以内と比較的短いものが多くあります。有機溶剤業務に従事している労働者の場合、時間の経過により有機溶剤が体外へ出てしまい、正しい検査結果が出ないことがあります。そのためいつ尿を採取するのかの時間まで管理されています。

生物学的モニタリング

　尿中や血液中の代謝物等を測定することで、有害物質へのばく露状況を把握する検査を**生物学的モニタリング**といいます。化学物質の場合、化学物質ごとに代謝物は異なり、例えば尿中代謝物には次のものがあります。

▼尿中代謝物の代表例

物質の種類	尿中代謝物
鉛	デルタアミノレブリン酸
スチレン	マンデル酸
キシレン	メチル馬尿酸
トルエン	馬尿酸
ノルマルヘキサン	尿中 2,5-ヘキサンジオン
トリクロロエチレン	尿中トリクロロ酢酸
テトラクロロエチレン	又は総三塩化物

ココが出る！

① 生物学的半減期は鉛が**長く**、有機溶剤は**短い**

② 物質ごとの尿中代謝物の組み合わせの入れ替え問題が出題される

> 尿中代謝物は、第4章関係法令（有害業務に係るもの）の科目でも出題されます。

過去問にチャレンジ！

問 有害化学物質とその生物学的モニタリング指標として用いられる尿中の代謝物等との組合せとして、誤っているものは次のうちどれか。

(1) 鉛……デルタアミノレブリン酸
(2) スチレン……メチルホルムアミド
(3) トルエン……馬尿酸
(4) ノルマルヘキサン……2,5-ヘキサンジオン
(5) トリクロロエチレン……トリクロロ酢酸

▼解答・解説
スチレンの尿中代謝物は、マンデル酸である。

正解　**(2)**

08 化学物質の リスクアセスメント

優先度 よく出る ★★★

リスクアセスメントとは、労働災害防止のための活動であり、法令上では「危険性又は有害性等の調査」といわれます。

まずはこれだけ！

- 危険性又は有害性によって生ずるおそれのある負傷又は疾病の重篤度（けがや病気の重さ）と、発生する可能性の度合いを「リスク」という。
- SDS交付義務対象物質は、リスクアセスメントを行わなければならない。

■ リスクアセスメントの実施手順

リスクアセスメントとは、作業方法や化学物質による**怪我や健康障害の発生を予め予測し、その怪我等の重さと発生可能性を踏まえて**リスク**を見積もり、リスクの高いものから優先して、計画的かつ合理的に対策を立てる一連のプロセスをいいます。リスクアセスメントの実施手順は、危険性又は有害性等の調査等に関する指針（リスクアセスメント指針）で次の通り示されています。

▼リスクアセスメントの実施手順

①**危険性又は有害性の特定**
作業方法・機械設備・化学物質等を新規に採用又は変更する際に、予めどのような負傷又は疾病が発生しうるかを特定（予測）する。

②**リスクの見積り**
特定された負傷又は疾病の重篤度（怪我や病気の重さ）に加え、発生可能性を検討し、リスク低減措置の優先度を決定するためのリスクを見積もる。

③**リスク低減措置の検討**
優先度の高いものからリスク低減措置（対策）を検討する。

④**リスク低減措置の実施**
リスク低減措置を実施する。

化学物質のリスクアセスメントの実施手順

化学物質のリスクアセスメントの実施手順は、次の通りです。

1 リスクアセスメント対象物による危険性又は有害性の特定

リスクアセスメント対象物について、**SDS に記載されている GHS 分類等に即して危険性又は有害性を特定**します。

2 リスクの見積り

大きく分けて2つのリスク見積り方法（考え方）があり、それぞれに具体的な手法が示されています。

① リスクアセスメント対象物が労働者に危険を及ぼし、又は健康障害を生ずるおそれの程度（発生可能性）と、危険又は健康障害の程度（重篤度）を考慮する方法
② 労働者がリスクアセスメント対象物にさらされる程度（ばく露濃度等）と、この対象物の有害性の程度を考慮する方法

▼リスクアセスメント対象物が労働者に危険を及ぼし、又は健康障害を生ずるおそれの程度（発生可能性）と、危険又は健康障害の程度（重篤度）を考慮する方法

方法	詳細
マトリクス法	**発生可能性と重篤度**を相対的に尺度化し、それらを縦軸と横軸とし、あらかじめ発生可能性と重篤度に応じてリスクが割り付けられた表を使用してリスクを見積もる方法
数値化法	**発生可能性と重篤度**を一定の尺度によりそれぞれ数値化し、それらを加算又は乗算等してリスクを見積もる方法
枝分かれ図を用いた方法	**発生可能性と重篤度**を段階的に分岐していくことによりリスクを見積もる方法
コントロール・バンディング	化学物質リスク簡易評価法（コントロール・バンディング）等を用いてリスクを見積もる方法
災害のシナリオから見積もる方法	化学プラント等の化学反応のプロセス等による災害のシナリオを仮定して、その事象の発生可能性と重篤度を考慮する方法

 SDS（安全データシート）…化学物質の有害性等の情報が掲載されている"化学物質の説明書"。
GHS（化学品の分類及び表示に関する世界調和システム）…化学品の危険有害性等を示すための"国際的なルール"。

▼ 労働者がリスクアセスメント対象物にさらされる程度（**ばく露濃度等**）と、この対象物の**有害性の程度**を考慮する方法

方法	詳細
管理濃度と比較する方法	作業環境測定により測定した当該物質の**第一評価値**を、当該物質の**管理濃度**と比較する方法
濃度基準値と比較する方法	**個人ばく露濃度**測定により測定した当該物質の濃度を、当該物質の**濃度基準値**と比較する方法
実測値による方法	作業環境測定等によって測定した作業場所における当該物質の**気中濃度等**（または個人ばく露濃度）を、当該物質の**ばく露限界**（日本産業衛生学会の許容濃度等）と比較する方法
使用量等から推定する方法	数理モデルを用いて対象の業務の作業を行う労働者の周辺のリスクアセスメント対象物の**気中濃度**を推定し、当該物質の濃度基準値または**ばく露限界**と比較する方法
あらかじめ尺度化した表を使用する方法	リスクアセスメント対象物への労働者のばく露の程度と当該物質による有害性を相対的に尺度化し、これらを縦軸と横軸とし、あらかじめばく露の程度と有害性の程度に応じてリスクが割り付けられた表を使用してリスクを見積もる方法

"実測値による方法"では、気中濃度を実際に測定します。一方で"使用量等から推定する方法"における"数理モデルを用いる"とは、厚生労働省が公表している分析用のツールを使用するなど、使用状況などを踏まえて気中濃度を推測するものです。気中濃度の求め方が違うだけで、どちらも気中濃度をリスク見積もりに使用するという点は同じです。

管理濃度は、作業環境測定結果を評価するための指標だったね。

3 見積りに基づくリスク低減措置の検討

1〜2の結果に基づき、次の優先順位で労働者の危険又は健康障害を防止するための措置の内容を検討します。なお、より優先順位の高い措置を実施して十分にリスクが低減される場合には、その措置よりも優先順位の低い措置の検討まで行う必要はありません。

▼ リスク低減措置の優先度

優先順位	措置	具体例
1	**危険性又は有害性のより低い物質への代替等**	危険性又は有害性のより低い物質への代替（例：有害性の高い化学物質等の使用の中止）、**化学反応のプロセス等の運転条件の変更**※、取り扱う化学物質等の形状の変更等、又はこれらの併用によるリスクの低減法
2	**工学的対策又は衛生工学的対策**	工学的対策：化学物質のための機械設備等の防爆構造化、安全装置の二重化 等 衛生工学的対策：化学物質のための機械設備等の密閉化、局所排気装置または全体排気装置の設置・稼働 等
3	**管理的対策**	作業方法の改善・整備、教育訓練、立入禁止等
4	**有効な呼吸用保護具等の使用**	化学物質等の有害性に応じた有効な保護具の使用 （例：個人用保護具の使用）

※「化学反応のプロセス等の運転条件の変更」とは、温度や圧力等の運転条件を変えて発散量を減らす等の措置をいう。

4 リスク低減措置の実施

　検討したリスク低減措置の内容を、リスクの高い物から優先して速やかに実施します。

5 リスクアセスメント結果等の労働者への周知

　対象物の名称、対象業務の内容、リスクアセスメントの結果、実施するリスク低減措置の内容を周知します。

▌ リスクアセスメントの結果等に関する記録の作成と保存

　リスクアセスメントの結果と、その結果に基づき事業者が講ずる措置の内容等は、労働者へ周知するとともに記録を作成し、次のリスクアセスメントを実施するまでの期間（ただし、**最低 3 年間**）保存しなければなりません。

ココが出る！

① **リスク**とは、負傷又は疾病の**重篤度及び発生する可能性の度合い**をいう。

注意 「**重篤度及び発生する可能性の度合いは"ハザード"である**」と誤りの選択肢が出題される。

"ハザード"とは危険性や有害性そのものを指す言葉だよ！

② リスク見積り方法について、何と何を比較するのかを問う問題が出題される。比較対象の組み合わせを覚えよう。特に、注意 「**気中濃度と"管理濃度"を比較する**」といった誤りが頻出である。

▼リスク見積り方法ごとの比較対象

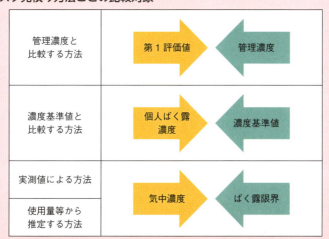

管理濃度と比較する方法	第1評価値 ⇔ 管理濃度
濃度基準値と比較する方法	個人ばく露濃度 ⇔ 濃度基準値
実測値による方法 / 使用量等から推定する方法	気中濃度 ⇔ ばく露限界

③ リスク低減措置の優先順位は、**他の化学物質への代替**の優先順位が**最も高く**、**呼吸用保護具の着用**は優先順位が**最も低い**。

そもそも化学物質を使用しないといった措置や、人がミスしても災害が起きないように機械・設備による対策を優先すべき、ということですね。

::::::::::::::::::::::::::::::::: **過去問にチャレンジ！** :::::::::::::::::::::::::::::::::

問 化学物質等による疾病のリスクの低減措置について、法令に定められた措置以外の措置を検討する場合、優先度の最も高いものは次のうちどれか。

(1) 化学物質等に係る機械設備等の密閉化

(2) 化学物質等に係る機械設備等への局所排気装置の設置

(3) 作業手順の改善

(4) 化学物質等の有害性に応じた有効な保護具の使用

(5) 化学反応プロセス等の運転条件の変更

▼ 解答・解説 --

リスクの低減措置の検討は、次の順番で実施する。

(5) 化学反応のプロセス等の運転条件の変更⇒ (1) 化学物質等に係る機械設備等の密閉化又は (2) 化学物質等に係る機械設備等への局所排気装置の設置⇒ (3) 作業手順の改善⇒ (4) 化学物質等の有害性に応じた有効な保護具の使用

よって優先度の最も高いものは (5) である。

正解　(5)

よく出る！
頻出過去問 & 完全解説

📑 解答・解説はp.299参照

問1 化学物質等による疾病のリスクの低減措置を検討する場合、次のアからエの対策について、優先度の高い順に並べたものは (1) 〜 (5) のうちどれか。

- ア　化学反応のプロセス等の運転条件の変更
- イ　作業手順の改善
- ウ　化学物質等に係る機械設備等の密閉化
- エ　化学物質等の有害性に応じた有効な保護具の使用

(1) アーウーイーエ　(2) アーエーウーイ　(3) イーアーウーエ
(4) ウーアーイーエ　(5) ウーアーエーイ

問2 次の化学物質のうち、常温・常圧（25℃、1気圧）の空気中で蒸気として存在するものはどれか。ただし、蒸気とは常温・常圧で液体または固体の物質が蒸気圧に応じて揮発または昇華して気体となっているものをいうものとする。

(1) 塩化ビニル　(2) ジクロロベンジジン　(3) アクリロニトリル
(4) アンモニア　(5) ホルムアルデヒド

問3 化学物質と、それにより発症するおそれのある主たるがんとの組合せとして、正しいものは次のうちどれか。

(1) 塩化ビニル………肝血管肉腫　(2) ベンジジン………胃がん
(3) ビス（クロロメチル）エーテル………膀胱がん
(4) コールタール………白血病　(5) クロム酸………皮膚がん

問4 有機溶剤に関する次の記述のうち、正しいものはどれか。

(1) 有機溶剤の多くは、揮発性が高く、その蒸気は空気より軽い。
(2) 有機溶剤は、脂溶性が低いため、脂肪の多い脳などには入りにくい。
(3) ノルマルヘキサンによる障害として顕著なものには、白血病や皮膚がんがある。
(4) 二硫化炭素は、動脈硬化を進行させたり、精神障害を生じさせることがある。

問1 (1)　問2 (3)　問3 (1)　問4 (4)

5 労働衛生 有害

295

(5) N,N-ジメチルホルムアミドによる障害として顕著なものには、視力低下を伴う視神経障害がある。

問5 作業環境における騒音およびそれによる健康障害に関する次の記述のうち、誤っているものはどれか。

(1) 人が聴くことのできる音の周波数は、およそ 20 ～ 20,000Hz までである。

(2) 音圧レベルは、通常、人間が聞くことができる最も小さな音圧（20 μ Pa）との常用対数を 20 倍して求められ、単位はデシベル（dB）で表される。

(3) 等価騒音レベルは、単位時間（1 時間）について 10 分間ごとのピーク値の騒音レベルを平均化した評価値で、変動する騒音に対して適用される。

(4) 騒音性難聴では、通常、会話音域より高い音域から聴力低下が始まる。

(5) 騒音性難聴は、音を神経に伝達する内耳の聴覚器官の有毛細胞が変性によって起こる。

問6 作業環境における有害要因による健康障害に関する次の記述のうち、正しいものはどれか。

(1) レイノー現象は、振動工具等による末梢循環障害で、冬期に発生しやすい。

(2) けい肺は、鉄、アルミニウムなどの金属粉じんによる肺の線維増殖性変化で、けい肺結節という線維性の結節が形成される。

(3) 金属熱は、鉄、アルミニウムなどの金属を溶融する作業などに長時間従事した際に、高温環境により体温調節機能が障害を受けることにより発生する。

(4) 電離放射線による造血器障害は、確率的影響に分類され、被ばく線量がしきい値を超えると発生率及び重症度が線量に対応して増加する。

(5) 熱けいれんは、高温環境下での労働において、皮膚の血管に血液がたまり、脳への血液の流れが少なくなることにより発生し、めまい、失神等の症状がみられる。

問5 (3)　問6 (1)

問7 化学物質による健康障害に関する次の記述のうち、正しいものはどれか。

(1) 塩素による中毒では、再生不良性貧血、溶血などの造血機能の障害がみられる。

(2) シアン化水素による中毒では、細胞内の酸素の利用の障害による呼吸困難、けいれんなどがみられる。

(3) 弗化水素による中毒では、脳神経細胞が侵され、幻覚、錯乱などの精神障害がみられる。

(4) 酢酸メチルによる慢性中毒では、微細動脈瘤を伴う脳卒中などがみられる。

(5) 二酸化窒素による慢性中毒では、骨の硬化、斑状歯などがみられる。

問8 労働衛生保護具に関する次の記述のうち、正しいものはどれか。

(1) 保護めがねは、紫外線等の有害光線による眼の障害を防ぐ目的で使用するもので、飛散粒子、薬品の飛沫等による障害を防ぐ目的で使用するものではない。

(2) 保護クリームは、皮膚の露出部に塗布して、作業中に有害な物質が直接皮膚に付着しないようにする目的で使用するものであるので、有害性の強い化学物質を直接素手で取り扱うときには、必ず使用する。

(3) 防じんマスクは作業に適したものを選択し、高濃度の粉じんのばく露のおそれがあるときは、できるだけ粉じんの捕集効率が高く、かつ、排気弁の動的漏れ率が低いものを選ぶ。

(4) 複数の種類の有害ガスが混在している場合には、そのうち最も毒性の強いガス用の防毒マスクを使用する。

(5) エアラインマスクは、清浄な空気をボンベに詰めたものを空気源として供給する呼吸用保護具で、自給式呼吸器の一種である。

5

労働衛生

有害

問7 **(2)**　　問8 **(3)**

297

問 9 特殊健康診断に関する次の文中の［　］内に入れる A から C の語句の組合せとして、正しいものは (1) ～ (5) のうちどれか。

「特殊健康診断において有害物の体内摂取量を把握する検査として、生物学的モニタリングがあり、スチレンについては、尿中の［A］およびフェニルグリオキシル酸の総量を測定し、［B］については、［C］中のデルタアミノレブリン酸の量を測定する。」

	A	B	C
(1)	馬尿酸	鉛	尿
(2)	馬尿酸	水銀	血液
(3)	メチル馬尿酸	鉛	血液
(4)	マンデル酸	水銀	血液
(5)	マンデル酸	鉛	尿

問 10 局所排気装置に関する次の記述のうち、正しいものはどれか。

(1) ダクトの形状には円形、角形等があるが、その断面積を大きくするほど、ダクトの圧力損失が増大する。

(2) フード開口部の周囲にフランジがあると、フランジがないときに比べ、気流の整流作用が増し、大きな排風量が必要となる。

(3) キャノピ型フードは、発生源からの熱による上昇気流を利用して補足するもので、レシーバ式フードに分類される。

(4) スロット型フードは、作業面を除き周りが覆われているもので、囲い式フードに分類される。

(5) 空気清浄装置を付設する局所排気装置を設置する場合、排風機は、一般に、フードに接続した吸引ダクトと空気清浄装置の間に設ける。

問 9 **(5)**　　問 10 **(3)**

解答・解説

問1 (1)

解答の通り。

問2 (3)

(1) 塩化ビニル、(4) アンモニア、(5) ホルムアルデヒドは、常温・常圧の空気中ではガスである。

(2) ジクロロベンジジンは、常温・常圧の空気中では粉じんである。

問3 (1)

(2) ベンジジンは胃がんではなく、膀胱がんを起こすことがある。

(3) ビス (クロロメチル) エーテルは膀胱がんではなく、肺がんを起こすことがある。

(4) コールタールは白血病ではなく、肺がん・皮膚がんを起こすことがある。

(5) クロム酸は皮膚がんではなく、肺がん・上気道がんを起こすことがある。

問4 (4)

(1) 一般に、有機溶剤の蒸気は空気より重い。

(2) 有機溶剤は脂溶性であり、脂肪の多い脳などに入りやすい。

(3) ノルマルヘキサンによる障害として顕著なものは、末梢神経障害である。

(5) N,N- ジメチルホルムアミドによる障害として顕著なものは、頭痛、めまい、肝機能障害などである。

問5 (3)

等価騒音レベルとは、ある時間範囲について、変動する騒音の騒音レベルをエネルギー的な平均値として表した量のことである。

問6 (1)

(2) けい肺は金属粉じんが原因ではなく、遊離けい酸が原因である。

(3) 金属熱は、金属のヒュームを吸入することにより発熱する疾病である。

(4) 確率的影響とは、しきい値がなく、被ばく線量に応じて発生率・重症度が増加する影響であり、確定的影響とはある線量を超えて被ばくした場合に必ず影響が発生するしきい値のある影響である。電離放射線による造血器障害は確率的影響ではなく、確定的影響に分類される。

(5) 熱けいれんは、高温環境下で多量の発汗により体内の水分と塩分が失われたところへ、水分だけが補給されたとき、体内の塩分濃度が低下することにより発生する。

問7 (2)

(1) 塩素による中毒では、咽頭痛、咳、胸苦しさ、肺水腫などがある。

(3) 弗化水素による中毒では、肺炎や肺水腫、慢性中毒では骨の硬化や斑状歯などがみられる。

(4) 酢酸メチルによる慢性中毒では、視力低下、視野狭窄などの視神経障害などがみられる。

(5) 二酸化窒素による慢性中毒では、慢性気管支炎、肺気腫、胃腸障害、歯牙酸蝕症などが見られる。

問8 (3)

(1) 保護めがねは、飛散粒子や薬品の飛沫などによる障害を防ぐ目的で使用するもので、紫外線などの有害光線による眼の障害を防ぐ目的で使用するものではない。

(2) 保護クリームは、皮膚の露出部に塗布して、作業中に有害な物質が直接皮膚に付着しないようにするために使用するものであるが、保護クリームを塗布しても、有害性の強い化学物質を直接素手で取り扱ってはならない。

(4) 複数の種類の有毒ガスが混在している場合には、それぞれ型式検定に合格した吸収缶を使用する。

(5) エアラインマスクは、自給式呼吸器ではなく、送気マスクの一種である。

問9 (5)

解答の通り。

問10 (3)

(1) ダクトの圧力損失は、断面積を小さくするほど増大する。

(2) フランジがあると、フランジがないときに比べ、少ない排風量で所要の効果を上げることができる。

(4) スロット型フードは、有害物質の発散源の前に設置し、吸い込み気流を発生させて有害物質をフードまで吸引するもので、外付け式フードに分類される。

(5) 排風機は、清浄後の空気が通る位置に設置する。

第6章

総仕上げ！
模擬試験1回分

この章は衛生管理者試験の模擬問題です。各科目は、実際の出題数に合わせて、問題を掲載しています。ここまできたらあとはラストスパートです。繰り返し解いて問題に慣れましょう。
なお、科目によって配点が異なるため、採点の際には「合格のための学習法」(p.17) をもう一度確認しましょう。

本章に関する試験情報

| 試験での出題数 | **44**問 |
| 合格に必要な正答数 | **26〜28**問※ |

※科目ごとの配点の違いによる。

科目	関係法令

（有害業務に係るもの）

解答・解説はp.320参照

問1 ある製造業の事業場の労働者数及び有害業務等従事状況並びに産業医及び衛生管理者の選任の状況は、次の①〜③のとおりである。この事業場の産業医及び衛生管理者の選任についての法令違反の状況に関する(1)〜(5)の記述のうち、正しいものはどれか。ただし、産業医及び衛生管理者選任の特例はないものとする。

①労働者数及び有害業務等従事状況

　常時使用する労働者数は800人であり、このうち、深夜業を含む業務に400人が、強烈な騒音を発する場所における業務に30人が常時従事しているが、他に有害業務に従事している者はいない。

②産業医の選任の状況

　選任している産業医数は1人である。この産業医は、この事業場に専属の者ではないが、産業医としての法令の要件を満たしている医師である。

③衛生管理者の選任の状況

　選任している衛生管理者数は3人である。このうち1人は、この事業場に専属でない労働衛生コンサルタントで、衛生工学衛生管理者免許を有していない。他の2人は、この事業場に専属で、共に衛生管理者としての業務以外の業務を兼任しており、また、第一種衛生管理者免許を有しているが、衛生工学衛生管理者免許を有していない。

(1) 選任している産業医がこの事業場に専属でないことが違反である。

(2) 選任している衛生管理者数が少ないことが違反である。

(3) 衛生管理者として選任している労働衛生コンサルタントがこの事業場に専属でないことが違反である。

(4) 衛生工学衛生管理者免許を受けた者のうちから選任した衛生管理者が1人もいないことが違反である。

(5) 専任の衛生管理者が1人もいないことが違反である。

問2 次の業務に労働者を就かせるとき、法令に基づく安全又は衛生のための特別の教育を行わなければならないものはどれか。

(1) 赤外線又は紫外線にさらされる業務

(2) 有機溶剤等を用いて行う接着の業務

(3) 塩酸を用いて行う分析の業務

(4) エックス線回折装置を用いて行う分析の業務

(5) 廃棄物の焼却施設において焼却灰を取り扱う業務

問3 次の免許のうち、労働安全衛生法令に定められていないものはどれか。

(1) 潜水士免許

(2) 高圧室内作業主任者免許

(3) エックス線作業主任者免許

(4) 石綿作業主任者免許

(5) ガンマ線透過写真撮影作業主任者免許

問4 次の特定化学物質を製造しようとするとき、労働安全衛生法に基づく厚生労働大臣の許可を必要としないものはどれか。

(1) アルファ‐ナフチルアミン (2) ジアニシジン (3) オルト‐トリジン

(4) オルト‐トルイジン   (5) ベンゾトリクロリド

問5 次のAからEの粉じん発生源について、法令上、特定粉じん発生源に該当するものの組合せは (1) ～ (5) のうちどれか。

A 屋内において、耐火物を用いた炉を解体する箇所

B 屋内の、ガラスを製造する工程において、原料を溶解炉に投げ入れる箇所

C 屋内において、研磨材を用いて手持式動力工具により金属を研磨する箇所

D 屋内において、粉状の炭素製品を袋詰めする箇所

E 屋内において、固定の溶射機により金属を溶射する箇所

(1) A, B (2) A, E (3) B, C (4) C, D (5) D, E

問 6 屋内作業場において、第二種有機溶剤等を使用して常時洗浄作業を行う場合の措置として、法令上、誤っているものは次のうちどれか。ただし、有機溶剤中毒予防規則に定める適用除外および設備の特例はないものとする。

(1) 作業場所に設けた局所排気装置について、外付け式フードの場合は0.4m/s の制御風速を出し得る能力を有するものにする。

(2) 有機溶剤等の区分の色分けによる表示を黄色で行う。

(3) 作業場における空気中の有機溶剤の濃度を、6 か月以内ごとに 1 回、定期に測定し、その測定結果等の記録を 3 年間保存する。

(4) 作業に常時従事する労働者に対し、6 か月以内ごとに 1 回、定期に、特別の項目について医師による健康診断を行い、その結果に基づき作成した有機溶剤等健康診断個人票を 5 年間保存する。

(5) 作業場所に設けたプッシュプル型換気装置について、原則として、1 年以内ごとに 1 回、定期に、自主検査を行い、その検査の結果等の記録を 3 年間保存する。

問 7 管理区域内において放射線業務に従事する労働者の被ばく限度に関する次の文中の [ ] 内に入れる A から D の語句又は数値の組合せとして、法令上、正しいものはどれか。

「男性又は妊娠する可能性がないと診断された女性が受ける実効線量の限度は、緊急作業に従事する場合を除き、[A] 間につき [B]、かつ、[C] 間につき [D] である。」

	A	B	C	D
(1)	1 年	50mSv	1 か月	5mSv
(2)	3 年	100mSv	3 か月	10mSv
(3)	3 年	100mSv	1 年	50mSv
(4)	5 年	100mSv	1 年	50mSv
(5)	5 年	250mSv	1 年	100mSv

問 8 労働安全衛生規則の衛生基準について、誤っているものは次のうちどれか。

(1) 炭酸ガス（二酸化炭素）濃度が 0.15 % を超える場所には、関係者以外の者が立ち入ることを禁止し、かつ、その旨を見やすい箇所に表示しなければならない。

(2) 強烈な騒音を発する屋内作業場においては、その伝ぱを防ぐため、隔壁を設ける等必要な措置を講じなければならない。

(3) 多筒抄紙機により紙を抄く業務を行う屋内作業場については、6か月以内ごとに1回、定期に、等価騒音レベルを測定しなければならない。

(4) 著しく暑熱または多湿の作業場においては、坑内等特殊な作業場でやむを得ない事由がある場合を除き、休憩の設備を作業場外に設けなければならない。

(5) 屋内作業場に多量の熱を放散する溶融炉があるときは、加熱された空気を直接屋外に排出し、又はその放射するふく射熱から労働者を保護する措置を講じなければならない。

問9 法令に基づき定期に行う作業環境測定とその測定頻度との組合せとして、誤っているものは次のうちどれか。

(1) 溶融ガラスからガラス製品を成型する業務を行う屋内作業場の気温、湿度及びふく射熱の測定 ……………………………… 半月以内ごとに1回
(2) 通気設備が設けられている坑内の作業場における通気量の測定
……………………………………………………… 半月以内ごとに1回
(3) 非密封の放射性物質を取り扱う作業室における空気中の放射性物質の濃度の測定 ……………………………………… 1か月以内ごとに1回
(4) 鉛ライニングの業務を行う屋内作業所における空気中の鉛濃度の測定
……………………………………………………… 6か月以内ごとに1回
(5) 常時特定粉じん作業を行う屋内作業場における空気中の粉じん濃度の測定 ……………………………………………… 6か月以内ごとに1回

問10 労働基準法に基づき、満18歳に満たない者を就かせてはならない業務に該当しないものは次のうちどれか。

(1) 削岩機、鋲打機等身体に著しい振動を与える機械器具を用いて行う業務
(2) 著しく寒冷な場所における業務
(3) 20kgの重量物を継続的に取り扱う業務
(4) 超音波にさらされる業務
(5) 強烈な騒音を発する場所における業務

科目	労働衛生 （有害業務に係るもの）	解答・解説はp.322参照

問 11 化学物質とその常温・常圧（25℃、1気圧）での空気中における状態との組合せとして、誤っているものはどれか。ただし、ガスとは、常温・常圧で気体のものをいい、蒸気とは、常温・常圧で液体又は固体の物質が蒸気圧に応じて揮発又は昇華して気体となっているものをいうものとする。

(1) アクリロニトリル ……………………………… ガス
(2) アセトン ………………………………………… 蒸気
(3) アンモニア ……………………………………… ガス
(4) ホルムアルデヒド ……………………………… ガス
(5) 二硫化炭素 ……………………………………… 蒸気

問 12 労働衛生対策を進めていくに当たっては、作業環境管理、作業管理及び健康管理が必要であるが、次のAからEの対策例について、作業管理に該当するものの組合せは(1)～(5)のうちどれか。

A　座位での情報機器作業における作業姿勢は、椅子に深く腰をかけて背もたれに背を十分あて、履き物の足裏全体が床に接した姿勢を基本とする。

B　有機溶剤業務を行う作業場所に設置した局所排気装置のフード付近の気流の風速を測定する。

C　放射線業務を行う作業場所において、外部放射線による実効線量を算定し、管理区域を設定する。

D　ずい道建設工事の掘削作業において、土石又は岩石を湿潤な状態に保つための設備を稼働する。

E　介護作業等腰部に著しい負担のかかる作業に従事する労働者に対し、腰痛予防体操を実施する。

(1) A，B　　(2) A，C　　(3) B，C　　(4) C，D　　(5) D，E

問13 化学物質等による疾病のリスクの低減措置について、法令に定められた措置以外の措置を検討する場合、優先度の最も高いものは次のうちどれか。

(1) 化学物質等に係る機械設備等の密閉化
(2) 化学物質等に係る機械設備等への局所排気装置の設置
(3) 化学反応プロセス等の運転条件の変更
(4) 化学物質等の有害性に応じた有効な保護具の使用
(5) 作業手順の改善

問14 化学物質による健康障害に関する次の記述のうち、正しいものはどれか。

(1) 一酸化炭素による中毒では、ヘモグロビン合成の障害による貧血、溶血などがみられる。
(2) 弗化水素による中毒では、脳神経細胞が侵され、幻覚、錯乱などの精神障害がみられる。
(3) シアン化水素による中毒では、細胞内の酸素の利用の障害による呼吸困難、けいれんなどがみられる。
(4) 塩化ビニルによる慢性中毒では、慢性気管支炎、歯牙酸蝕症などがみられる。
(5) 塩素による中毒では、再生不良性貧血、溶血などの造血機能の障害がみられる。

問15 作業環境における騒音及びそれによる健康障害に関する次の記述のうち、誤っているものはどれか。

(1) 騒音レベルの測定は、通常、騒音計の周波数重み付け特性Aで行い、その大きさはdBで表す。
(2) 騒音性難聴は、初期には気付かないことが多く、また、不可逆的な難聴であるという特徴がある。
(3) 騒音は、自律神経系や内分泌系へも影響を与えるため、騒音ばく露により、交感神経の活動の亢進や副腎皮質ホルモンの分泌の増加が認められることがある。
(4) 騒音性難聴では、通常、会話音域より高い音域から聴力低下が始まる。
(5) 等価騒音レベルは、中心周波数500Hz、1,000Hz、2,000Hz及び4,000Hzの各オクターブバンドの騒音レベルの平均値で、変動する騒音に対する人間の生理・心理的反応とよく反応する。

問 16 金属などによる健康障害に関する次の記述のうち、誤っているものはどれか。

(1) ベリリウム中毒では、接触皮膚炎、肺炎などの症状がみられる。

(2) マンガン中毒では、歩行障害、発語障害、筋緊張亢進などの症状がみられる。

(3) クロム中毒では、低分子蛋白尿、歯への黄色の色素沈着、視野狭窄などの症状がみられる。

(4) カドミウム中毒では、上気道炎、肺炎、腎機能障害などがみられる。

(5) 金属水銀中毒では、感情不安定、幻覚などの精神障害、手指の震えなどの症状がみられる。

問 17 レーザー光線に関する次の記述のうち、誤っているものはどれか。

(1) レーザー光線は、おおむね 1nm から 180nm までの波長域にある。

(2) レーザー光線は、単一波長で位相のそろった人工光線である。

(3) レーザー光線の強い指向性や集束性を利用し、高密度のエネルギーを発生させることができる。

(4) 出力パワーが最も弱いクラス 1 またはクラス 2 のレーザー光線は、可視光のレーザーポインタとして使用されている。

(5) レーザー光線にさらされるおそれのある業務は、レーザー機器の出力パワーなどに基づくクラス分けに応じた労働衛生上の対策を講じる必要がある。

問 18 作業環境における有害要因による健康障害に関する次の記述のうち、正しいものはどれか。

(1) 潜水業務における減圧症は、浮上による減圧に伴い、血液中に溶け込んでいた酸素が気泡となり、血管を閉塞したり組織を圧迫することにより発生する。

(2) 熱けいれんは、高温環境下での労働において、皮膚の血管に血液がたまり、脳への血液の流れが少なくなることにより発生し、めまい、失神などの症状がみられる。

(3) 全身振動障害では、レイノー現象などの末梢循環障害や手指のしびれ感などの末梢神経障害がみられ、局所振動障害では、関節痛などの筋骨格系障害がみられる。

(4) 低体温症は、低温下の作業で全身が冷やされ、体の中心部の温度が 35℃ 程度以下に低下した状態をいう。

308

(5) マイクロ波は、赤外線より波長が短い電磁波で、照射部位の組織を加熱する作用がある。

問 19 有害物質を発散する屋内作業場の作業環境改善に関する次の記述のうち、正しいものはどれか。

(1) 有害物質を取り扱う装置を構造上又は作業上の理由で完全に密閉できない場合は、装置内の圧力を外気圧よりも高くする。

(2) 局所排気装置を設置する場合は、給気量が不足すると排気効果が低下するので、排気量に見合った給気経路を確保する。

(3) 有害物質を発散する作業工程では、局所排気装置の設置を密閉化や自動化より優先して検討する。

(4) 局所排気装置を設ける場合、ダクトが細すぎると搬速速度が不足し、太すぎると圧力損失が増大することを考慮して、ダクト径を決める。

(5) 局所排気装置に設ける空気清浄装置は、一般に、ダクトに接続された排風機を通過した後の空気が通る位置に設置する。

問 20 有害物質とその生物学的モニタリング指標として用いられる尿中の代謝物との組合せとして、正しいものはどれか。

(1) トルエン ………………………………… トリクロロ酢酸
(2) キシレン ………………………………… メチル馬尿酸
(3) スチレン ………………………………… 馬尿酸
(4) N,N- ジメチルホルムアミド …………… デルタ - アミノレブリン酸
(5) 鉛 ………………………………………… マンデル酸

科目	関係法令（有害業務に係るもの以外のもの）

解答・解説はp.324参照

問 21 産業医に関する次の記述のうち、法令上、誤っているものはどれか。ただし、産業医の選任の特例はないものとする。

(1) 産業医を選任しなければならない事業場は、常時 50 人以上の労働者を使用する事業場である。

(2) 常時使用する労働者数が 2,000 人を超える事業場では、産業医を 2 人以上選任しなければならない。

(3) 重量物の取扱い等重激な業務に常時 500 人以上の労働者を従事させる事業場では、その事業場に専属の産業医を選任しなければならない。

(4) 産業医が、事業者から、毎月 1 回以上、所定の情報の提供を受けている場合であって、事業者の同意を得ているときは、産業医の作業場等の巡視の頻度を、毎月 1 回以上から 2 か月に 1 回以上にすることができる。

(5) 産業医は、労働者に対する衛生教育に関することであって、医学に関する専門的知識を必要とする事項について、総括安全衛生管理者に対して勧告することができる。

問 22 衛生委員会に関する次の記述のうち、法令上、誤っているものはどれか。

(1) 衛生委員会の議長を除く委員の半数については、事業場に労働者の過半数で組織する労働組合がないときは、労働者の過半数を代表する者の推薦に基づき指名しなければならない。

(2) 衛生委員会の議長は、原則として、総括安全衛生管理者または総括安全衛生管理者以外の者で事業場においてその事業の実施を総括管理するもの若しくはこれに準ずる者のうちから事業者が指名した委員がなるものとする。

(3) 事業場に専属ではないが、衛生管理者として選任している労働衛生コンサルタントを衛生委員会の委員として指名することができる。

(4) 作業環境測定を外部の作業環境測定機関に委託して実施している場合、当該作業環境測定を実施している作業環境測定士を、衛生委員会の委員として指名することができる。

(5) 衛生委員会の付議事項には、長時間にわたる労働による労働者の健康障害の防止を図るための対策の樹立に関することが含まれる。

問 23 労働安全衛生規則に基づく医師による健康診断に関する次の記述のうち、誤っているものはどれか。

(1) 雇入時の健康診断において、医師による健康診断を受けた後3か月を経過しない者が、その健康診断結果を証明する書面を提出したときは、その健康診断の項目に相当する項目を省略することができる。

(2) 雇入時の健康診断の項目のうち、聴力の検査は、1,000Hz 及び 4,000Hz の音について行わなければならない。

(3) 深夜業を含む業務に常時従事する労働者に対し、6か月以内ごとに1回、定期に、健康診断を行わなければならないが、胸部エックス線検査については、1年以内ごとに1回、定期に、行うことができる。

(4) 定期健康診断を受けた労働者に対し、健康診断を実施した日から3か月以内に、当該健康診断の結果を通知しなければならない。

(5) 定期健康診断の結果に基づき健康診断個人票を作成して、これを5年間保存しなければならない。

問 24 事業場の建築物、施設等に関する措置について、労働安全衛生規則の衛生基準に違反していないものは次のうちどれか。

(1) 常時男性35人、女性10人の労働者を使用している事業場で、労働者が臥床することのできる男女別々の休養室又は休養所を設けていない。

(2) 常時50人の労働者を就業させている屋内作業場の気積が、設備の占める容積および床面から4mを超える高さにある空間を除き 450m^3 となっている。

(3) 日常行う清掃のほか、毎年1回、12月下旬の平日を大掃除の日と決めて大掃除を行っている。

(4) 事業場に附属する食堂の床面積を、食事の際の1人について、0.5m^2 としている。

(5) 労働衛生上の有害業務を有しない事業場において、窓その他の開口部の直接外気に向かって開放することができる部分の面積が、常時床面積の25分の1である屋内作業場に、換気設備を設けていない。

問 25 労働安全衛生法に基づく労働者の心理的な負担の程度を把握するための検査（以下「ストレスチェック」という。）及びその結果等に応じて実施される医師による面接指導に関する次の記述のうち、法令上、正しいものはどれか。

(1) ストレスチェックを受ける労働者について解雇、昇進又は異動に関して直接の権限を持つ監督的地位にある者は、ストレスチェックの実施の事務に従事してはならない。

(2) 事業者は、ストレスチェックの結果が、衛生管理者及びストレスチェックを受けた労働者に通知されるようにしなければならない。

(3) 面接指導を行う医師として事業者が指名できる医師は、当該事業場の産業医に限られる。

(4) 面接指導の結果は、健康診断個人票に記載しなければならない。

(5) 事業場は、面接指導の結果に基づき、当該労働者の健康を保持するため必要な措置について、面接指導が行われた日から 3 か月以内に、医師の意見を聴かなければならない。

問 26 労働基準法に定める妊産婦等に関する次の記述のうち、法令上、誤っているものはどれか。ただし、常時使用する労働者数が 10 人以上の規模の事業場の場合とし、管理監督者等とは、「監督又は管理の地位にある者等、労働時間、休憩及び休日に関する規定の適用除外者」をいうものとする。

(1) 時間外・休日労働に関する協定を締結し、これを所轄労働基準監督署長に届け出ている場合であっても、妊産婦が請求した場合には、管理監督者等の場合を除き、時間外・休日労働をさせてはならない。

(2) フレックスタイム制を採用している場合であっても、妊産婦が請求した場合には、管理監督者等の場合を除き、1 週 40 時間、1 日 8 時間を超えて労働させてはならない。

(3) 妊産婦が請求した場合には、深夜業をさせてはならない。

(4) 妊娠中の女性が請求した場合においては、他の軽易な業務に転換させなければならない。

(5) 原則として、産後 8 週間を経過しない女性を就業させてはならない。

問 27 週所定労働時間が 25 時間、週所定労働日数が 4 日である労働者であって、雇入れの日から起算して 5 年 6 か月継続勤務したものに対して、その後 1 年間に新たに与えなければならない年次有給休暇日数として、法令上、正しいものは次のうちどれか。ただし、その労働者はその直前の 1 年間に全労働日の 8 割以上出勤したものとする。

(1) 12 日　(2) 13 日　(3) 14 日　(4) 15 日　(5) 16 日

科目	労働衛生

（有害業務に係るもの以外のもの）

解答・解説はp.326参照

問28 健康診断における検査項目に関する次の記述のうち、誤っているものはどれか。

(1) HDL コレステロールは、善玉コレステロールとも呼ばれ、低値であることは動脈硬化の危険因子となる。

(2) γ-GTP は、正常な肝細胞に含まれている酵素で、肝細胞が障害を受けると血液中に流れ出し、特にアルコールの摂取で高値を示す特徴がある。

(3) ヘモグロビン A1c は、血液 1μL 中に含まれるヘモグロビンの数を表す値であり、貧血の有無を調べるために利用される。

(4) 尿素窒素（BUN）は、腎臓から排泄される老廃物の一種で、腎臓の働きが低下すると尿中に排泄されず、血液中の値が高くなる。

(5) 血清トリグリセライド（中性脂肪）は、食後に値が上昇する脂質で、内臓脂肪が蓄積している者において、空腹時にも高値が持続することは動脈硬化の危険因子となる。

問29 厚生労働省の「職場における受動喫煙防止のためのガイドライン」に関する次の A から D の記述について、誤っているものの組合せは (1) ～ (5) のうちどれか。

A 第一種施設とは、多数の者が利用する施設のうち、学校、病院、国や地方公共団体の行政機関の庁舎等をいい、「原則敷地内禁煙」とされている。

B 一般の事務所や工場は、第二種施設に含まれ、「原則屋内禁煙」とされている。

C 第二種施設においては、特定の時間を禁煙とする時間分煙が認められている。

D たばこの煙の流出を防止するための技術的基準に適合した喫煙専用室においては、食事はしてはならないが、飲料を飲むことは認められている。

(1) A, B　(2) A, C　(3) B, C　(4) B, D　(5) C, D

問 30 労働衛生管理に用いられる統計に関する次の記述のうち、誤っているものはどれか。

(1) 生体から得られたある指標が正規分布である場合、そのばらつきの程度は、平均値や最頻値によって表される。

(2) 集団を比較する場合、調査の対象とした項目のデータの平均値が等しくても分散が異なっていれば、異なった特徴をもつ集団であると評価される。

(3) 健康管理統計において、ある時点での検査における有所見者の割合を有所見率といい、一定期間において有所見とされた人の割合を発生率という。

(4) 健康診断において、対象人数、受診者数などのデータを計数データといい、身長、体重などのデータを計量データという。

(5) ある事象と健康事象との間に、統計上、一方が多いと他方も多いというような相関関係が認められたとしても、それらの間に因果関係があるとは限らない。

問 31 厚生労働省の「職場における腰痛予防対策指針」に基づき、腰部に著しい負担のかかる作業に常時従事する労働者に対して当該作業に配置する際に行う健康診断の項目として、適切でないものは次のうちどれか。

(1) 既往歴及び業務歴の調査 　　(2) 自覚症状の有無の検査
(3) 負荷心電図検査 　(4) 神経学的検査 　(5) 脊柱の検査

問 32 脳血管障害及び虚血性心疾患に関する次の記述のうち、誤っているものはどれか。

(1) 虚血性の脳血管障害である脳梗塞は、脳血管自体の動脈硬化性病変による脳血栓症と、心臓や動脈壁の血栓が剥がれて脳血管を閉塞する脳塞栓症に分類される。

(2) くも膜下出血は、通常、脳動脈瘤が破れて数日後、激しい頭痛で発症する。

(3) 虚血性心疾患は、冠動脈による心筋への血液の供給が不足したり途絶えることにより起こる心筋障害である。

(4) 心筋梗塞では、突然激しい胸痛が起こり、「締め付けられるように痛い」、「胸が苦しい」などの症状が、1時間以上続くこともある。

(5) 運動負荷心電図検査は、虚血性心疾患の発見に有用である。

問 33 ノロウイルスによる食中毒に関する次の記述のうち、正しいものはどれか。

(1) 食品に付着したウイルスが食品中で増殖し、ウイルスが産生した毒素により発症する。

(2) ウイルスの感染性は、長時間煮沸しても失われない。

(3) 潜伏期間は、1 ～ 2 日である。

(4) 発生時期は、夏季が多い。

(5) 症状は、筋肉の麻痺などの神経症状が特徴である。

問 34 身長 175cm、体重 80kg、腹囲 88cm の人の BMI に最も近い値は、次のうちどれか。

(1) 21　(2) 26　(3) 29　(4) 37　(5) 40

科目	労働生理

解答・解説はp.328参照

問 35 血液に関する次の記述のうち、誤っているものはどれか。

(1) 血液は、血漿成分と有形成分から成り、血漿成分は血液容積の約 55% を占める。

(2) 血漿中の蛋白質のうち、アルブミンは血液の浸透圧の維持に関与している。

(3) 白血球のうち、好中球には、体内に侵入してきた細菌や異物を貪食する働きがある。

(4) 血小板のうち、リンパ球には、Bリンパ球やTリンパ球などがあり、これらは免疫反応に関与している。

(5) 血液の凝固は、血漿中のフィブリノーゲンがフィブリンに変化し、赤血球などが絡みついて固まる現象である。

問 36 心臓の働きと血液の循環に関する次の記述のうち、誤っているものはどれか。

(1) 心臓の中にある洞結節（洞房結節）で発生した刺激が、刺激伝導系を介して心筋に伝わることにより、心臓は規則正しく収縮と拡張を繰り返す。

(2) 体循環は、左心室から大動脈に入り、毛細血管を経て静脈血となり右心房に戻ってくる血液の循環である。

(3) 肺循環は、右心室から肺静脈を経て肺の毛細血管に入り、肺動脈を通って左心房に戻る血液の循環である。

(4) 心臓の拍動は、自律神経の支配を受けている。

(5) 大動脈および肺静脈を流れる血液は、酸素に富む動脈血である。

問 37 呼吸に関する次の記述のうち、誤っているものはどれか。

(1) 呼吸運動は、横隔膜、肋間筋等の呼吸筋が収縮と弛緩をすることにより行われる。

(2) 胸郭内容積が増し、その内圧が低くなるにつれ、鼻腔、気管等の気道を経て肺内へ流れ込む空気が吸気である。

(3) 肺胞内の空気と肺胞を取り巻く毛細血管中の血液との間で行われるガス交換は、外呼吸である。

(4) 血液中の二酸化炭素濃度が増加すると、呼吸中枢が刺激され、呼吸が速く深くなる。

(5) 呼吸のリズムをコントロールしているのは、間脳の視床下部である。

問38 消化器系に関する次の記述のうち、誤っているものはどれか。

(1) 三大栄養素のうち糖質はブドウ糖などに、蛋白質はアミノ酸に、脂肪は脂肪酸とエチレングリコールに、酵素により分解されて吸収される。

(2) 無機塩、ビタミン類は、酵素による分解を受けないでそのまま吸収される。

(3) 吸収された栄養分は、血液やリンパによって組織に運搬されてエネルギー源などとして利用される。

(4) 胃は、塩酸やペプシノーゲンを分泌して消化を助けるが、水分の吸収はほとんど行わない。

(5) 小腸は、胃に続く全長6〜7mの管状の器官で、十二指腸、空腸及び回腸に分けられる。

問39 肝臓の機能として、誤っているものは次のうちどれか。

(1) コレステロールを合成する。　　(2) 尿素を合成する。

(3) ヘモグロビンを合成する。　　　(4) 胆汁を生成する。

(5) グリコーゲンを合成し、および分解する。

問40 代謝に関する次の記述のうち、正しいものはどれか。

(1) 代謝において、細胞に取り入れられた体脂肪、グリコーゲンなどが分解されてエネルギーを発生し、ATPが合成されることを同化という。

(2) 代謝において、体内に摂取された栄養素が、種々の化学反応によって、細胞を構成する蛋白質などの生体に必要な物質に合成されることを異化という。

(3) 基礎代謝量は、安静時における心臓の拍動、呼吸、体温保持などに必要な代謝量で、睡眠中の測定値で表される。

(4) エネルギー代謝率は、一定時間中に体内で消費された酸素と排出された二酸化炭素の容積比である。

(5) エネルギー代謝率は、動的筋作業の強度を表すことができるが、精神的作業や静的筋作業には適用できない。

6

総仕上げ！模擬試験 1回分

問題

解答解説

問 41 筋肉に関する次の記述のうち、正しいものはどれか。

(1) 横紋筋は、骨に付着して身体の運動の原動力となる筋肉で意志によって動かすことができるが、平滑筋は、心筋などの内臓に存在する筋肉で意志によって動かすことができない。

(2) 筋肉は神経からの刺激によって収縮するが、神経より疲労しにくい。

(3) 荷物を持ち上げたり、屈伸運動を行うときは、筋肉が長さを変えずに外力に抵抗して筋力を発生させる等尺性収縮が生じている。

(4) 強い力を必要とする運動を続けていると、筋肉を構成する個々の筋線維の太さは変わらないが、その数が増えることによって筋肉が太くなり筋力が増強する。

(5) 刺激に対して意識とは無関係に起こる定型的な反応を反射といい、四肢の皮膚に熱いものが触れたときなどに、その肢を体幹に近づけるような反射は屈曲反射と呼ばれる。

問 42 耳とその機能に関する次の記述のうち、誤っているものはどれか。

(1) 騒音性難聴は、音を神経に伝達する内耳の聴覚器官の有毛細胞の変性によって起こる。

(2) 耳介で集められた音は、鼓膜を振動させ、その振動は耳小骨によって増幅され、内耳に伝えられる。

(3) 内耳は、前庭、半規管および蝸牛（うずまき管）の三つの部位からなり、前庭と半規管が平衡感覚、蝸牛が聴覚をそれぞれ分担している。

(4) 前庭は、体の回転の方向や速度を感じ、半規管は、体の傾きの方向や大きさを感じる。

(5) 鼓室は、耳管によって咽頭に通じており、その内圧は外気圧と等しく保たれている。

問 43 ストレスに関する次の記述のうち、誤っているものはどれか。

(1) 外部からの刺激であるストレッサーは、その形態や程度にかかわらず、自律神経系と内分泌系を介して、心身の活動を抑圧する。

(2) ストレスに伴う心身の反応には、ノルアドレナリン、アドレナリンなどのカテコールアミンや副腎皮質ホルモンが深く関与している。

(3) 昇進、転勤、配置替えなどがストレスの原因となることがある。

(4) 職場環境における騒音、気温、湿度、悪臭などがストレスの原因となることがある。

(5) ストレスにより、高血圧症、狭心症、十二指腸潰瘍などの疾患が生じることがある。

問 44 ヒトのホルモン、その内分泌器官およびそのはたらきの組合せとして、誤っているものは次のうちどれか。

	ホルモン	内分泌器官	はたらき
(1)	ガストリン	胃	胃酸分泌刺激
(2)	アルドステロン	副腎皮質	体液中の塩類バランスの調節
(3)	パラソルモン	副甲状腺	血中のカルシウム量の調節
(4)	コルチゾール	膵臓	血糖量の増加
(5)	副腎皮質刺激ホルモン	下垂体	副腎皮質の活性化

科目	関係法令
	（有害業務に係るもの）

問題はp.302参照

解答・解説

問1 (5)

本問の事業場では、常時使用する労働者数が 800 人であるため、衛生管理者は 3 人以上選任しなければならない。また、常時使用する労働者数が 500 人を超えて、強烈な騒音を発する場所における業務に 30 人常時従事しているので、専任の衛生管理者を選任しなければならないが、衛生工学衛生管理者の免許を受けた者から選任しなくてもよい。

産業医については、常時使用する労働者数が 800 人で、深夜業を含む業務に 400 人、強烈な騒音を発する場所における業務に 30 人常時従事しているのみなので、専属でなくともよい。

(1) 上記の通り、産業医は専属でなくてもよいので違反していない。

(2) 衛生管理者を 3 人選任しているので、違反ではない。

(3) 複数の衛生管理者を選任する場合、衛生管理者のうちの 1 人を事業場に専属でない労働衛生コンサルタントから選任することができるため、違反していない。

(4) 上記の通り、衛生工学衛生管理者免許を受けた者のうちから衛生管理者を選任する必要はないので違反ではない。

(5) 上記の通り、専任の衛生管理者を選任する必要がある。

問2 (5)

(1)～(4) 特別教育は不要である。

(5) 廃棄物の焼却施設において焼却灰を取り扱う業務は、特別教育の対象である。

問3 (4)

(1)(2)(3)(5) その業務に就くためや作業主任者となるために、免許が必要である。

(4) 石綿作業主任者に免許はなく、所定の技能講習を修了した者を選任する。

問4 (4)

(1)(2)(3)(5) 製造等をする際は、厚生労働大臣の許可が必要である。

(4) オルト-トルイジンは、製造等の許可物質に該当しない。

問5 (5)

特定粉じん発生源に該当するのは、「D　屋内において、粉状の炭素製品を袋詰めする箇所」と「E　屋内において、固定の溶射機により金属を溶射する箇所」である。

| 問 6 | (1) |

(1) 制御風速が 0.4m/s 以上でなければならないのは、外付け式フードではなく囲い式フードである。なお、外付け式フードの制御風速は側方吸引型→下方吸引型→上方吸引型の順に 0.5m/s 以上、0.5m/s 以上、1.0m/s 以上である。

(2) ～ (5) 設問の通り。

| 問 7 | (4) |

解答の通り。男性又は妊娠する可能性がないと診断された女性が受ける実効線量の限度は、緊急作業に従事する場合を除き、5 年間につき 100mSv、かつ、1 年間につき 50mSv である。

| 問 8 | (1) |

(1) 炭酸ガス（二酸化炭素）濃度が「1.5%」を超える場所には、関係者以外の者が立ち入ることを禁止し、かつ、その旨を見やすい箇所に表示しなければならない。

(2) ～ (5) 設問の通り。

| 問 9 | (4) |

(1) (2) (3) (5) 設問の通り。

(4) 鉛ライニングの業務を行う屋内作業場における空気中の鉛濃度の測定は、6 か月以内ごとに 1 回ではなく、1 年以内ごとに 1 回行わなければならない。

| 問 10 | (4) |

(1) (2) (3) (5) 満 18 歳に満たない者を就かせてはならない業務に該当する。

(4) 超音波にさらされる業務は、満 18 歳に満たない者を就かせてはならない業務に該当しない。

科目	労働衛生

（有害業務に係るもの）

問題はp.306参照

解答・解説

問11 (1)

(1) アクリロニトリルは、常温・常圧の空気中ではガスではなく、蒸気である。

(2) ～ (5) 正しい組み合わせである。

問12 (2)

作業管理に該当するのは、「A　座位での情報機器作業における作業姿勢は、椅子に深く腰をかけて背もたれに背を十分あて、履き物の足裏全体が床に接した姿勢を基本とする」と「C　放射線業務を行う作業場所において、外部放射線による実効線量を算定し、管理区域を設定する」である。BとDは作業環境管理でEは健康管理である。よって、(2) が正しい組み合わせである。

問13 (3)

リスクの低減措置の検討は、次の順番で実施する。

(3) 化学反応のプロセス等の運転条件の変更⇒(1) 化学物質等に係る機械設備等の密閉化又は(2) 化学物質等に係る機械設備等への局所排気装置の設置⇒(5) 作業手順の改善⇒(4) 化学物質等の有害性に応じた有効な保護具の使用

よって、優先度の最も高いものは (3) である。

問14 (3)

(1) 一酸化炭素による中毒では、息切れ、頭痛から始まり、虚脱や意識混濁がみられる。

(2) 弗化水素による中毒では、肺炎や肺水腫、慢性中毒では骨の硬化や斑状歯等がみられる。

(3) 設問の通り。

(4) 塩化ビニルによる慢性中毒では、レイノー症状、指の骨の溶解、皮膚の硬化、肝障害等がみられる。

(5) 塩素による中毒では、咽頭痛や胸苦しさ、肺水腫等がみられる。

問15 (5)

(1) ～ (4) 設問の通り。

(5) 等価騒音レベルとは、ある時間範囲について、変動する騒音の騒音レベルをエネルギー的な平均値として表した量のことである。

問16 (3)

(1) (2) (4) (5) 設問の通り。

(3) クロム中毒では、鼻中隔穿孔、肺がん、皮膚障害等の症状がみられる。

問 17 (1)

(1) レーザー光線は、おおむね 1nm から 180nm までではなく、おおむね 180nm から 1mm までの波長域にある。

(2) 〜 (5) 設問の通り。

問 18 (4)

(1) 減圧症は、窒素が気泡化することによって起こる。

(2) 熱けいれんは、高温環境下で多量の発汗により体内の水分と塩分が失われたところへ、水分だけが補給されたとき、体内の塩分濃度が低下することにより発生する。

(3) 末梢循環障害、末梢神経障害、筋骨格系障害のいずれも局所振動障害である。全身振動障害では、全身の疲労感等の症状や腰痛等の脊柱障害がみられる。

(4) 設問の通り。

(5) マイクロ波は、赤外線より波長が長い電磁波で、照射部位の組織を加熱する作用がある。

問 19 (2)

(1) 有害物質を取り扱う装置を構造上または作業上の理由で完全に密閉できない場合は、装置内の圧力を外気圧より高くではなく、低くする。

(2) 設問の通り。

(3) 有害物質を発散する作業工程では、局所排気装置の設置よりも密閉化や自動化を優先して検討する。

(4) ダクトが細すぎると圧力損失は増大し、ダクトが太すぎると搬送速度が不足する。

(5) 空気清浄装置は排風機の前に設置する。局所排気装置の構造は、フード→吸引ダクト→空気清浄装置→排風機→排気ダクト→排気口となる。

問 20 (2)

(1) トルエンの生物学的モニタリングの指標として用いられる尿中の代謝物は、トリクロロ酢酸ではなく、馬尿酸である。

(2) 正しい組み合わせである。

(3) スチレンの生物学的モニタリングの指標として用いられる尿中の代謝物は、馬尿酸ではなく、マンデル酸である。

(4) N,N-ジメチルホルムアミドの生物学的モニタリングの指標として用いられる尿中の代謝物は、デルタ-アミノレブリン酸ではなく、N-メチルホルムアミドである。

(5) 鉛の生物学的モニタリングの指標として用いられる尿中の代謝物は、マンデル酸ではなく、デルタ-アミノレブリン酸である。

科目	関係法令

関係法令
（有害業務に係るもの以外のもの）

問題はp.310参照

解答・解説

問21 **(2)**

(1)(3)(4)(5) 設問の通り。

(2) 2人以上の産業医を選任しなければならないのは、常時使用する労働者数が 2,000 人ではなく、3,000 人を超える労働者を使用する事業場である。

問22 **(4)**

(1)(2)(3)(5) 設問の通り。

(4) 作業環境測定を外部の作業環境測定機関に委託して実施している場合、当該作業環境測定を実施している作業環境測定士を、衛生委員会の委員として指名することはできない。なお、事業場の労働者である作業環境測定士は、衛生委員会の委員として指名することができる。

問23 **(4)**

(1)(2)(3)(5) 設問の通り。

(4) 定期健康診断を受けた労働者に対し、遅滞なく、当該健康診断の結果を通知しなければならない。

問24 **(1)**

(1) 設問の通り。常時 50 人以上または常時女性 30 人以上の労働者を使用するときは、労働者が臥床することのできる男女別々の休養室または休養所を設けなければならない。設問の場合、常時 45 人、常時女性 10 人を使用している事業場であるため、男女別々の休養室または休養所を設けていなくても違反していない。

(2) 設備等の占める容積を除き、労働者 1 人当たりの気積は $10m^3$ 以上必要であるため、50 人の場合は $500m^3$（50 人× $10m^3$）以上となる。設問の場合、$450m^3$ であるため、違反している。

(3) 大掃除は、毎年 1 回ではなく、6 か月以内ごとに 1 回行わなければならない。

(4) 事業場に附属する食堂の床面積は、食事の際の 1 人について、約 $1m^2$ 以上としなければならない。

(5) 直接外気に向かって開放することのできる窓の面積は 1/20 以上としなければならない。1/20 未満の場合は、換気設備を設けなければならない。

問25 (1)

(1) 設問の通り。

(2) ストレスチェックの結果は原則としてストレスチェックを受けた労働者にのみ通知される。衛生管理者であることのみを理由として、衛生管理者に通知されるわけではない。

(3) 面接指導を行う医師として、当該事業場の産業医または事業場において産業保健活動に従事している医師が推奨されるが、事業者が指名できる医師は、当該事業場の産業医に限られるわけではない。

(4) 面接指導の結果を、健康診断個人票に記載しなければならない定めはない。

(5) 事業者は、面接指導の結果に基づき、当該労働者の健康を保持するために必要な措置について、面接指導が行われた後、遅滞なく、医師からの意見を聴かなければならない。

問26 (2)

(1)(3)(4)(5) 設問の通り。

(2) フレックスタイム制を採用している場合は、妊産婦であっても1週40時間、1日8時間を超えて労働させてもよい。

問27 (2)

週所定労働時間が25時間で、週所定労働日数が4日の労働者は、短時間労働者に対する有給休暇の比例付与の対象となり、「付与日数＝通常の労働者の付与日数×比例付与対象者の週所定労働日数÷5.2（厚生労働省が定める通常の労働者の週所定労働日数）」の式に当てはめて計算する。よって、18日×4日÷5.2＝13日（小数点以下切り捨て）となる。

科目	労働衛生

（有害業務に係るもの以外のもの）

問題はp.313参照

解答・解説

問 28 (3)

(1) (2) (4) (5) 設問の通り。

(3) ヘモグロビン A1c は、過去 2 ～ 3 か月の平均的な血糖値を表す数値で、直前の食事に影響されず、糖尿病のコントロールの経過をみるためにも用いられる。

問 29 (5)

AB 設問の通り。

C 第二種施設において屋内で喫煙を認める場合は、喫煙専用室を設けて、空間で分煙しなければならない。特定の時間を禁煙とする時間分煙は認められていない。

D 喫煙専用室は、専ら喫煙をする用途で使用されるものであることから、喫煙専用室内で食事をすることも飲料を飲むことも認められない。よって、(5) が正しい組み合わせである。

問 30 (1)

(1) 生体から得られたある指標が正規分布である場合、そのばらつきの程度は、平均値や最頻値ではなく、分散や標準偏差によって表される。

(2) ～ (5) 設問の通り。

問 31 (3)

(1) (2) (4) (5) 「職場における腰痛予防対策指針」に基づく、腰部に負担のかかる作業に配置する際に行う健康診断の項目に該当する。

(3) 負荷心電図検査は、労作性狭心症や運動誘発性不整脈の診断等で実施する。「職場における腰痛予防対策指針」に基づく、腰部に負担のかかる作業に配置する際に行う健康診断の項目には該当しない。

問 32 (2)

(1) (3) (4) (5) 設問の通り。

(2) くも膜下出血は、脳動脈瘤が破れると数日後ではなく、ただちに激しい頭痛で発症する。

問33 **(3)**

(1) ノロウイルスによる食中毒は、食品に付着したウイルスや感染者の嘔吐物などの飛沫から経口的に摂取されたウイルスが人間の小腸で増殖して発症する。食品中で増殖し、ウイルスが産生した毒素により発症するわけではない。

(2) 確実な加熱（中心温度85度以上かつ、1分間以上加熱）でウイルスは死滅するとされている。

(3) 設問の通り。

(4) 発生時期は冬季が多い。

(5) 症状は、吐き気、嘔吐、下痢、発熱などである。

問34 **(2)**

BMIは、体重（kg）÷身長（m）^{2} で求める。よって 80（kg）÷ 1.75（m）^{2} ≒ 26.12… となる。
よって (2) が正しい。
なお、BMIの算出に腹囲は使用しない。

6

総仕上げ！模擬試験 1回分

問題

解答解説

327

科目	労働生理

問題はp.316参照

解答・解説

問35 (4)

(1) (2) (3) (5) 設問の通り。

(4) リンパ球は、血小板ではなく、白血球の成分の1つである。

問36 (3)

(1) (2) (4) (5) 設問の通り。

(3) 肺循環は、右心室から肺静脈ではなく、肺動脈を経て、肺の毛細血管に入り、肺動脈ではなく、肺静脈を通って左心房に戻る血液の循環である。

問37 (5)

(1) ～ (4) 設問の通り。

(5) 呼吸のリズムをコントロールしているのは、延髄にある呼吸中枢である。

問38 (1)

(1) 脂肪は脂肪酸とグリセリンに、分解されて吸収される。

(2) ～ (5) 設問の通り。

問39 (3)

(1) (2) (4) (5) 肝臓の機能である。

(3) 「ヘモグロビンの合成」は肝臓の機能ではない。

問40 (5)

(1) 代謝において、細胞に取り入れられた体脂肪、グリコーゲンなどが分解されてエネルギーを発生し、ATP が合成されることを同化ではなく異化という。

(2) 代謝において、体内に摂取された栄養素が、種々の化学反応によって、細胞を構成する蛋白質などの生体に必要な物質に合成されることを、異化ではなく同化という。

(3) 基礎代謝量は睡眠中ではなく、覚醒中に測定する。

(4) エネルギー代謝率とは、その作業に要するエネルギー量が基礎代謝量の何倍であるかを示す数値である。

(5) 設問の通り。

328

問 41 (5)

(1) 心筋は、平滑筋ではなく、横紋筋である。
(2) 筋肉は、神経より疲労しやすい。
(3) 荷物を持ち上げたり、屈伸運動のような動的作業は等尺性収縮ではなく、等張性収縮である。
(4) 強い力を必要とする運動を続けていると、筋肉を構成する個々の筋線維が太くなり筋力が
　　増強する。筋線維の数が増えるわけではない。
(5) 設問の通り。

問 42 (4)

(1) (2) (3) (5) 設問の通り。
(4) 前庭は体の傾きの方向や大きさを感じ、半規管は体の回転の方向や速度を感じる。

問 43 (1)

(1) 外部からの刺激であるストレッサーは、その強弱や質によっては、自律神経系と内分泌系
　　を介して、心身の活動を抑圧する。
(2) 〜 (5) 設問の通り。

問 44 (4)

(1) (2) (3) (5) 正しい組み合わせである。
(4) コルチゾールは、膵臓ではなく副腎皮質から分泌され、血糖量を増加させる。

INDEX
索引

英字

AED 111
ATP（アデノシン3リン酸） 153
A測定 267
BMI 157
B測定 268
GHS 187, 290
HDLコレステロール 138
LDLコレステロール 138
O-157 71
SDS（安全データシート） 187, 290
WBGT 258
WBGT基準値 259
γ-GTP 138

あ行

アセトン 211, 253
アミラーゼ 125
アルブミン 138
アレルギー 161
安全衛生推進者・衛生推進者 22, 26
安全管理者 22, 26
異化 153
育児時間 61
医師からの意見聴取 36, 45
医師による面接指導 40, 44

石綿 223, 264
一次予防 86
インフルエンザ 74
運動機能検査 79
運動負荷心電図検査 76
衛生委員会 32
衛生管理者 22, 175
衛生工学衛生管理者 24, 175
エネルギー代謝率（RMR） 156
絵表示（ピクトグラム） 187
塩化ビニル 253, 264
黄色ブドウ球菌 71
横紋筋 152
屋外産業的業種 23
屋内産業的業種 23

か行

外呼吸 144
快適な職場環境 97
灰白質 133
蝸牛 150, 260
囲い式フード 212, 276
ガス 253, 255
ガストリン 125
杆状体 148
冠状動脈 76
カンピロバクター 70

ガンマ線照射装置	190, 193	交感神経	133
管理区域	233	抗原	138, 160
管理濃度	268	恒常性 (ホメオスタシス)	163
偽陰性率	82	抗体	137, 160
キシレン	211, 287	高年齢労働者	105
気積	48	呼吸筋	144
基礎代謝量	156	心の健康づくり計画	86
喫煙専用室	99	骨格筋	152
嗅覚	151	骨折	116
吸収缶	281	コルチゾール	157

さ行

休養所 (休養室)	49
胸骨圧迫	110
狭心症	76
偽陽性率	82
局所振動障害	261
局所排気装置	193, 273
金属熱	254
空間分煙	99
空気感染	73
屈曲反射	155
くも膜下出血	75
グリコーゲン	126, 153
グロブリン	138
結核	74
血漿	138
血小板	137
減圧症	260
健康管理	250
健康管理手帳	203
健康診断	36, 79
健康測定	78
健康保持増進対策	80, 250

作業環境管理	250, 267
作業環境測定	196, 267
作業管理	250
作業休止時間	91
作業主任者	179
作業場巡視	29
36 協定 (サブロク協定)	52
サルモネラ菌	70
産業医	22, 176
三次予防	87
産前産後休業	61
酸素欠乏危険作業	214
酸素欠乏症	214, 263
歯科医師による健康診断	201
紫外線	261
時間外・休日労働に関する協定	52
自給式呼吸器	279, 282
糸球体	128
事業廃止の報告	230
視床下部	134, 163

331

膝蓋腱反射……………………155
実効線量……………………233
疾病休業日数率………………81
疾病休業年千人率（病休件数年千人率）·81
指定作業場……………………197
出血性病変……………………75
受動喫煙防止…………………99
順化…………………………259
蒸気…………………………253
硝子体………………………148
照度…………………………49, 69
小脳…………………………134
情報機器作業…………………90
静脈血………………………141
静脈性出血……………………114
照明…………………………68
職業がん……………………264
食堂…………………………49
女性の就業制限………………239
自律神経……………………132
心筋…………………………152
心筋梗塞………………………76
人工呼吸………………………111
身体活動強度（METs）………157
じん肺………………………225, 264
心肺蘇生………………………109
随意筋………………………152
炊事場…………………………49
水晶体………………………148
錐状体………………………148
スクリーニング検査……………82

スチレン……………………287
ストレス………………………162
ストレスチェック………………43
生活状況調査…………………78
正規分布………………………84
生物学的モニタリング…………287
赤外線………………………261
赤血球………………………137
全身振動障害…………………261
全体換気装置………………193, 212
前庭…………………………150
騒音性難聴……………………260
総括安全衛生管理者…………24, 28
送気マスク…………………217, 282
外付け式フード………………212, 276

た行

第1評価値……………………267
体循環………………………142
体性神経……………………132
第2評価値……………………267
大脳皮質……………………134
他覚的所見……………………286
ダクト………………………274
立入禁止場所…………………206
短時間労働者への比例付与……58
胆汁…………………………125
チェーンストークス呼吸………145
腸炎ビブリオ……………………70
聴覚保護具（防音保護具）………283
定期自主検査…………………192

低体温症	257
電動ファン付き呼吸用保護具	182, 282
電離放射線	233, 263
同化	153
等価騒音レベル	196, 261
洞結節（洞房結節）	141
凍傷	257
凍瘡	257
動脈血	141
動脈性出血	114
特殊健康診断	199, 286
特定化学設備	193
特定化学物質	228
特定粉じん作業	193, 220
特別管理物質	229
特別教育	190, 216
トリプシン	125

な行

内呼吸	144
内臓筋	152
鉛	254, 287
二次予防	87
乳酸	153
ニューロン	133
尿細管	128
尿酸	78
尿素	126
尿素窒素（BUN）	130
妊産婦	60, 240
熱痙攣	258

熱失神（熱虚脱）	258
熱射病	259
熱疲労	259
ネフロン	128
年次有給休暇	57
熱傷（火傷）	115
年少者の主な就業制限業務	237
脳血栓症	75
脳出血	75
脳塞栓症	75
ノロウイルス	71
ノンレム睡眠	166

は行

排液処理装置	193, 231
排ガス処理装置	193
肺循環	142
白質	133
白血球	137
発生率	84
半規管（三半規管）	150
ヒスタミン	71
ビタミン	125
皮膚感覚	151
飛沫感染	73
ヒューム	253, 254
病休強度率	81
病休度数率	81
日和見感染	73
ビリルビン	126
フィブリノーゲン	126, 138

不感蒸泄……164
副交感神経……133, 166
不顕性感染……73
不随意筋……152
弗化水素……201, 256
プッシュプル型換気装置……193
フレイル……105
フレックスタイム制……53
分散・標準偏差……84
平滑筋……152
ペプシン……125
ヘマトクリット……137
ヘモグロビン……137
ヘモグロビン A1c……138
変形労働時間制……53
ベンジジン……184, 264
ベンゼン……230, 264
防じんマスク……182, 280
防毒マスク……182, 281
ボウマン嚢……128
保護クリーム……284
保護眼鏡……284
ボツリヌス菌……71

ま行

マイクロ波……261
無機塩類（ミネラル）……125
ムチン……125
メタボリックシンドローム……157
メラトニン……157

免疫グロブリン……160
メンタルヘルスケア……86
毛細血管性出血……114
網膜細動脈瘤……255
門脈……125

や行

有害業務……174
有機溶剤……209, 254
有所見率……84
遊離けい酸……264
用後処理……231
腰痛予防……93, 251

ら行

リスクアセスメント……28, 289
リパーゼ……125
硫化水素……215, 256
リンパ球……137, 160
レーザー光線……262
レシーバ式フード……276
レム睡眠……166
労働安全衛生規則……48, 206
労働安全衛生マネジメントシステム……102
労働衛生コンサルタント……33, 176
労働時間等の適用除外……54
労働時間の延長制限業務……235
ロコモティブシンドローム……105

株式会社ウェルネット

「仕事を通じて泣く人を一人でもなくしたい」という思いのもと、労働安全衛生・人事・労務を中心とした経営コンサルティング会社として、法定講習やコンサルティングなどを通して、多くの企業様の労働環境整備を側面から支えている。
HP：https://www.wellnet-jp.com/

山根　裕基（やまね　ゆうき）

明治大学経営学部会計学科卒業。IT ベンチャー系企業を経て、株式会社ウェルネットへ入社。現在は、代表取締役を務め、衛生管理者受験対策講座、安全管理者選任時研修、化学物質管理者講習などウェルネットの開催するすべての講習会の教材監修・講師統括を行う。また、労働安全衛生管理体制やリスクアセスメント制度設計など、労働安全衛生コンサルティングに携わる。中小企業診断士、衛生工学衛生管理者、作業環境測定士、乙種第 4 類危険物取扱者、毒物劇物取扱者。
〈著書〉
「第 1 種・第 2 種衛生管理者最速最短合格テキスト」（ビジネス教育出版社）「7 日間完成　衛生管理者試験＜過去＆予想＞問題集」（日本実業出版社）「マンガ乙種第 4 類危険物取扱者」（西東社）など編著書・監修書多数

山根　加奈未（やまね　かなみ）

明治大学経営学部経営学科卒業。通信販売小売業を経て、株式会社ウェルネットへ入社。現在は、衛生管理者受験対策講座、危険物取扱者乙種第 4 類受験対策講座、外国人技能実習制度に関する法定講習など、さまざまな講座の講師として活躍。ウェルネットにおける衛生管理者試験受験対策講座のスペシャリスト。衛生工学衛生管理者、作業環境測定士、乙種第 4 類危険物取扱者、毒物劇物取扱者。
〈著書〉
「第 1 種・第 2 種衛生管理者最速最短合格テキスト」（ビジネス教育出版社）

金丸　萌（かなまる　もえ）

明治学院大学法学部消費情報環境法学科卒業。大学卒業後、株式会社ウェルネットへ入社。コンサルティング部にて衛生管理者受験対策講座の教材開発業務、オンライン・DVD 講座の監修、新規講座の企画開発、安全衛生に関するコンサルティング業務に従事。第 1 種衛生管理者、乙種第 4 類危険物取扱者。
〈著書〉
「第 1 種・第 2 種衛生管理者最速最短合格テキスト」（ビジネス教育出版社）

■本書サポートページ
https://isbn2.sbcr.jp/29465/

- 本書をお読みいただいたご感想を上記URLからお寄せください。
- 上記URLに正誤情報、サンプルダウンロード等、本書の関連情報を掲載しておりますので、併せてご利用ください。
- 本書の内容の実行については、全て自己責任のもとで行ってください。内容の実行により発生した、直接・間接的被害について、著者およびSBクリエイティブ株式会社、製品メーカー、購入された書店、ショップはその責を負いません。

出るとこだけ！ 第1種 衛生管理者
うかるテキスト & よく出る問題集

2025年 4月29日　初版第1刷発行
2025年 7月18日　初版第2刷発行

編　著	株式会社ウェルネット
著　者	山根 裕基・山根 加奈未・金丸 萌
発行者	出井 貴完
発行所	SBクリエイティブ株式会社 〒105-0001 東京都港区虎ノ門2-2-1 https://www.sbcr.jp
印　刷	株式会社シナノ
カバーデザイン	山之口正和＋永井里実（OKIKATA）
カバー・本文イラスト	こにしかえ
編集協力	高山 紗良
編集	本間 千裕
本文デザイン	清水 かな（クニメディア）
DTP	クニメディア株式会社

落丁本、乱丁本は小社営業部にてお取り替えいたします。
定価はカバーに記載されております。

Printed in Japan ISBN978-4-8156-2946-5